"新思想在浙江的萌发与实践"系列教材

编 委 会

主　编：任少波

编　委：（按姓氏笔画排序）

王永昌　叶　松　朱　慧　朱世强

刘　亭　刘同舫　刘艳辉　刘继荣

李小东　张　彦　张光新　张丽娜

胡　坚　胡　炜　柏　浩　夏群科

徐国斌　郭文刚　盛世豪　傅方正

"新思想在浙江的萌发与实践"系列教材

主编　任少波

从市场大省迈向市场强省：浙江市场变革的"五重奏"

叶建亮　编著

ZHEJIANG UNIVERSITY PRESS
浙江大学出版社

图书在版编目(CIP)数据

从市场大省迈向市场强省:浙江市场变革的"五重
奏"/叶建亮编著. —杭州:浙江大学出版社,
2024.5(2025.4重印)
ISBN 978-7-308-24674-3

Ⅰ.①从… Ⅱ.①叶… Ⅲ.①市场经济－研究－浙江
Ⅳ.①F127.55

中国国家版本馆 CIP 数据核字(2024)第 020211 号

从市场大省迈向市场强省:浙江市场变革的"五重奏"
CONG SHICHANG DASHENG MAIXIANG SHICHANG QIANGSHENG: ZHEJIANG
SHICHANG BIANGE DE "WUCHONGZOU"
叶建亮 编著

出 品 人	褚超孚
总 编 辑	袁亚春
策划编辑	黄娟琴
责任编辑	秦　瑕
文字编辑	胡佩瑶
责任校对	张培洁
封面设计	程　晨
出版发行	浙江大学出版社
	(杭州市天目山路 148 号　邮政编码 310007)
	(网址:http://www.zjupress.com)
排　　版	杭州朝曦图文设计有限公司
印　　刷	浙江新华数码印务有限公司
开　　本	710mm×1000mm　1/16
印　　张	17.25
字　　数	193 千
版 印 次	2024 年 5 月第 1 版　2025 年 4 月第 2 次印刷
书　　号	ISBN 978-7-308-24674-3
定　　价	39.50 元

序

　　浙江是中国革命红船起航地、改革开放先行地、习近平新时代中国特色社会主义思想重要萌发地。习近平同志在浙江工作期间，作出了"八八战略"重大决策部署，先后提出了"绿水青山就是金山银山""腾笼换鸟、凤凰涅槃"等科学论断，作出了平安浙江、法治浙江、数字浙江、文化大省、生态省建设、山海协作和加强党的执政能力建设等重要部署，推动浙江经济社会发展取得前所未有的巨大成就。2020年3月29日至4月1日，习近平总书记到浙江考察，提出浙江要坚持新发展理念，坚持以"八八战略"为统领，干在实处、走在前列、勇立潮头，努力成为新时代全面展示中国特色社会主义制度优越性的重要窗口。2021年6月，中共中央、国务院发布《关于支持浙江高质量发展建设共同富裕示范区的意见》，赋予浙江新的使命和任务。习近平新时代中国特色社会主义思想在浙江的萌发与实践开出了鲜艳的理论之花，结出了丰硕的实践之果，是一部中国特色社会主义理论的鲜活教科书。

　　走进新时代，高校在宣传阐释新思想、培养时代新人方面责无旁贷。浙江大学是一所在海内外具有较大影响力的综合型、研究型、创新型大学，同时也是中组部、教育部确定的首批全国干部教育培训基地。习近平同志曾18次莅临浙江大学指导，对学校改革发展作出了一系列重要指示。我们编写本系列教材，就是要充分发挥浙江"三个地"的政治优势,将新思想在浙江的萌发与实践作为开展干部培训的重要内容,作为介绍浙江努力打造新时代"重要窗口"的案例样本,作为浙江大学办学的重要特色,举全校之力高质量教育培训干部,高水平服务党和国家事业发展。同时,本系列教材也将作为高校思想政治理论课的重要教材,引导师生通过了解浙江改革发展历程,深切感悟新思想的理论穿透力和强大生命力,深入感知国情、省情和民情,让思想政治理论课更加鲜活,让新思想更加入脑入心,打造具有浙江大学特色的高水平干部培训和思想政治教育品牌。

实践是理论之源,理论是行动先导。作为改革开放先行地,浙江坚持"八八战略",一张蓝图绘到底,全面客观分析世情、国情和省情与浙江动态优势,扬长避短、取长补短走出了符合浙江实际的发展道路;作为乡村振兴探索的先行省份,浙江从"千村示范、万村整治"起步,以"山海协作"工程为重大载体,逐步破除城乡二元结构,有效整合工业化、城市化、农业农村现代化,统筹城乡发展,率先在全国走出一条以城带乡、以工促农、山海协作、城乡一体发展的道路;作为"绿水青山就是金山银山"理念的发源地和率先实践地,浙江省将生态建设摆到重要位置统筹谋划,不断强化环境治理和生态省建设,打造"美丽浙江",为"绿色浙江"的建设迈向更高水平、更高境界指明了前进方向和战略路径;作为经济转型发展的先进省份,浙江坚持以发展为第一要务,以创新为第一动力,通过"立足浙江发展浙江""跳出浙江发展浙江",在"腾笼换鸟"中"凤凰涅槃",由资源小省发展成为经济大省、开放大省。

在浙江工作期间,习近平同志怀着强烈的使命担当,提出加强党的建设"巩固八个方面的基础，增强八个方面的本领"的总体战略部署，从干部队伍和人才队伍建设、基层组织和党员队伍建设、党的作风建设与反腐败斗争等方面坚持和完善党的领导，有力推进了浙江党的建设走在前列、发展走在前列。在浙江工作期间，习近平同志以高度的文化自觉，坚定文化自信、致力文化自强，科学提炼了"求真务实、诚信和谐、开放图强"的"浙江精神"，对浙江文化建设作出了总体部署，为浙江文化改革发展指明了前进方向。在浙江工作期间，习近平同志积极推进平安浙江、法治浙江、文化大省建设。作为"平安中国"先行先试的省域样本，浙江被公认为全国最安全、社会公平指数最高的省份之一。在浙江工作期间，习近平同志着力于发展理念与发展实践的有机统一，着力于发展观对发展道路的方向引领，着力于浙江在区域发展中的主旨探索、主体依靠、关系处理及实践经验的总体把握，深刻思考了浙江发展的现实挑战、面临困境、发展目标、依靠动力和基本保障等一系列问题，在省域层面对新发展理念进行了思考与探索。

从"绿水青山就是金山银山"理念到"美丽中国"，从"千万工程"到"乡村振兴"，从"法治浙江"到"法治中国"，从"平安浙江"到"平安中国"，从"文化大省"到"文化强国"，从"数字浙江"到"数字中国"，从对内对外开放到双循环新格局……可以清晰地看到，习近平同志在浙江的重大战略布局、改革发展举措及创新实践经验，体现了新思想萌发与实践的重要历程。

浙江的探索与实践是对新思想鲜活、生动、具体的诠释，对党政干部培训和高校思想政治理论课教学而言，就是要不断推动新思想进学术、进学科、进课程、进培训、进读本，使新思想落地生根、入脑入心。本系列教材由浙江省有关领导干部、专家及浙江大学知名学者执笔，内容涵盖"八八战略"、新发展理念、"绿水青山就是金山银山"理念、乡村振兴、"千万工程"、"山海协作"、县域治理、"腾笼换鸟"、对内对外开放、党的建设、新时代"枫桥经验"、平安浙江、法治浙江、数字浙江、健康浙江、民营经济、精神引领、文化建设、创新强省等重要专题。浙江省以习近平新时代中国特色社会主义思想为指引，全面贯彻党中央各项决策部署，统筹推进"五位一体"总体布局，协调推进"四个全面"战略布局，坚持稳中求进工作总基调，坚持新发展理念，坚持以"八八战略"为统领，一张蓝图绘到底，为社会各界深入了解浙江改革开放和社会主义现代化建设的成功经验提供有益的参考。

本系列教材主要有以下特色：一是思想性。教材以习近平新时代中国特色社会主义思想为指导，通过新思想在浙江的萌发与实践展现党的创新理论的鲜活力量。二是历史性。教材编写涉及的主要时期为2002年到2007年，并作适当延伸或回顾，集中反映浙江坚持一张蓝图绘到底，在新思想指导下的新实践与取得的新成就。三是现实性。教材充分展现新思想萌发与实践过程中的历史发展、典型案例、现实场景，突出实践指导意义。四是实训性。教材主要面向干部和大学生，强调理论学习与能力提升相结合，使用较多案例及分析，注重示范推广性，配以思考题和拓展阅读，加强训练引导。

"何处潮偏盛？钱塘无与俦。"奔涌向前的时代巨澜正赋予浙江新的期望与使命。起航地、先行地、重要萌发地相互交汇在这片神奇的土地上，浙江为新时代新思想的萌发、形成和发展提供了丰富的实践土壤。全景式、立体式展示浙江的探索实践,科学全面总结浙江的经验,对于学深悟透党的创新理论,用习近平新时代中国特色社会主义思想武装全党、教育人民具有重大意义。让我们不负梦想、不负时代,坚定不移地推进"八八战略"再深化、改革开放再出发,为建设社会主义现代化强国、实现中华民族伟大复兴的中国梦作出更大贡献。

感谢专家王永昌教授、胡坚教授、盛世豪教授、刘亭教授、张彦教授、宋学印特聘研究员对本系列教材的指导和统稿,感谢浙江大学党委宣传部、浙江大学继续教育学院(全国干部教育培训浙江大学基地)、浙江省习近平新时代中国特色社会主义思想研究中心浙江大学研究基地、浙江大学中国特色社会主义研究中心、浙江大学马克思主义学院、浙江大学出版社对本系列教材的大力支持,感谢各位作者的辛勤付出。由于时间比较仓促,书口难免有不尽完善之处,敬请读者批评指正。

是为序。

"新思想在浙江的萌发与实践"
系列教材编委会
二〇二一年十二月

前　言

专业市场、民营企业和块状经济是浙江经济发展的三大"法宝",是最具浙江辨识度的经济形态。其中,专业市场更是浙江省从资源小省跃升为经济大省的重要载体和支撑。专业市场的率先发展,形成了浙江省市场体制机制的先发优势,推动浙江省不断突破资源要素先天不足的瓶颈,集聚和优化配置经济发展所需的要素和资源,形成"两头在外"的发展路径,实现了跨越式的发展。

但是,随着社会主义市场经济体制改革的不断深入,专业市场原先的体制机制优势不断弱化,而功能创新和业态创新却没有相应地跟进,加上国内外经济形势发生巨大的转变,技术和经济形态日新月异,专业市场的持续发展面临一系列的困境。浙江的专业市场一度失去了原先的光芒,不少曾经辉煌的市场开始收缩甚至消亡。

如何持续提升市场的竞争力,继续发挥市场体制机制优势,服务浙江省经济发展的大局,成为摆在各级地方政府面前的一件大事。2002 年年底,习近平同志来到浙江工作伊始,就敏锐地意识到了市场转型升级的紧迫性。他多次调研专业市场发达的地区,深入系统地了解市场发展中存在的问题和面临的机遇与挑战,逐步明晰了市场转型升级的思路。在 2003 年 7 月举行的中共浙江省委第十一届四次全体(扩大)会议上,时任省委书记习近平提出了"八八战略",擘画了浙江发展的宏伟蓝图。其中第一大战略就是进一步发挥浙江的体制机制优势,大力推动以公有制为主体的多种所有制经济共同发展,不断完善社会主义市场经济体制。

在"八八战略"的指引下,历届党委、政府"一张蓝图绘到底,一任接着一任干",持续深化改革,完善市场体制机制,大力推动市场转型升级,浙江的专业市场总体上迎来了华丽的转身,实现了新的跨越。到2020年,浙江省共有商品市场3342家,年均客流量近10亿人次,"十三五"期间年成交总额最高达2.3万亿元。2020年成交额亿元以上市场达到1087家,超百亿的商品市场共有38家,基本每个细分行业均拥有全国龙头市场。商品市场经营户总数达到75.3万户,直接从业人员134.8万人,汇集了众多有梦想的年轻人和普通群众就业创业①。不少市场重新焕发活力,成为浙江"两个先行"示范区建设的重要窗口。

习近平同志在浙江工作期间针对市场发展的战略谋划和部署,抓住了市场发展的本质规律、根本问题和时代脉搏,奏响了市场转型升级的"五重奏"。具体来说,一是市场范围的拓展,即在世纪之交,中国区域一体化和加入WTO内外双重开放的背景下,市场要适应开放趋势,不断向国际拓展范围。二是市场体系延伸,即在产业体系和企业规模快速成长的背景下,中间品生产和交易规模超过了最终品生产和交易规模,这就需要推动市场从原先的以消费品交易为主开始向生产资料、劳动力、资本和土地等传统生产要素领域延伸,并进一步拓展到技术和知识产权、环境资源权、数据产权等新兴生产要素领域,极大地延伸了市场作用的广度和深度。三是市场环境优化,即随着经济发展阶段的转换,市场建设的重心从量的扩张向质的提升转变。市场环境、秩序、质量、品牌、信

———

① 数据来源于《浙江省商品市场发展"十四五"规划》(浙商务联发〔2021〕78号)。

用、营销模式等无形市场的建设成为重点。四是交易技术升级,即随着互联网和数字技术的不断发展,大力推动市场交易技术和形式的创新,加快推动市场的数字化转型,形成了线上市场和线上线下市场融合新优势。五是完善政府与市场的关系,即顺应深化改革的要求,充分发挥市场在资源配置中的决定性作用和更好地发挥政府作用,不断优化政府与市场的边界,转变政府职能,推动政府治理体系和治理能力现代化,推动形成"有效市场＋有为政府"的发展新局面。

本书以上述五大转型为主线,结合理论与实践,系统阐述浙江市场转型升级的基本逻辑和演变脉络。第一章梳理和总结了浙江市场产生的背景,成长的历程,转型面临的问题、机遇和挑战,以及转型的基本路径。第二章主要阐述了市场范围的裂变,即浙江市场从国内市场向国际市场拓展的历程。第三章阐述了市场内涵的蝶变,传统和新兴要素市场不断崛起,市场体系从单一商品市场为主向多类型多层次市场不断跨越。第四章阐述了市场重心的转变,即从过去以有形市场建设为主,转向以质量、品牌、营销模式、信用体系等无形市场建设为主的变化过程。第五章阐述市场形式的嬗变过程,即浙江市场拥抱技术创新,逐步从线下市场向线上市场迭代升级的过程。第六章论述了政府与市场关系的演变过程,着重阐述了浙江在市场转型升级过程中,如何优化政府与市场的关系,构建市场赋能型政府。

回顾、总结和梳理习近平同志在浙江工作期间推动市场转型升级的谋划和部署,使我们更深入了解总书记相关治国理政思想的萌发形成历程,也让我们更加深刻地感受到总书记的战略眼光和全局把控能力。这些市场转型升级中形成的理论和思想,为浙江省在高质量发展中持续推进中国特色社会主义共同富裕先行和省域现代化先行提供了强大的指引和前进动力。与此同时,作为市场先发省份,浙江市场的转型升级,也为全国下一步持续深化经济体制改革,完善社会主义市场体系建设提供了宝贵的经验。

当然,浙江市场转型升级是在改革开放和社会主义现代化建设的宏大背景下推进的,习近平同志在浙江工作期间对浙江经济社会发展的擘画更是全面、系统和长远的。限于篇幅、时间和本人的学识,本书的梳理叙述不可避免地会挂一漏万,也恳请各界不吝批评指正。

编者

2024 年 4 月

目　录

改革开放以来,浙江率先初步建立并不断完善调动千百万人积极性的市场经济体制,在繁荣民营经济、壮大国有经济、促进社会结构转型方面都取得了很大成就。有人说,浙江经济就是老百姓经济,但是老百姓经济并不是说党委、政府是无所作为的,恰恰是党委、政府尊重群众的首创精神,稳步推进了市场取向的改革,使浙江的市场化程度走在了全国前列。

——摘自习近平:《从"两只手"看深化改革》[①]

第一章　市场大省的成长与转型

◆◆ 本章要点

1.市场的发育和持续成长是解决区域经济发展中资源和要素制约的有效路径。不断发挥市场在资源配置中的作用,扩大资源配置范围,提升资源配置效率,才能破解区域发展中的各种瓶颈,推动区域经济不断迈上新台阶。

2.凭借市场先发优势,浙江省从一个资源小省快速发展成一个经济大省。通过市场组织、优化资源配置,浙江解决了地方产业发展的资源和要素瓶颈,推动了地方产业发展。"专业市场＋块状经济"一度成为推动经济发展的两大引擎,也成为区域经济发展的显著标识。

3.市场的组织方式取决于不同的发展阶段。进入 21 世纪之后,经济发展面临着巨大的阶段转型压力。在改革开放初期大量

---

① 习近平.之江新语[M].杭州:浙江人民出版社,2007:182.

发展起来的专业市场组织方式越来越不适应新的发展环境，浙江省开始实施从市场大省向市场强省的战略转变。

市场是一个内涵丰富的概念，它既指商品交易流通的场所，又指交易的规则制度总和，同时也指与计划相对应的资源配置方式。马克思在《资本论》中写道："商品价值从商品体跳到金体上，象我在别处说过的，是商品的惊险的跳跃。这个跳跃如果不成功，摔坏的不是商品，但一定是商品所有者。"①商品价值的实现，是社会再生产最重要也最为关键的一个环节。而市场正是实现从商品到货币这惊险一跃的跳板——不仅在提供商品交易的空间载体的意义上，也在提供规范交易的规则制度的意义上，更在优化资源配置方式的意义上。没有市场作为支撑，商品价值的实现将变得异常困难，最终将"摔碎"商品的生产者（所有者），从而导致社会化大生产的萎缩和倒退。

作为商品交易流通的场所，市场无疑是人类经济领域的重要发明。市场为买卖双方提供了集中撮合交易的场所，降低了买卖双方为达成交易而进行的搜寻和磋商的成本，极大地促进了交易效率的提升。因此，古今中外，尽管区域地理条件和文化背景千差万别，但在各种文明形成的历史进程中大都有一个共性，就是都出现了为人们交易提供便利的各种形式的市场。无论是自发的"市集"，还是人为规划的"市坊"，都是围绕人们交易的便利化而设置的特定场所，并与人类社会延绵不断的发展相伴随。作为交易场所的市场之所以兴盛不衰，除了降低买卖双方的搜寻和磋商成本

① 中共中央马克思恩格斯列宁斯大林著作编译局.马克思恩格斯全集(第二十三卷)[M].北京：人民出版社，1972：124.

之外,更为重要的是在此基础上,逐步发展起了支撑交易、降低成本的一整套规则和制度体系,包括规范市场主体进入退出、市场交易竞争行为和市场救济的规则制度。正是这一系列市场规则制度的确立,才推动了人类商业文明蓬勃发展并不断走向辉煌。也正是这一系列市场规则制度的确立,引导了商品和资源的流通所形成的资源市场配置方式,使之成为一种在社会化大生产背景下资源配置最有效且应用最广泛的方式。

改革开放以来,浙江省充分发挥商业文化传统优势,率先允许和鼓励发展各类市场,不断提高资源配置效率,不仅极大地缓解了经济生产和生活中资源不足的问题,而且在很大程度上推动了城乡个体私营经济的发展,成为名副其实的市场大省。进入 21 世纪后,市场发展的内外部环境发生了巨大的变化,市场面临转型发展的困境。习近平同志在浙江工作期间,审时度势,出台实施了一系列建设市场强省的政策,吹响了市场转型升级的号角。

第一节　从资源小省到市场大省:
浙江市场发展的上半场

区域经济发展离不开资源与要素的支撑。区域资源要素的禀赋往往决定了区域产业的布局和发展路径。一般认为,区域产业的布局或接近原材料产地,或接近需求市场,其内在的决定因素便是节约产业链各生产环节上的流通成本。而需求市场的大小则内生于经济发展,因此资源要素的禀赋便成为一个经济落后地区产业发展最重要的决定性因素。改革开放以来,浙江省通过举办"两头在外"(原材料和销售都在外)的各类专业市场,率先构筑了利用市场配置资源的体制机制,并以此驱动地方产业,特别是农村工业的发展,实现了从资源小省到市场大省的跨越,走出了一条创新的市场发展路径。

一、浙江市场孕育的禀赋条件

浙江省依靠市场的孕育和发展启动改革开放进程,是广大人民群众主动出击、大胆突破传统体制束缚的结果。但是放在改革开放之初的特定阶段背景下,人民群众的市场创新突破行为更大程度上是源于浙江的自然和人文禀赋特征。总体而言,浙江省市场孕育的基本条件可以归结为"两少一多",即自然资源少,国家投入少,商业文化积累多。具体来说,在资源缺乏、基础薄弱和商业文化积淀的共同作用下,浙江老百姓在计划经济体制的夹缝中撬开了市场的大门,逐步突破发展的资源要素瓶颈,迈上了市场大省的成长之路。

首先,浙江经济发展的自然资源禀赋不足是基本省情。一方面,耕地资源缺乏,人多地少,人均耕地不足。作为东南沿海省份,浙江省陆域面积为 10.55 万平方公里,其中山地占 74.6%,水面占 5.1%,平地占 20.3%,素有"七山一水两分田"之称。[①] 全省人均耕地面积 1996 年第一次调查为 0.72 亩,2009 年下降到 0.56 亩,约为全国人均耕地(1.52 亩)的三分之一,低于联合国粮农组织确定的人均耕地（0.795 亩）的警戒线。[②] 对于以种植为主的农业经济而言,浙江省的发展潜力有限。而其海洋资源相对丰富,全省海

---

① 浙江省统计局. 自然地理[EB/OL].[2024-03-01]. https://tjj. zj. gov. cn/col/col-1525489/index. html.

② 浙江省自然资源厅.关于浙江省第二次土地调查主要数据成果的公报[EB/OL]. (2014-06-19)[2024-03-01]. https://zrzyt. zj. gov. cn/art/2014/6/19/art_1289933_55387-24. html.

岸线总长为 6715 公里,居全国首位。其中大陆海岸线为 2218 公里,前沿水深大于 10 米的海岸线为 482 公里,约占全国的 30%。海洋渔业资源蕴藏量丰富,渔业生产能力较强。舟山渔场是中国最大的渔场,也是全球四大渔场之一。除了海洋渔业资源外,港口资源与海洋能源资源,在传统计划经济体制下的开发利用空间并不是很大。另一方面,工业发展所需的矿产资源相对缺乏。浙江矿产资源以非金属矿产为主,石煤、明矾石、叶蜡石、水泥用凝灰岩、建筑用凝灰岩等储量居全国首位,萤石储量居全国第 2 位。但是,可开采的金属矿产资源缺乏。因此,浙江在以重化工业为主导的计划经济时代,难以获得工业发展的资源要素支撑。

其次,浙江省地处海防一线,在整个计划经济时代一直是对台前线。出于安全考虑,中央在决定重大产业布局上会尽量避开浙江。"一五"时期国家兴建的 156 个重点建设项目,没有一个在浙江。在 20 世纪 60 年代国际关系紧张的背景下,我国还一度推行"三线建设",即将沿海城市的部分工业产能和科研机构迁往内陆三线城市。到了改革开放初期,浙江省产业基础薄弱,除了部分轻工业之外,重化工业布局相当稀少。而且,这种状况在改革开放后相当长的时期内,也没有改观。

然而,与上述资源禀赋缺乏和发展基础薄弱形成对比的是,浙江的商业文化历史悠久、民间商业氛围浓厚。浙江的商业文化主要来源于四大因素。一是历史上我国经济中心的南移,特别是京杭大运河的开通,极大地改善了江浙地区的交通地理条件。至唐宋时期,江浙一带的江南地区就成了全国的经济中心,手工业蓬勃发展,与商业和贸易相互促进,共同成就了区域经济的繁荣。二是依托发达的商业文化土壤,宋代以叶适为代表的永嘉学派和以陈亮为代表的永康学派,以及明代以黄宗羲为代表的浙东学派,在儒学一统天下的背景下,在浙江大地产生并兴起。这些学派都主张义利并举,肯定商业的意义,反对程朱理学的"存天理、灭人欲"教条,对社会商业文化的兴起有巨大而长期的促进作用。三是在长期的商业实践中,逐步出现了一些有影响力的地方商帮,在明清时期比较著名的有龙游商帮、宁波商帮等。这些商帮以地缘为纽带,以商业合作为依托,在不同程度上组成松散联盟,极大地拓宽了商业和贸易往来的范围,也增加了商业和贸易所带来的利益,从而进一步提升了对地方各个阶层人员从商的吸引力。四是浙江沿海,且多山地、台风,造就了老百姓勇于进取、敢担风险的精神。在长期与风浪和自然灾害的搏斗和抗争中,人们形成了坚韧且能吃苦的品质。这些深藏的精神一旦有了适当的土壤,就会迅速萌发出强大的创新图变的动力。

"两少一多"的禀赋特征,使得浙江省不得不寻求外部的发展资源和发展空间,以实现地方经济的发展。这种"眼光向外"的发展思路与市场机制具有天然的契合性。即便在计划经济体制时期,这种亲市场的发展倾向也在底层不断涌现,而当改革开放的曙光照临之际,亲市场的发展思路就迅速转化为老百姓的实际行动,率先推动浙江形成了市场先发的优势。

二、专业市场的萌发与突进

在计划经济体制下,国家通过国营商业体系和农村供销社体系,垄断了绝大部分消费品和生产资料的流通和交易。自发的市场交易活动被严格地限制。尽管在一些特定的时期,由于经济发展所需或者当计划商业体系出现严重短缺的时候,政府会适度地放宽零星的城乡市场交易,但是这些交易往往是分散的、地下或半地下状态的。

真正导致市场成规模集中发育的,是改革开放之初的两项重大改革,即农村家庭联产承包责任制的改革和个体工商户的准入放松。农村家庭联产承包责任制的逐步推行,极大地调动了农民生产的积极性,提高了农业生产效率。其直接的结果,一方面是粮食和农产品产量的迅速提高,农民可用于交易的剩余农副产品产量大幅度增加;另一方面是农村剩余劳动力的增加,即不少家庭在完成必要的农业生产之后,还有空闲的劳动力。这种劳动力剩余问题在耕地资源稀缺的浙江显得尤为突出。在商业文化传统和改革开放大环境的影响下,农民勇敢地突破传统体制的束缚,纷纷走上非农生产经营的道路。起初是向城镇贩卖剩余农副产品,不久之后,轻工消费品的买卖也开始盛行。

浙江省革委会于1979年9月颁布《关于农村集市贸易管理的暂行规定》,开放杭州、宁波、温州的农副产品市场,从而为农村集市贸易向专业市场转变创造了重要的环境和条件。

改革开放前后,知识青年回城和青壮年劳动力就业高峰来临,而城镇国有企业又没有足够的岗位吸纳新增就业。在这样的背景下,国家不得不通过让这些知识青年和劳动力自谋职业的方式解决其就业问题,因此个体工商户也就在政府的默许下蓬勃发展起来。而个体工商户准入的放松和发展,则进一步助推了计划流通体系之外的交易市场的兴起。一方面,从事家庭手工业生产的个体工商户,其生产经营所需的原材料、辅料、半成品以及产成品等,无法从传统的国营商业体系中获得。这在客观上催生了对传统商业体制之外的商品交易市场的需求。另一方面,以家庭手工业生产为主的个体经济发展,也反过来大大提升了计划经济体制外的市场交易的规模和范围。从内容上看，从起初的以农副产品为主转变为以轻工产品为主，产品内容不断丰富；从规模上看，随着个体经济的发展，市场交易的规模持续扩大，而且不少城镇个体户也直接加入了商品交易市场大军，大大扩展了市场交易主体的规模。

除此之外，改革开放之初对于个体私营经济规模的限制，也在一定程度上促成了交易市场的兴起。按照新制度经济学理论的解释，市场和企业都是生产组织的方式，企业通过内部科层组织的方式替代市场交易。但是，在改革开放之初，国家对个体私营经济的规模有严格的限制，特别是雇工规模不能超过8人，再加上企业生产经营积累不足，导致生产组织规模都非常小，企业间专业化分工特别细，从而更加依赖市场交易来达成整个生产协作。这在一定程度上进一步促进了交易市场的兴起和扩张。

随着专业市场交易规模的扩大，场所固定的早期商品交易代替了原先零星的、行商式的和集贸式的商品交易，从而诞生了第一批真正意义上的专业性商品批发市场，也就是我们通常所说的专业市场。1982年11月，在全省许多地方专业市场相继涌现的情况下，浙江省政府转发《关于疏通商品流通渠道，开拓日用工业品销售市场的若干意见》，提出进一步放开全省小商品市场。这成为全省日用工业品专业市场兴起和发展的重要制度基础。

专业市场虽然来源于底层百姓的生存发展之需，但是基层政府的因势利导也起到了关键的作用。比如在浙江永嘉，当地农民在农闲时节有外出弹棉花的传统。20世纪70年代末，有村民偶然从台州路桥纽扣厂收购了一袋积压的纽扣，在当地的桥头摆摊出售，大受欢迎，吸引了附近村民竞相效仿，纷纷在桥头镇沿街摆摊，形成了一个散乱的马路市场。而随着交易规模的日益扩大，1984年，桥头镇政府在一所学校的操场建起了一个用油毛毡搭起来的简易棚，将露天交易的商户迁至其中，从而诞生了"东方第一纽扣市场"——桥头纽扣市场。另外，在浙江义乌的廿三里镇、稠城镇等地，当地百姓一直有"鸡毛换糖"的传统，通过这种方式换来的一些物资和商品往往沿街摆摊售卖。20世纪六七十年代，上级政府对此行为多番禁止取缔，但是这种交易一直顽强地在夹缝中生存。1982年，当地政府索性正式开放两地的"小商品市场"，第一代义乌小商品市场由此诞生。

这些专业市场建立之后所形成的良好发展势头，不仅激励了更多的人参与市场交易和相关的经济活动，也推动了各个地方政府举办专业市场。从20世纪80年代中期开始，浙江的专业市场就如雨后春笋般遍地开花。到1988年，全省有各类商品交易市场3632家，交易金额达到96.3亿元。而到1998年，浙江省统计在册的商品交易市场4619家，总交易额达到3209.6亿元，其中有58家商品交易市场年交易额超过10亿元，2家商品交易市场年交易额超过100亿元[①]。市场数量、市场交易额均位居全国前列，浙江省成了名副其实的"市场大省"。

需要说明的是，"专业市场"这个概念并没有统一的定义。早期工商行政管理部门为了表述方便，采用了这一称呼，它一般指以批发为主，在商品类目上相对比较集中，且有固定场地和物业主体的交易场所。在正式的统计口径中，一般使用的是商品交易市场类目。但是随着市场的不断发展和升级，人才、技术、产权等交易市场，往往也被纳入专业市场的范畴。

---

① 数据来源于《2022年浙江统计年鉴》。

◆◆◆ **【案例 1-1】**

桥头纽扣市场是如何兴起的？

1983 年左右，桥头镇上一些人家开始生产纽扣。刚开始土了吧唧的，一颗纽扣生产要做好几道工序，下料、刮面、"挖屁股"、抛光，加上中山装的四个洞也是一道工序。工序比较多，速度比较慢，一天最多做 2 万颗。但就是这样也比跑供销的成本节省不少，利润高出许多。家里没有生产纽扣的，就到隔壁有生产纽扣的人家拿货销售。那时候，桥头每家每户都要跟纽扣打交道，也靠着小小的纽扣养活了整个桥头镇。

1983 年时，那座桥边摆开一千多个摊位，非常拥挤。后来大家商量了下，把镇上的小学迁移出来，原地盖一个市场。楼上楼下各 1000 多个摊位，不包括门面 700 多间。

在我们刚开始做摆摊生意的时候，偷偷摸摸地。虽然 1978 年党的十一届三中全会开过了，但是许多政策还没有落实。那时候我们不太敢明目张胆，有时候站在柜台后面，看到管理人员过来很难为情。那时候确实有些领导不允许我们这么做。后来政策落实到位了，镇里工商所就把所有摊主登记管理起来，把每个人的营业执照办起来。当时我们做生意的很多是农村妇女，没什么文化，想不通税收是为了什么。工商所又没有帮忙赚钱，凭什么我们赚了钱要给你工商所交钱？于是我跟那些妇女说，以前种田一年到头没什么钱，现在摆个摊赚点钱多好啊。你们以前买什么东西都要跟老公要。现在有了经商舞台，有什么地方需要花钱，自己口袋里掏出来就可以，现在老公反过来要向你要钱了，还不幸福啊！交点钱给政府应该的。

所以工商所成立了一个纽扣市场个体协会,让我担任副会长。在工商所工作人员指导下,自我管理、自我服务、自我教育。我们个协把楼上楼下的摊户分为 4 个大组、32 个小组。每个星期召集小组长要开好几次会,集中起来学习。学习为什么纳税,普法教育等。通过学习告诉摊主们一个道理,在桥头这个山沟能形成纽扣市场很不容易,其他地方比桥头交通方便的有的是,所以我们这里一定要做到文明经商! 那个时候个体协会的作用很大。

案例来源:王碎奶.桥头纽扣市场是如何兴起的[N].汪海宝,李丹阳,叶瑜,采访整理.中国经济时报,2008-12-4(8).

案例简析 >>>

王碎奶是永嘉桥头纽扣市场的开拓者,从她的经历可以窥见专业市场孕育发展的缩影。桥头人朴素的致富意愿、敏锐的市场眼光、开拓的经营魄力,推动了他们在计划经济的铜墙铁壁中开疆辟土,为市场发展埋下种子,并让其生根发芽。但更为关键的是,他们抓住了改革开放的大势,站在时代的浪尖,依托地方丰沃的商业资源和地方政府的适时引导,最终成就了传奇,也点燃了浙江专业市场发展的燎原之火。

三、市场塑造的浙江经济

各类专业市场的勃兴,深刻影响了浙江经济社会的发展。

第一,专业市场的兴起,极大地促进了浙江个体私营经济的发展壮大。改革开放初期,浙江以家庭工厂为代表的个体私营经济面临着两大制约。

一是生产所需的原材料仍然受传统计划流通体制的控制,稳定低成本的原材料供应成为企业成长的关键。而市场的发展,尤其是生产资料类的批发市场的兴起,为广大个体私营企业提供了一个获得便利、稳定且低成本的生产资料、原材料等投入品的渠道。这些个体私营企业不用费太大周折就可以方便地获得投入要素,为其顺利开展生产经营活动提供了保障。

二是受制于生产规模,大部分的个体私营企业无法建立独立的市场销售网络。市场的兴建则为这些小规模的生产者提供了共享式的销售渠道。这些小规模的生产者,或自己在市场中设立摊位,或将产品委托给市场商户销售,而不需要花费巨大成本建立自己的销售网络。而且,专业市场通过将小规模商户集中,汇聚成巨大的销售体量,从而吸引全国乃至全球的客户来此采购,其市场销售半径又恰恰是相当大的,一些专业市场在单类品目商品上的市场占有率非常高。比如绍兴柯桥国际轻纺城,其每年销售的布匹占到了全国的三分之一、全球的四分之一,日客流量超 10 万人次。因此,小规模的个体私营企业以低廉的成本享受了一个市场覆盖面广的销售渠道,解决了企业产品销售的后顾之忧,而且畅通的销售网络极大地促进了个体私营企业的迅速成长。

可以说,浙江个体私营经济发展离不开专业市场这条"船"。它一头连着原材料要素,一头连着市场需求,为个体私营经济提供了低成本、高效率的集散平台。在改革开放初期,浙江发达的专业市场体系在全国独一无二,为个体私营企业的快速蓬勃发展注入了源源不断的动力,推动了浙江省个体私营经济的率先发展。

第二,专业市场的兴起,塑造了浙江产业发展空间布局上的"块状经济"特色。在改革开放初期,在以农村家庭工业为代表的农村工业化进程中,相同或者相近门类的产品生产者在空间上集聚,形成了以"一村一品""一乡一品"为特色的"块状经济"。

专业市场对农村工业化中"块状经济"特色的塑造主要体现在

两个方面。一方面,由于小规模的家庭工厂不具备单独的市场开拓能力,必须借助专业市场这一共享式的市场网络。而专业市场考虑其市场销售辐射能力,必须将销售商品的品类集中在较小的范围,从而在一定程度上"迫使"使用这一共享式销售网络的生产者在产品品类上也必须集中在较小的类目范围。另一方面,专业市场将同类产品供需集聚在一起,为家庭工厂提供了产品款式、生产工艺技术等方面的信息和知识,这对产品创新能力缺乏的家庭工厂而言,是绝佳的产品模仿创新渠道。因此,专业市场的存在也在很大程度上促使相关企业生产相同或者相近的产品,从而形成了"块状经济"。

第三,专业市场"无中生有",为浙江产业发展注入了新元素和新增长点。浙江不少专业市场的发展,是典型的"两头在外"模式,通过发挥市场的货物交易和信息交互枢纽联结作用,将供需双方汇集在一起。例如浙江海宁,不产一张皮,海宁皮革城却成为全国最大的皮革交易中心。

第四,专业市场的发展,加速了民间资本积累,提高了老百姓的收入水平。在专业市场成立和发展的初期,市场摊位费不高,入市经营门槛较低,这对资金实力不足且有一定经验和能力的人而言,既是一个具有很强吸引力的投资渠道,也是一条绝佳的就业门路。因此,专业市场的举办,会吸引远近的家庭纷纷在市场购买或者租用摊位,以家庭为单位从事经营。他们充分发挥其经商特长,不断将经营规模做大,与市场共生发展。随着市场规模的不断扩大,大多数商户也迅速实现了个人资本的积累,这对浙江省整体经济发展、民间资本的积累和人民群众收入水平的提高,作出了巨大的贡献。比如浙江义乌国际商城,5 个区共有标准摊位 7 万余个,再加上周边辅助配套的经营商户，其带动的就业规模是相当巨大的。因此，在浙江省，各地举办的大大小小的专业市场，极大地带动了周边乃至更远的家庭经营户，通过市场经营，实现了收入的增长和资本的积累，也造就了浙江省藏富于民的收入分配格局。

第五，专业市场的发展，极大地促进了城镇化进程。从历史演变的逻辑上来说，城镇的兴起主要起源于其两大基本功能——军事和贸易，前者为"镇"，后者为"市"。市场交易的集聚地往往最终会发展成为集镇或者市镇，这是因为市场交易需要汇集贸易的信息流、商品流、人流和物流，而这些要素的集聚与城市的功能又是密不可分的。专业市场在浙江的发展对城镇化的促进，还有其特定的历史因素。专业市场本来就是作为传统计划经济体制下的国营商业流通体系的补充而出现的，因此早期专业市场的地址往往不会选在中心城市以及城市的中心区域，而是选在城乡接合部或者小城镇。而市场的举办，汇集了人流、物流，交通基础设施率先发展起来。然后，与市场交易配套的服务业也随市场的发展而不断发展壮大。最终，那些在市场经营的商户以及配套产业的从业者选择在市场周边居住生活，从而推进了城镇化。在20世纪八九十年代，浙江省相当一批专业市场周边都形成了庞大的产业和人口集聚区，并成为所在城镇和城市的组成部分。专业市场的发展成为推进城镇化的一条有效且快速的路径。

第六，专业市场的发展，推动了市场经济体制的率先发展。尽管浙江有悠久的商业历史，但其专业市场从根本上而言，是服从于现代商业规则的交易系统。市场作为撮合交易的平台，买卖双方来自全国乃至全球各地。交易规则的确立、商业信用体系的完善是市场生存的基础。为此，在专业市场的举办过程中，围绕市场准入规则、竞争规则、信用体系等一系列问题的政策制度也在实践摸索中不断形成和完善。应该说，空间上的集中交易会使各交易主体更急迫地建立和完善交易的规则和制度。比如产品质量问题，在专业市场里，一家摊位的产品质量问题往往会放大为整个市场的产品质量问题，也就是在顾客一方存在"集体惩罚"的现象。在这种情况下，对交易主体实行约束的规则制度就会快速地建立和完善。

大量专业市场中逐步确立的规则制度，自然会扩展到经济社会的其他层面，从而塑造了浙江省的市场先发优势。所谓的市场先发优势，并不仅仅是有形市场的率先建设发展，更主要在于市场经济体制的率先发育和完善。正是市场经济体制的率先发育和完善，造就了浙江改革开放以后快速的经济成长绩效，使浙江从资源小省发展为市场大省，进而成为经济大省。

总而言之，改革开放初期浙江专业市场的率先发展，给浙江省整个经济发展的路径和格局带来了深远的影响。市场发展推进了浙江省的农村工业化和城镇化，促进了"块状经济"的形成，加速了民间资本的积累，也促成了市场经济体制的率先发育和完善。

◆◆◆【案例 1-2】

不产羽绒，产出全国一半以上的羽绒服：
浙江平湖书写"无中生有"制衣传奇

你也许未曾想过，全国有一半以上的羽绒服产自一个并不算太冷的地方——浙江平湖。这座人口只有 70 万的江南小城，羽绒服年出货量超 1.5 亿件，年销售规模约 300 亿元，演绎出一场"无中生有"的制衣传奇。

如今,仅靠着羽绒服这一单品,平湖就吸引着五湖四海的客商,不远千里来挑选最具性价比的货源。这里聚集的 2000 多家羽绒服商户,大部分都拥有自己的研发生产线。旺季高峰,每天从平湖市场发出的羽绒服就超 120 万件。

20 世纪 80 年代,嘉兴平湖市凭借着濒临上海、杭州的区位优势,拥有了第一批服装加工厂,并慢慢形成集群效应。其间,国内外品牌服装先后崛起,在市场跑马圈地,平湖的服装订单接到手软。

20 年间,平湖逐渐打下"世界百件衣,平湖有其一"的供应链江山。

如今的平湖,已经拥有全国体量最大的单品类羽绒服装专业市场,不仅承包了中国 50% 的羽绒服,还进入全球百强专业市场行列。在平湖,大部分人都在从事和羽绒服有关的行业,细分的专业市场直接就业近万人,而生产、配送、设计等行业则带动就业 10 万人。随着订单量逐年增加,每年光市场物流费用就达 10 亿多元。

案例来源:唐弢,于佳欣.不产羽绒,产出全国一半以上的羽绒服:浙江平湖书写"无中生有"制衣传奇[N].新华每日电讯,2023-01-05(7).

案例简析 >>>

平湖羽绒服专业市场与当地羽绒服加工产业集群互生共进的发展路径,也是绝大多数浙江专业市场的发展路径。习近平曾经用"无中生有""莫名其妙""点石成金"这三个词对义乌市场发展作了最精辟且生动形象的概括。这三个词实际上也点出了浙江市场萌发与成长的密码。"无中生有"就是突破本地发展的资源缺失与不足的制约,充分利用市场的力量来调配资源,为我所用。"莫名其妙"就是要出奇招,要有突破现有思维局限的创新,要敢想、敢做,做常人不敢想、不敢做之事。"点石成金"就是聚焦发展目标,大胆推进体制机制创新,把其他人看不起的"小商品"做成人人羡慕的"大生意"。

第二节　世纪之交市场大省面临的困顿与挑战

浙江专业市场在经历 20 世纪 80 年代的孕育和 90 年代的快速发展之后,到了世纪之交,则逐步进入了阶段性的转型。一些固有的问题和新发展阶段产出的问题交织出现,给市场的持续发展带来了巨大的挑战。

一、市场先发优势的逐步丧失

在改革开放之初、传统计划经济体制中国有商业流通占主导地位的情况下,浙江省专业市场率先发展。正是依靠这种先发优势,再加上 20 世纪 80 年代短缺经济的背景,浙江专业市场的辐射力远远超出了省域范围,不少专业市场成为同类型商品的全国性集散地。但是到了 20 世纪末、21 世纪初,浙江专业市场的先发优势逐渐丧失。

首先,从 20 世纪 90 年代末开始,浙江省商品交易市场总量从快速增长转入了稳中有降的阶段。1978 年,全省商品交易市场总量达 1051 个,到 1986 年增加到了 3653 个。1998 年,浙江省商品交易市场总量达到 4619 个。此后,商品交易市场结束了数量扩张的历史,数量不再增长。部分商品交易市场交易量开始萎缩甚至市场停办。到 2003 年,商品交易市场数量减少到了 4036 个(见图 1-1)。

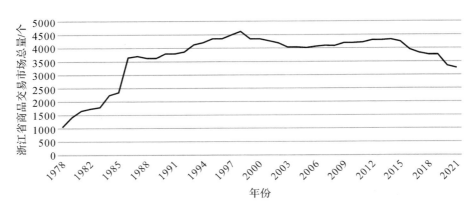

图 1-1　改革开放以来浙江省商品交易市场总量变化情况

数据来源:根据《2022 年浙江统计年鉴》相关数据整理。

　　其次,从商品市场成交额来看,尽管浙江省商品市场交易额在持续增长,但是在社会商品流通中的比重开始下降。以商品市场交易额与社会消费品批发零售总额做比较,我们可以看到,这一阶段也开始出现由增转降的趋势。在改革开放之初的 1978 年,浙江省商品市场交易额为 8.6 亿元,仅相当于同期社会消费品批发零售总额的 19.74%。之后,这一比值迅速增加,1994 年,浙江省商品市场交易额达到 1480.5 亿元,首次超过社会消费品批发零售总额(1009.16 亿元)。之后,这一优势进一步扩大,到 2001 年,全省商品市场交易额达到 4652 亿元,为社会消费品批发零售总额的 1.91 倍。而此后这一比值开始进入调整下降的阶段,到 2010 年,商品市场交易额降到了社会消费品批发零售总额的 1.42 倍(见图 1-2)。

　　再次,国内其他地区各类专业市场开始迅速兴起,打破了浙江专业市场在全国一枝独秀的局面。20 世纪 80 年代,浙江专业市场的迅猛发展对推动区域经济发展发挥了重要的作用。而专业市场是向全国辐射的,因此专业市场的成功经验也自然而然地逐步被

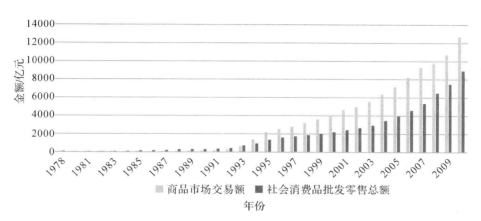

图 1-2 商品市场交易额与社会消费品批发零售总额比较

注：数据根据相关年份《浙江统计年鉴》整理而得。

其他地方借鉴。进入 20 世纪 90 年代后，全国其他地方也开始纷
纷举办类似的专业市场。而且，由于更加接近原材料产地或者需
求市场，这些地方的市场相比浙江省具有更强的竞争力。以亿元
以上成交额的商品市场数量为例，2000 年，浙江省亿元以上商品交
易市场数量为 210 个，排在了江苏（435 个）、山东（322 个）、广东
（270 个）和河北（249 个）之后，位居全国第五①。

可见，经过改革开放 20 年的发展，在世纪之交，浙江专业市场
发展的先发优势已经难以持续维系。这一市场先发优势的丧失，
既有改革与发展阶段的原因，也有浙江经济社会发展的内在原因。

一方面，改革的持续深化和社会主义市场经济体制改革目标
的确立，是浙江专业市场先发优势难以维系的根本原因。在改革
开放之初的 20 世纪 80 年代，我国在农村成功实施了家庭联产承
包责任制改革，而在城市围绕国有企业的改革，仍然在不断摸索之
中。在商品流通领域，改革也在曲折前行。尤其是围绕社会主义

---

① 数据来源于《中国商品交易市场统计年鉴 2011》。

商品经济的争论,以及计划和市场关系的争论,给经济体制改革的走向带来了诸多的不确定性。正是在这样的背景下,当其他地方还因改革方向不明确而裹足不前的时候,浙江人凭借敏锐的商业嗅觉、开拓进取的创新精神,率先发展起了规模庞大的专业市场。

浙江专业市场的先发优势,本质上来说是一种制度优势,即通过在局部区域的制度改革,尤其是流通制度的革新,创造低成本的商品交易流通环境,从而吸引和集聚全国的商品交易。但是,随着改革的不断深入,特别是随着流通体制改革的不断推进,国家逐步放宽了商品流通的领域管制和价格管制,以市场需求为导向的市场化流通体制不断发展,推动了市场与计划关系认识的深化。1992年初,邓小平南方谈话和党的十四大确立了社会主义市场经济体制的改革方向,明确了市场经济的地位。此时各地建设和完善市场体系的热情空前高涨,全国各地也都纷纷学习浙江的经验,办起了各类商品交易市场。浙江省在商品交易流通上的制度优势也随之逐步消失。

另一方面,浙江市场发展中存在的一些先天劣势开始逐渐凸显出来。

首先交通劣势凸显。从技术上讲,交通基础设施对商贸流通行业发展至关重要。市场集中交易需要将人流和物流便利地进行集散。因此,历史上大量的交易市场都布局在交通便利的地方。但是浙江专业市场从一开始就存在交通不便的先天不足。

一是,浙江省的交通基础设施建设长期落后。浙江多山区丘陵、多水网的地理特征,使得铁路和公路建设难度远大于北方的平原地区。因此,在计划经济体制下,浙江的铁路和公路建设比较落后。改革开放初期,全省公路里程仅1.86万公里,只有浙赣、沪杭、萧甬等少数几条铁路线。交通运输条件落后，无法满足浙江大规模的贸易物流需求。二是，浙江早期专业市场的布局比较特殊。正如前面所说，浙江专业市场是在传统计划经济商业流通体系的夹缝中发展起来的。这不仅仅是指专业市场主要面向传统计划经济体制的商业流通体系中没有覆盖的领域，而且在市场选址上，也有意远离传统商业流通网点。因此，早期的专业市场往往是在交通不发达的偏僻城镇或者城乡接合部。比如永嘉桥头纽扣市场所在的桥头镇，地理位置偏僻，交通不便，使这些计划外的市场少受计划体制的压制而得以发展。但是，随着计划商业流通体制改革的持续推进，其他地区的商品市场也迅速兴起。在这一背景下，交通不便的短板在市场竞争中的劣势也就逐渐凸显出来。

其次市场硬件设施提升和空间拓展受限。不同于国有商业流通网点，专业市场的建设从一开始就具有很强的"草根"特征：大多数是在自发形成的交易场所基础上，由农村或者乡镇基层政府经过简单的改造形成的。比如义乌最早的小商品市场——稠城镇湖清门小百货市场，就是当地政府在沿着义乌县前街的一个马路市场的基础上，用水泥板搭建柜台、用油毛毡搭建顶棚而建成的。起初大多数市场空间狭小、条件简陋，随着市场交易规模的扩张，尽管交易空间和硬件设施也在随之不断改善，但是总体而言，市场硬件提升和空间拓展跟不上需求。以 2000 年为例，全省 210 个亿元以上商品交易市场中，共有摊位数 18.67 万个，总营业面积 505.55 万平方米，平均每个摊位面积仅 27 平方米，低于全国 39 平方米的平均水平，更远低于山东 53 平方米、江苏 51 平方米、河北 49 平方米、广东 31 平方米等市场大省的水平①。摊位空间受限，也极大影

---

① 数据来源于《中国商品交易市场统计年鉴 2001》。

响了交易规模的进一步扩张。

再次,市场产权不清晰,管理体制不顺。早期浙江专业市场的主办方式复杂多样,村集体举办、基层政府主办、商户集资兴办、企业主办等各种模式混杂。在经营管理模式上,既有摊位出租方式,也有摊位出售方式。在管理模式上,早期市场基本上是管办不分,市场主办方往往也承担市场交易秩序的监管职能,不少市场是由工商行政管理机关主办的。这种管办不分的现象,为市场交易的合规性埋下了隐患。

所有这些市场固有的问题,在市场初创时期,并没有成为市场发展的羁绊,相反还在一定程度上弱化了计划控制,以灵活性和多样化促进了市场交易的蓬勃发展。但是,当市场规模持续扩大和制度改革持续推进,制度的灵活性和多样化的重要性就退居其后,交易的规范化、公平性问题就变得更加重要,而后者恰恰成为这一时期浙江市场发展的软肋。

二、产品质量的"阿喀琉斯之踵"

作为在以国营商业为主的计划流通体制夹缝中发育出来的流通交易平台,专业市场中的持续发展还受到所交易产品质量问题的困扰。在局部的区域,产品质量问题还一度成为严重的危机事件,给浙江企业形象和产业发展带来了困扰和冲击。例如,1987年8月,杭州武林门的皮鞋市场查处了5000多双劣质皮鞋,并在杭州武林广场上进行了焚烧处理。而查处的劣质皮鞋绝大多数来自温州,温州皮鞋一度成为劣质皮鞋的代名词。武林门火烧温州皮鞋事件对温州皮鞋的发展造成了严重的冲击,在经历了相当一段时间的艰难转型之后,温州皮鞋产业才从这个阴影中逐步走出。

在20世纪90年代末、21世纪初,专业市场是产品质量问题和消费者投诉的重灾区。尤其是消费品领域的专业市场,成为假冒伪劣产品的集聚地,严重影响了浙江产品的声誉和区域形象。

不可否认,早期浙江专业市场在产品质量的监督和控制上存在缺陷。在专业市场交易的产品,相当一部分是低端产品,价格低廉但质量欠缺。这是一种普遍的现象,也是大部分商户的市场定位和销售模式。客观地说,浙江专业市场销售产品的质量不高,是刚从计划经济体制下走出来所普遍经历的问题,但是这些问题没有随着经济发展阶段的变化而有意识地改变,放任其演变和积累,最终在进入新世纪之后,成为专业市场持续发展和竞争力提升的巨大障碍。

首先,在改革开放初期,面向专业市场的产品生产企业技术水平普遍较低,是产品质量难以提升的根本原因。绝大部分以专业市场为主要销售途径的企业是个体私营企业。个体私营企业主要脱胎于农村家庭作坊,在发展之初,这些企业不仅受资金积累、技术水平和能力的限制,机器设备、原材料、重要资源等也受国家管制。因此,其生产的产品往往集中在技术含量低、生产工艺简单的轻工产品。而且这些企业规模小,生产分散,导致产品质量难以有效控制。特别是随着市场交易规模的不断扩大,低小散的生产格局在商品质量控制上的缺陷被不断地放大。

其次,整个企业的品牌意识不强,加剧了企业产品质量的"柠檬市场"效应。所谓"柠檬市场"效应,就是消费者按照市场平均质量支付产品的价格。一家企业降低产品质量,节约的成本由企业独享,而市场产品平均质量的降低则由全体商家共担,也就是说,企业降低产品质量有很强的负外部性。因此,每个企业都有动力降低产品的质量,或者说没有动力提高产品的质量。出现"柠檬市场"效应的根本原因是企业品牌意识不强,产品品牌难以塑造。

产品的品牌意识是一个经济系统性问题,不仅需要生产者品牌意识觉醒,也需要消费者品牌需求增强,并愿意为之付出一定的成本。同时,整个社会也为品牌塑造提供了媒介支撑。而在20世纪八九十年代,并不具备上述这些条件。在产品品牌难以塑造的情况下,就会出现"柠檬市场"效应。

再次,短缺经济助长了生产者在产品质量提升上的惰性。众所周知,我国的计划经济是一个重积累、轻消费的循环体系,扩大化再生产和资本积累成为国民经济循环的重点。因此,计划经济体制的一个直接结果就是消费品的短缺。短缺经济一方面为浙江专业市场的率先快速发展提供了土壤,另一方面也降低了厂家在产品质量提升上的迫切性。在短缺经济的背景下,计划商业流通体制中的票证供应远远无法满足广大群众的需求。而作为替代的专业市场填补了这一空缺。而且专业市场所面向的往往也是收入水平相对较低的需求群体,其对价格敏感程度比较高,而对产品品质要求相对不强。因此,以专业市场作为销售渠道的企业,自然没有迫切的需求去提高产品质量。他们主要以低廉的价格来迅速扩大市场,从而实现企业的扩张。而这些价格相对低廉的产品,也基本满足了短缺经济背景下的需求。当短缺经济消失之后,由于原有经营模式和产品定位的路径依赖,浙江专业市场陷于发展的困境也就在所难免。

最后,市场管理体制不顺、质量监管制度不完善,使得市场交易中的产品质量问题难以及时得到有效的纠正。一方面,早期专业市场管办不分,管理体制混乱,是导致市场产品质量问题久拖不决的重要原因。专业市场举办主体复杂,不少专业市场是各级政府作为主办单位建立的。政府为了促进市场交易规模扩大和稳定发展,往往对商品质量问题采取较高的容忍态度,在一定程度上纵容了劣质产品的交易。另一方面,在改革开放之初,我国的产品质量相关法律法规体系不健全。在1993年《中华人民共和国产品质量法》出台之前,发生产品质量问题,只能比照《中华人民共和国刑法》《中华人民共和国民法通则》《中华人民共和国经济合同法》等进行处理。相关规定针对性不强,政府职能部门对产品质量的监管执法难。随着20世纪90年代社会主义市场经济体制改革目标的确立,围绕市场经济运行的相关法律体系才逐步建立起来,产品质量监管处罚才有了更有力的法律武器。

三、经济发展进入新阶段

在世纪之交,浙江专业市场发展先发优势丧失、持续发展面临瓶颈,其最根本的原因在于经济发展进入了新的阶段。市场本质上是服务于经济生产过程的资源配置的,经济发展的不同阶段特征决定了不同的市场特征。在从计划经济体制向市场经济体制转型的改革进程中,我国经济在20世纪八九十年代经历了巨大的变化,从传统计划经济的束缚中逐步走出,在构建和完善社会主义市场经济体制的道路上阔步前行,国民经济和社会发展的方方面面都发生着翻天覆地的变化。

第一,卖方市场向买方市场转变。市场上买卖双方的市场地位由商品整体供需力量决定。在商品整体上供不应求的情况下,卖方居于主导地位,就形成了卖方市场。相应地,如果商品整体上供过于求,买方处于主导地位,就形成了买方市场。在计划经济体制下,由于资本短缺,我国形成了重积累、轻消费的国民经济循环结构。商品供应尤其是消费品生产供应长期处于短缺状态,并为此建立了以票证管理为特征的商品供给体系。改革开放以后,计划外个体私营经济的兴起,为弥补商品短缺提供了新的渠道。价格"双轨制"和有计划商品经济体制的建立,极大地促进了生产力的提升。但是,在 20 世纪 80 年代,个体私营经济的崛起和国有经济的改革增效,仍然不能从根本上扭转商品短缺的局面。

1992 年,邓小平南方谈话和党的十四大确立了建立社会主义市场经济体制的改革目标。个体私营经济迎来了蓬勃发展的阶段,城乡商品供给不断丰富。与此同时,国家也逐步放宽对绝大部分商品供给的计划管理,票证供给和价格双轨制逐步退出历史舞台。到 20 世纪 90 年代末,市场上买卖双方的力量发生了根本的变化,我国总体上告别了短缺经济,从卖方市场迈入了买方市场。

在卖方市场背景下,市场主要通过价格竞争,以量取胜。一方面老百姓收入水平不高,支付能力有限,对产品价格敏感。另一方面,商品短缺,其基本功能属性占据主导地位,买方对商品的品牌和品质属性需求尚不强烈。这就决定了产品的定位和市场销售的模式是以量的扩张为主的,产品以基本功能满足和价格竞争为主。专业市场在这一时期也将匹配这样的产品销售模式作为主要定位。

但是在买方市场背景下,产品竞争加剧。同质化产品的价格竞争开始让位于差异化产品竞争。消费者对产品的品质和品牌的偏好开始凸显,对产品基本功能之外的附加价值需求逐步增加。在这样的背景下,传统专业市场以量取胜的规模扩张模式自然会受到强烈的冲击。

第二,工业化阶段转型。改革开放的历程也是我国主要的工业化历程。改革开放之前,我国虽然经历了计划经济时期的工业化,建立了门类齐全的工业体系,但是从总量上来看,我国工业化仍处在较低的水平,工业产值不高,绝大多数人仍然从事农业生产。改革开放以后,我国推进了以农村工业化为主要驱动力的工业化进程,乡镇工业迅速崛起,农业比重迅速下降。三次产业结构从改革开放之初的"二一三"结构演变为"二三一"结构,其中,大量的农村劳动力向第二产业转移。但是从 20 世纪 90 年代中叶开始,第二产业占国民经济比重趋于稳定,而第三产业比重迅速增加。第三产业比重从 1996 年的 33.57% 增加到 2002 年的 42.25%,6 年增加了近 10 个百分点。第三产业的快速增加一般是工业化从初期向中期转变的重要特征。

工业化中期是工业从数量扩张开始向结构调整转变的时期。随着工业生产规模的持续增长,企业专业分工深化,要素和中间品投入规模也随之不断扩大。资本品的生产规模迅速增长,成为工业规模扩张的主要因素,重化工业代替轻工业成为工业化的主要驱动力。

在此背景下,围绕生产要素的交易流通需求也迅速增加。而生产要素的交易流通市场与消费品市场在功能定位上有很大的差别。消费品市场对商品的集散功能要求比较高,需要尽可能地撮合供需双方在市场这个平台交易。生产要素市场与生产过程结合得更为紧密。生产要素或者接近原材料的产地,比如矿产等资源型产品,其专业市场往往接近原材料的产地,市场的主要功能是汇聚需求;或者接近生产要素的需求方,比如各种机器设备,其专业市场往往是使用相关机器设备的产业集聚地。机器设备等中间品生产要素的销售往往依托于产业集群,专业市场成为产业集群中不可分割的组成部分。

因此，工业化阶段的转型，对原先主要面向消费品集散的浙江专业市场而言，自然造成了巨大的压力。

第三，对外开放阶段的变化。在加入 WTO 之前，我国对外开放经历了两个主要阶段。第一阶段是局部开放试点，从 1979 年创办经济特区，到 1984 年设立 14 个沿海开放城市，再到 1990 年开发开放浦东新区，从点到线，有层次地推动我国对外开放。第二阶段是 1992 年我国推进了沿边、沿江及内陆省会城市的全面开放，先后批准开放了 13 个沿边城市、6 个长江沿岸城市、18 个内陆省会城市、32 个国家级的经济技术开发区、52 个高新技术开发区、13 个保税区、34 个口岸，形成了沿海、沿江、沿边和内陆地区多层次、全方位的开放新格局。[①] 而且，为了加入 WTO，中国在这一时期也大大加快了国内市场的对外开放步伐，外商投资和进口规模迅速增加，国内市场面临更加开放的竞争格局。

在全方位开放的新格局下，浙江外向型经济迅速增长。不少企业，尤其是个体私营企业开始从国内市场走向国际市场。浙江省 1990 年外贸出口总额为 21.89 亿美元，而到了 2001 年增加到 229.78 亿元，增长了 10 余倍。外贸出口的快速增长，深刻改变了企业的市场网络和交易方式。

第四，企业规模扩大，开始建立独立的销售网络，减少了对传统专业市场的依赖。按照现代新制度经济学理论，企业和市场都是生产分工与协作的组织方式，两者存在替代关系。企业的边界取决于市场交易成本和企业内部治理成本。当市场交易成本比较低时，外部市场交易就会替代企业内部的协作治理，企业专业化分

---

① 常健. 中国对外开放的历史进程[EB/OL].（2008-09-28）[2024-03-01]. https://www.cas.cn/zt/jzt/ltzt/dlqzgxdhyjltwx/dhbg/200809/t20080928_2671087.shtml.

工就会强化。相反,当企业内部治理成本比较低时,企业就会用内部治理替代市场交易,企业规模就会扩大。通过工业化初期的资本积累和技术积累,企业生产规模快速扩张,同时内部管理能力和水平也有了快速提升。在这种情况下,企业内部治理的成本相对外部市场交易成本低,其优势就开始凸显出来。尤其是面向全国市场的企业,开始逐步建立自主营销网络,以及实施品牌化战略,来替代专业市场的共享式销售网络。这一时期,一些企业开始在全国建立品牌连锁店,或者通过经销代理网络进入商场。这意味着留在传统专业市场中的企业,其成长性和竞争力都不是很强,企业的品牌竞争力和市场开拓能力都相对较弱,这又进一步加剧了优质企业摆脱专业市场的紧迫性。因此,从某种意义上说,这一时期浙江专业市场面临的困境是传统市场发展路径与企业(尤其是头部企业)发展战略转变之间的不匹配所致。

◆◆【案例 1-3】

温州专业市场群整体衰落

20 世纪 80 年代中期,温州市区有 3 个较大的马路市场——环城东路、铁井栏和木杓巷。当时这几个市场生意很好,但地处市中心,对交通影响很大。按照当时的政策,工商部门有权取缔。但鹿城区工商部门决定为个体户创办一个专业市场,支持尚处于摸索期的温州民营经济的发展。

仅仅四五个月后,妙果寺市场迅速蹿红,名声大振。

但从 1997 年开始,鼎盛一时的妙果寺市场开始走下坡路。后来,经温州市政府批准,改为旅游艺术品市场。原有的经营户有的继续摆摊,大多则偃旗息鼓。

其他几个专业市场也曾经同样红火过,但最终的命运也和妙果寺市场相近。

从这些专业市场里曾先后走出了一批温商的楷模,美特斯邦威服装创始人周成建、温州卡秋莎服装公司董事长王鸣卡等,都从这里起步。1995年,在妙果寺商场生意做得正红火的周成建,毅然从商场中撤出了自己的摊位。周成建当年对专业市场的断然割弃,宣告了新一代温州企业家对传统销售方式的背离,也宣告了温州专业市场鼎盛时代的终结。

浙江省政协提交的一份调研报告显示,整个浙江专业市场的辐射能力都已大为减弱,同时开出五剂药方以期重振专业市场,即加快自主创新、促进产业升级、开拓高端市场、完善股权结构、发挥行会作用。

案例来源:袁华明. 温州专业市场群整体衰落[N]. 经济观察报,2006-07-10(12).

案例简析 >>>

浙江专业市场背后依托的产业集群,往往是一个村或者邻近几个村,也就是某一类产品的产销基地。这些小商品企业在成立之初所需要的技术含量不高,劳动力成本又较低,适合这些劳动密集型小商品的生产。但是,随着经济的发展,这些劳动密集型产业没有顺应发展需求而实现升级。专业市场与传统产业发展形成了相互锁定的局面。专业市场没有形成自有品牌,实现功能的升级,限制了依赖市场销售的企业的产品创新和升级。在这一背景下,专业市场以往的竞争优势就迅速衰减。如果不能进行市场的转型升级,专业市场持续消亡的局面就无法逆转。温州专业市场在世纪之交的衰落,也给全省的市场发展敲响了警钟。政府相关部门也更加意识到市场创新和升级的重要性与紧迫性。

第三节　吹响市场大省向市场强省转型的号角

进入 21 世纪之后,针对全省专业市场发展所面临的问题,省委省政府开始逐步推动市场转型升级。习近平同志到浙江工作之后,更是为市场转型做出了战略性谋划和部署。他在 2003 年浙江省委十一届四次全体(扩大)会议上就指出,要"进一步发挥浙江的体制机制优势,大力推动以公有制为主体的多种所有制经济共同发展,不断完善社会主义市场经济体制"[①]。这一举措列入了"八八战略"的首要战略,成为指导浙江市场转型升级的思想依据,从而吹响了浙江省由市场大省向市场强省转型的号角。

一、市场迭代升级的理论逻辑

市场为什么要迭代升级,如何迭代升级? 要理解这些问题,必须首先理解市场演进的理论逻辑。市场的发育发展有其内在的规律。在不同的经济发展阶段,市场组织形式和制度安排必须围绕生产流通消费的特征来调整。当这种调整滞后于经济发展需求时,市场运行的各种矛盾就会集中显现。本质上,市场是一个连接供给方与需求方的交易撮合平台。市场的有效性是与供需双方的交易成本密切相关的,而交易成本的大小又与交易的内容、范围和规模相关联。市场的组织与制度是围绕着如何在持续扩大化的交易中降低交易成本,提高生产分工协作的效率来制定的。

1. 流通成本与综合物流功能

流通成本,也就是物理意义上将产品从供给方运送到需求方

---

① 习近平.干在实处 走在前列——推进浙江新发展的思考与实践.北京:中共中央党校出版社,2006:71.

手中所产生的费用。它与市场区位选择和交通网络连接程度密切相关,也取决于交易内容和交易范围。一般而言,轻工消费品的流通成本相对较低,对市场的区位选择和交通网络发达程度并不十分敏感。因此,与走街串巷的行商相比,在市场中有固定摊位的坐商,其流通成本优势就非常明显。但是,如果交易的内容是设备、原料、半成品等生产资料,其流通成本则相对较高。对于这些产品,交易的市场区位选择和交通网络便捷度就非常重要了。生产资料市场的选址一般接近产地或者销地,如果选择其他地方,则往往需要发达的交通运输网络。

同样地,市场交易范围的大小也决定了流通成本的重要性。当市场交易半径比较小的时候,流通成本不高,因此市场区位选择相对不重要。但是当市场范围扩大时,流通成本比重就会增加,市场能否有效降低流通成本,就成为其竞争力的重要来源,因此市场的区位选择特别是交通网络连接程度的重要性就更突出。

总而言之,由于市场交易内容的变化和交易范围的扩大,市场的流通成本的重要性会日益突出,从而驱动市场在降低流通成本上进行转型升级。

2. 搜索匹配与信息技术发展

在信息不完全的情况下,无论是供给一方还是需求一方,都需要付出成本进行搜索匹配(search and match),才能实现交易。市场降低供需两方之间的搜索匹配成本,从理论上说是双边市场效应(two-sided market effect)的体现。所谓双边市场,就是作为交易平台的市场,其供给者数量增加,对需求者而言,市场的价值就会增加,因为他可以在市场上找到最匹配的商品的可能性会增加,结果就是会吸引更多的需求者来此市场搜索商品。反过来,市场的需求者越多,则对供给者而言,其价值也越大,不仅交易的成功率会增加,而且需求规模会扩大。因此供需双方数量的增加都提升了市场这一交易平台的价值。类似的还有信用卡、电商平台等,都是双边市场的典型例子。所以,专业市场堪称平台经济的1.0版。

互联网与信息技术的发展给专业市场的搜索匹配优势带来了巨大的挑战。从 20 世纪 90 年代开始,全球逐步兴起了"互联网热",进入 21 世纪之后,互联网也在我国逐步普及。互联网的兴起改变了传统的商品搜索匹配模式,通过网络信息的发布和搜索,供需双方可以更加便捷地找到匹配商品。这在很大程度上替代了传统专业市场的双边市场效应,也驱动传统专业市场拥抱信息技术,实现技术的升级。

3. 信用成本与市场规制

在信息不对称的情况下,市场交易双方中的信息优势方会利用信息优势采取机会主义行为,损害另一方的利益。而潜在受损一方也会据此投入成本来防止对方的机会主义行为,由此会产生无谓的损失。市场作为交易场所,通过建立集中的事前甄别、事中监督和事后惩罚的规制机制,降低交易主体分散的自我甄别监督成本,是市场效率的集中体现,也是市场迭代升级的重要驱动力量。

在消费资料领域,随着生活水平的提高,以满足基本生活需求为主体的消费品趋于饱和,而满足人们美好生活需求的消费品迅速增加。在这一背景下,专业市场作为交易平台,其信用功能就凸显出来。简单来说,交易平台必须能在信息不对称的情况下,对交易产品的质量进行甄别、筛选和监督,从而降低消费者分散的自我甄别、筛选的成本。

在生产资料领域,同样对产品质量、性能的稳定性、可靠性提出了更高的要求。市场为此必须在交易规则、组织、监督等方式上实现跃升,才能降低交易双方在产品质量信息上的甄别和监督成本。

4.产业变迁与市场功能升级

经济的发展会带来产业结构的变迁,而围绕不同的经济结构,市场的功能也会相应地发生延伸和迁移。比如,随着消费者对消费资料品质、品牌的需求的提升,专业市场作为同类产品集聚交易的场所,汇聚了同类产品的设计、款式、性能等各种信息,其产品展示的功能就自然而然地凸显出来。但是专业市场要扩展产品展示功能,则需要市场软硬件的升级。市场的空间、环境、周边服务业配套等,都成为市场产品展示功能不可或缺的前提条件。

另外,随着经济的发展,生产资料和中间品交易比重不断上升,也催生了生产资料和中间品的市场发育。与消费品市场交易不同,生产资料和中间品的市场交易,其技术复杂性增强,对产品质量、标准、性能等的认定、管理要求大大提高。对于此类市场,必须在市场运行的体制机制以及中介服务配套上实行有别于消费品市场的转型。

除此之外,在产业结构转型和企业规模不断扩大的过程中,人才、资本等要素的重要程度不断增加,环境、技术、数据等新兴要素也逐渐成为经济增长的重要驱动力。将这些要素的配置纳入市场,实现从产品市场向要素市场的跨越,既是市场经济体制改革的方向,也是专业市场应对经济发展趋势而保持竞争力的重要驱动方式。

二、市场迭代升级的主要路径

专业市场的迭代升级服从于市场发展的内在驱动力,同时也受政府部门发展战略目标和发展基础的影响。基于发展的内驱动力,专业市场迭代升级主要有五大路径,即内涵扩展、范围跨越、载体升级、重心转变和体制优化。

1. 市场内涵扩展

专业市场涵盖的交易范围随经济发展结构的变迁而不断扩展。在改革开放初期,专业市场最早是作为计划外城乡农副产品流通的载体出现的,以农副产品和小商品为主要的交易对象。而随着流通体制改革的深入和经济的发展,可交易的产品种类越来越多,市场交易内容也就越来越广。但是,在相当长的一段时期内,浙江专业市场从交易内容上看,仍然以轻工消费品为主。

随着企业规模的扩大和经济的发展,生产资料的生产和贸易在经济活动中的比重不断上升。在生产资料市场体制改革不断深入推进的背景下,专业市场所涵盖的交易范围也必须适时地向生产资料领域扩展。这是专业市场内涵的第一次比较重大的扩展,其主要发生在 20 世纪 90 年代中后期,背景是浙江省进入了以重化工业为主体的工业化中期,生产资料的优化配置成为限制经济发展的瓶颈和突破重点。而借助专业市场的优势,将交易范围向生产资料领域延伸,就成为延续专业市场功能的重要途径。

专业市场的第二次内涵扩展是要素领域的延伸。以资本、劳动力、人才、技术、产权等为代表的生产要素也是重要的生产资料,尤其随着企业生产规模的持续扩大,这些要素的稀缺性持续增加。21 世纪以来,生产要素领域的市场化改革在加速,专业市场固有的搜索匹配优势在这些要素交易中也同样适用。向人才、技术、产权等要素领域的拓展也就是成为专业市场第二次比较明显的内涵"扩容"。

2.市场范围跨越

市场范围大小既是市场竞争效率的结果体现，也是市场竞争效率的源泉。按照前述的双边市场理论，专业市场的竞争效率越高，意味着交易者通过市场交易平台能获得的价值越大，也就能吸引越多的交易者加入市场交易平台，从而市场范围也得到持续扩大。而加入市场交易平台的交易者越多，则意味着买卖双方搜索匹配的效率越高，其给交易者带来的价值也就越高。两者相辅相成，互为因果。市场范围的不断扩大是市场升级的内在驱动力。因此，最初的局部区域性市场，往往逐步发展为全国性的市场，进而发展为全球性的市场，这是市场演进的一般逻辑。

但是，专业市场范围扩大受到的最大制约是国内的市场分割。我国的市场分割问题原因复杂，根源在于计划经济体制的烙印和行政考核制度导致的地方保护主义。改革开放以来的市场经济体制改革在一定程度上改善了我国的市场分割情况，但市场分割仍然是我们当前统一大市场建设所需要重点攻克的难题。市场分割给专业市场的范围扩展带来的直接影响就是专业市场的国内扩展受到了限制。如果无法突破这种市场分割的限制，实现市场范围的扩展，那么一个市场就只能停留在局部的区域性的市场上。突破的路径有两条：一条是在国内举办分市场，到目标市场（区域）所在地经营，实现范围的突破；另一条是跳过国内市场的扩展，直接面向国际市场实现市场范围扩展。

3.市场载体升级

在互联网与信息技术迅速发展的背景下,市场载体的升级成为提升交易效率的主要路径。互联网经过 20 世纪 90 年代的快速发展,进入 21 世纪后,在商业领域迅速找到了融合点,并引领了商业模式的变革。专业市场搭载互联网发展的快车,是在新形势下实现升级的关键路径。尤其在中国,依托于巨大的生产优势和市场规模优势,电子商务的技术和应用实现了赶超式发展,培育出了具有全球竞争力的电商平台。而传统专业市场和电子商务平台在核心竞争力上有较多的重叠交叉。在一定程度上,电子商务平台对传统专业市场,尤其是消费资料类的专业市场,产生了较大的替代作用。

因此,专业市场挖掘、夯实和发挥其特有优势,实现信息化、数字化改造,完成载体的线下线上融合,是信息化数字化背景下专业市场转型升级、实现二次腾飞的重要出路。

4.市场重心转变

市场既是有形的交易场所,也是一系列无形的交易规则制度的综合体。有形市场的硬件建设与无形市场的软件建设,是市场发展的两条腿,二者缺一不可。早期专业市场的发展重心集中在硬件上,也就是有形市场建设的不断完善。这是因为市场建设需要资金的积累,而市场主办方投入资金有限,市场硬件建设简陋。不少市场甚至是搭建在临时工棚上的,空间狭小、环境杂乱,而且随着交易规模的扩大,还面临着交易摊位紧缺的问题。因此,此时有形市场的建设成为市场发展的重点。比如,1986 年 9 月,浙江省政府发布了《关于发展山区商品生产若干经济政策规定的通知》,推动全省各地掀起市场建设高潮,加快了传统露天市场向棚顶市场、室内市场的转变。

但是随着市场硬件设施建设的不断完善和入驻商户的持续增加，市场软件不足的短板就凸显出来，特别是市场服务质量、市场公共声誉和品牌对提升商户价值的作用越来越大。这也迫使市场主办方在加强市场运营管理、提升服务价值、打造和维护市场品牌、优化经营管理模式等方面加大投入，以持续提升市场的吸引力。

5.市场体制优化

市场经营管理体制对市场发展起着至关重要的作用。作为在计划经济体制外成长起来的专业市场，早期的发展离不开地方政府尤其是基层政府的强有力支持。事实上，不少专业市场是由乡镇政府或者市场监管部门（主要是当时的工商行政管理部门）直接主办的。由此也形成了一种特殊的管办体制，也就是市场主办、管理服务和交易监管融合交叉。客观地说，这种管办不分的体制，在计划经济体制下为专业市场早期发展创造空间、促进专业市场迅速发展起了重要的作用。但是，其弊端也显而易见。在管办不分的体制下，政府部门既是运动员，又是裁判员，政府与市场边界不清，市场公平竞争的基本原则受到挑战。因此，随着体制改革的不断深入推进和社会主义市场经济体制的日益完善，专业市场的管办体制也就越来越成为其健康发展的制约因素。实施管办分离，建立符合市场公平竞争原则的制度，有效厘清政府与市场的边界，才有可能实现市场的再次跃升。

三、市场转型升级的政策举措

21世纪以来，面对改革开放的新形势和浙江经济发展的新特征，以及专业市场自身发展面临的各种问题，浙江省委省政府开始采取积极的应对举措,推动市场转型升级。习近平同志刚到浙江工作不久,就来到义乌,调研了投入营业不久的义乌国际商贸城,详细了解义乌小商品市场的发展历程。之后,他还先后调研了浙江省其他的专业市场,既肯定了浙江省专业市场的发展成绩,也指出了当前发展中存在的问题,并逐步谋划下一步市场优化和转型升级的政策。

2004 年,浙江省政府工作报告就提出:"推动专业市场改造提升,加快对传统运输、仓储等物流企业的改组改造,支持发展专业化、社会化的现代物流企业。积极发展电子商务。加强大型会展场所建设,培育会展服务组织,促进会展业加快发展。大力发展咨询等中介服务业。"2005 年,浙江省委提出了"推动专业市场经营业态创新"的总体要求。各地市场纷纷加快引入或对接电子商务交易模式,拓展和提升市场展销、物流配送、商务服务等功能。在之后制定的《浙江省"十一五"商品交易市场发展规划》(以下简称《规划》)中,按照省委省政府的统一部署和要求,提出了"整合、改造、创新、提升"的转型路径。《规划》指出,要"以整合市场资源、优化结构布局为基础,以改造市场基础设施为重点,以创新经营模式、交易方式和服务功能为动力,以提升市场流通业态为突破口,进一步调整市场结构,改善硬件设施,增强整体实力,提升经营业态,促进传统市场向新型的、现代化市场转型,努力构建具有现代流通特征的商品交易市场体系"。

之后,围绕转型升级这一主线,历届政府一张蓝图绘到底,一任接着一任干,持续推动专业市场业态创新,取得了积极的成效。总括起来,主要围绕以下 5 个方面推动专业市场转型升级。

一是拓展市场范围。进入 21 世纪之后,我国对外开放的步伐明显加快。尤其是加入 WTO 之后，中国成为新一轮全球产业转移的承接地。浙江作为沿海地区，是国际产业转移的主要承接地之一。在此背景下，与生产体系紧密配套的专业市场，也顺应开放加快的步伐，开始国际化转型。专业市场国际化的主要途径有：①商品流通范围的扩大，从"买全国卖全国"转向"买全球卖全球"。市场的进出口份额逐步扩大。②在海外设立分市场。早在 2004年，习近平同志就用"地瓜理论"来描述跳出浙江、发展浙江的现象。他指出："地瓜的藤蔓向四面八方延伸，为的是汲取更多的阳光、雨露和养分，但它的块茎始终是在根基部，藤蔓的延伸扩张最终为的是块茎能长得更加粗壮硕大。"[①]按照这一理念，专业市场也不断向海外蔓延，通过在目的地国家和地区设立分市场，扩大了专业市场的范围，增强了影响力。③市场监管体系的国际化。针对产品出口和海外商家入驻市场采购和销售的特点，市场在产品质量监管、规章制度设立、司法裁决等方面不断与国际接轨，以适应市场国际化的需求。特别是 2011 年 3 月，国务院首先批复开展"浙江省义乌市国际贸易综合改革试点"，浙江省通过建立"市场采购"的新型贸易方式，开启了国际化的新阶段。

　　二是优化市场环境。进入 21 世纪之后，在市场经济体制不断完善的背景下，专业市场也逐步加强软硬件环境建设，以更好地承担市场经济体制下的重要流通渠道功能。一方面是强化市场制度体系建设，在市场产品质量、交易秩序等方面不断建立规则和强化监管。尤其是在产品质量上，通过严厉查处假冒伪劣产品，改变了专业市场产品质量低劣的形象。通过整顿和规范市场秩序，规范发展各类行业协会、商会和中介机构，加强产品质量监管，特别是

---

① 习近平.之江新语[M].杭州：浙江人民出版社，2007：72.

加强对食品、药品卫生质量安全的监测,依法惩治制假售假等不正当竞争行为和市场垄断行为,抓好各项市场秩序的整治工作。另一方面,完善硬件设施,促进市场交易场所环境持续升级。专业市场基本告别了简陋的棚式交易场所,纷纷向购物中心场所模式转变。部分专业市场与周边日益完善的商业配套相得益彰,形成了规模庞大的商业综合体。

三是完善市场体系。进入 21 世纪之后,由于企业规模的扩大和产业转型升级,市场流通结构也发生了重大的变化,集中表现在中间品和生产要素在流通中的比重持续上升。在此背景下,专业市场的内容也不断扩大,特别是要素市场成为这一阶段专业市场发展的重点领域。2004 年的浙江省政府工作报告中就提出要"进一步完善市场体系"。以服务外来务工人员为重点的劳动力市场、以土地"招拍挂"为特征的土地市场和以民间借贷为主体的地方资本市场等传统要素市场率先建立,采取了与商品市场相似的灵活的交易机制和运营模式。之后,环境、技术、知识产权、数据等新兴要素市场也领全国风气之先,在浙江孕育成长。这些要素市场的形成和发展,极大地完善了市场体系,为浙江省经济发展提供了有力的市场支撑。

四是延伸市场功能。随着流通领域改革的不断深入,流通渠道日益广泛。专业市场作为流通渠道的制度特色优势不断弱化,通过延伸市场功能,为入驻企业提供更高的价值,是保持其竞争力的重要路径。在此背景下,浙江省在扩大市场规模和范围的同时,也着力于创新市场功能,来提升市场质量。一方面,通过市场品牌建设和市场运营体制创新,实现市场连锁化,形成了以义乌小商品、绍兴轻纺、海宁皮革、永康五金等为代表的一批市场品牌,并通过公司化运作，在不同地方分市场上实行品牌输出。另一方面，打造仓储物流、会展等新型业态和功能，结合交通基础设施建设优化、市场交易场所升级，不断拓展交易流通产业链条，增加专业市场对入驻商户的价值提供。

五是拥抱信息技术。经过 20 世纪 90 年代互联网的快速发展，进入 21 世纪之后，互联网的商业应用在中国逐步发展。浙江专业市场也敏锐地捕捉到了这一趋势，开始向信息化和数字化转型。一些市场开始建立网站，拓展信息发布和搜索平台。以阿里巴巴为代表的电商平台迅速崛起，并与专业市场紧密结合，实现了线上线下的互动融合。数字化转型方面，建立了独立的线上交易平台，引入了电子商务、直播带货、网红经济等新型模式。信息化和数字化深刻改变了专业市场的运行机制和交易模式，为专业市场的持续发展注入了新动能。

◆◆◆【案例 1-4】

浙江提出市场二次腾飞战略

在新的流通业态和营销方式的双重挤压下，专业市场的出路在于创新意识及整体素质的提升。针对当前专业市场面临的各类竞争及其政策优势的弱化，近日召开的浙江省市场协会第二次代表大会提出了全省市场二次腾飞战略：以创新市场为动力，不断提高市场的整体素质，形成依托浙江、辐射全国、适应现代市场经济、与国际市场接轨的现代商品交易市场体系。

据了解，为进一步提升商品市场的抗风险能力、应变力和竞争力，浙江省的各专业市场将进行以下转变：在服务方式上，由被动式服务向主动式服务转变；在服务内容上，由单一的交易服务向全方位配套服务转变;在交易方式上,由"三现"交易向现代交易方式转变;在经营策略上,由注重价格向注重品牌转变;在市场形态上,由传统集贸式市场向现代商业模式转变。

同时,全省各专业市场将实施五大战略:按现代物流的方式去组织市场;按区域产业的特色去发展市场;按技术进步的要求去提升市场;按全球战略的目标去拓展市场,使各专业市场成为境外产品进入中国市场的窗口和展示展销中心,成为中国产品进入国际市场的集散中心和配送中心。另一方面,大胆向外拓展,到境外开办分市场、中国商品交易中心和贸易机构;按绿色市场的标准去净化市场。全省按统一的质量管理标准和制度积极创建绿色市场,确保绿色食品的质量。

据了解,浙江的专业市场将根据国内外市场的需求,依托浙江个私经济的块状特色,创品牌、降低商务成本、提升市场形象,不断增强市场的活力。

案例来源:林毅,陆建强,沈雁.浙江提出市场二次腾飞战略[N].中国工商报,2003-11-11(T00).

案例简析 >>>

浙江市场二次腾飞既是形势所迫下的被动之举,也是着眼于未来发展的长远谋划。在流通新业态和营销方式创新的背景下,专业市场如何重拾价值创造功能,助力企业竞争力提升和产业转型升级,是实现二次腾飞的关键所在。习近平同志在浙江工作期间,为市场转型升级作了前瞻性谋划,指明了市场下一步发展的方向。围绕建设依托浙江、辐射全国、适应现代市场经济、与国际市场接轨的现代商品交易市场体系这一目标,浙江专业市场的转型升级谋划及时,思路清晰,举措有力。在这一蓝图的指引下,经过多年的艰难转型,浙江专业市场焕发了新的生机,为社会主义市场经济体制的建设和完善,推动产业转型升级和高质量发展,提供了有力的支撑。

四、推动市场经济体制全面升级

以市场转型升级为抓手,浙江省全面深化改革,在"八八战略"的指引下,完善市场体制机制,持续释放市场活力,不断构筑体制机制新优势,为浙江省"两个先行"注入强大动力。

持续推进市场主体做多做大做优做强做活。市场主体是市场经济的细胞和组织,市场主体的数量、规模、活力和竞争力,决定了市场经济体制的质量。浙江省充分利用市场体制机制先发优势,不断优化营商环境,持续推动市场主体做多做大做优做强做活。全省市场主体数量、年新增市场主体数量稳居全国前列。到2022年底,在册市场主体943万户,新设民营企业46万户,占新设企业数的93.5%。私营企业308万户,占企业总量的92.5%。民营经济创造的税收占全省税收收入的71.7%,民营经济增加值占全省生产总值的比重达到67%。规上工业民营企业数量突破5万家,占比92.2%;增加值突破1.5万亿元,占比70.3%。民间投资占固定资产投资总额的56.4%。民营企业进出口占全省78.3%[①]。107家民营企业入选中国民营企业500强,占比21.40%。

不断夯实市场在资源配置中起决定性作用的基础。浙江市场建设和发展的成效和经验,也被不断迁移到经济社会发展的其他方面。市场意识深入人心,"向市场要答案"成为政府和社会推动发展的共识,为区域经济发展提供了强大的"造血细胞"。浙江省

---

① 数据来源于《2022年浙江省国民经济与社会发展统计公报》。

率先在要素和公共资源市场化配置上探路,再造市场体制新优势;充分发挥价格机制的作用,合理确定土地、能源、水资源、环境等生产要素的比价关系,推动资源要素优化配置和集约利用。浙江省先后推动了工业用地"招拍挂"改革试点、要素市场化配置改革试点、全国水权交易制度改革、差别电价改革和煤电价格联动改革等一系列改革举措,以标准引领、规则先行,通过制定实施节能节地节水、环境、技术、质量、安全等市场准入标准,建立健全资本、技术、土地、能耗、环境容量等主要资源要素市场化配置规则,全面激活和提升了劳动效率、资本效率、土地效率、资源效率、环境效率和科技贡献率。

开放引领推动市场整合与一体化。市场转型升级的开放路径让浙江深刻认识到开放是市场的灵魂。通过内外两种资源和两个市场的整合,实现资源在更大范围内流动,是提升资源配置效率的根本途径。同时,浙江也深刻意识到以开放倒逼改革,率先构建开放型市场经济体制新优势,是市场经济升级的关键。一方面,浙江紧抓中国加入 WTO 的机遇,迅速成为外贸出口大省,通过全方位推进改革,加快构建开放型经济新体制,推动从产品出口到资本出海,从"引进来"到"走出去"。另一方面,浙江创新开展"一般出口""直购进口""网购保税进口"等跨境业务,简化企业境外投资项目核准,修订境外投资项目管理办法和外商投资管理办法,对外投资和外商投资环境进一步优化;对接"一带一路"倡议,推动中欧班列双向常态化运行;全面推动长江三角洲区域一体化国家战略,推动自由贸易区(港)落地等。一系列开放型改革举措的实施,使浙江进入了市场开放发展的新阶段。

持续推动"刀刃向内"的自我革命,不断优化政府与市场的边界。政府适时"有所为",保持与市场机制的互动,是浙江体制机制创新的关键点。浙江省政府以市场优化升级为突破口,持续推进机关效能建设。2013 年 11 月,浙江启动以权力清单为基础的"三张清单一张网"建设。2014 年 7 月,在全国率先部署责任清单,形成"四张清单一张网"。进一步全面推进政府自身改革,全面取消省级非行政许可审批事项,并在此基础上于 2016 年推行了"最多跑一次"的改革。在此期间,浙江全面梳理省级部门行政权力,历经清权、减权、制权 3 个环节,精简超过六成权力清单。从"四张清单一张网"到"最多跑一次",浙江省着力厘清政府与市场的合理边界,加强对政府自身的改革,成为全国审批事项最少、管理效率最高、服务质量最优的省份之一,不断续写再创市场体制机制优势的新篇章。

◆◆ **思考题**

1. 浙江省专业市场孕育的独特环境有哪些?

2. 市场流通本质上是生产和再生产过程的一个环节,市场与生产密不可分,那么浙江专业市场与块状经济互荣共生的机制是什么? 这种机制有什么利弊?

3. 进入 21 世纪之后,浙江专业市场所面临的持续发展的困境主要体现在哪些方面? 针对这些问题,浙江专业市场如何进行转型突围、实现二次腾飞?

◆◆ **拓展阅读**

[1] 习近平.之江新语[M].杭州:浙江人民出版社,2007.

[2] 任光辉.专业市场主导的区域经济研究[M].北京:社会科学文献出版社,2016.

[3] 白小虎.当代浙商与专业市场制度:传统与变迁[M].北

京:中国社会科学出版社,2012.

　　[4] 郑勇军.解读"市场大省":浙江专业市场现象研究[M].杭州:浙江大学出版社,2003.

　　[5] 陆立军,王祖强.专业市场:地方型市场的演进[M].上海:格致出版社,2008.

　　[6] 孙家贤.社会主义市场经济探索:浙江专业市场现象剖析[M].杭州:浙江人民出版社,1992.

　　[7] 史晋川,金祥荣,赵伟,等.制度变迁与经济发展:温州模式研究[M].杭州:浙江大学出版社,2002.

以高水平对外开放打造国际合作和竞争新优势。当前,国际社会对经济全球化前景有不少担忧。我们认为,国际经济联通和交往仍是世界经济发展的客观要求。我国经济持续快速发展的一个重要动力就是对外开放。对外开放是基本国策,我们要全面提高对外开放水平,建设更高水平开放型经济新体制,形成国际合作和竞争新优势。要积极参与全球经济治理体系改革,推动完善更加公平合理的国际经济治理体系。

——摘自习近平总书记在经济社会领域专家座谈会上的讲话①

第二章　市场范围的裂变:国内市场向国际市场扩展

◆ **本章要点**

1.作为我国最早开放的沿海省份之一,浙江具有全面参与国际分工和资源全球化配置,率先构建开放型经济新体制,争当开放型经济强国建设的排头兵的发展战略使命。在经济全球化的发展背景下,浙江省积极推进更高水平对外开放,促进国内市场向国际市场扩展,努力为全国构建以国内大循环为主体、国内国际双循环相互促进的新发展格局作出更大贡献。

2.中国加入WTO后,浙江省抢抓机遇,充分利用国内国际两个市场两种资源,积极把握加入WTO的过渡期改革涉外经济管理体制,不断提升浙江的生产要素质量和配置水平,推动了浙江产

---

① 习近平.在经济社会领域专家座谈会上的讲话[N].人民日报,2020-08-25(02).

业转型升级，塑造了我省参与国际合作和竞争的新优势，在开放发展中争取了战略主动。

3.随着中国正式加入WTO，开放型经济大步迈入发展的"快车道"，浙江市场逐步实现了从"买全国、卖全国"到"买全球、卖全球"的战略转型。为此，浙江省推出了一系列政策举措，大力促进外贸持续稳定增长，全面扩展、深化专业市场国际化转型。

4.浙江积极拓展国际贸易的空间和范围，鼓励市场中的企业参与到国际贸易中去，也不断吸引外商企业常驻本地市场，推进对外贸易不断发展，市场国际化转型取得了显著成效。结合浙江省专业市场发展状况，总结浙江省市场国际化转型的经验，提炼出四条主要路径——引进来、走出去、渠道延伸、产业开放互动——为我国其他地方市场国际化发展提供参考。

经济全球化是社会生产力发展的客观要求和科技进步的必然结果，是谋划发展所要面对的时代潮流。习近平总书记曾指出，"一个国家能不能富强，一个民族能不能振兴，最重要的就是看这个国家、这个民族能不能顺应时代潮流，掌握历史前进的主动权"①。在此背景下，浙江省紧紧抓住经济全球化的历史性机遇，积极推进开放型经济发展、促进国内市场向国际市场拓展，对浙江从市场大省迈向市场强省具有重要意义。

改革开放以来，在浙江由资源小省到经济大省的蜕变中，浙江专业市场也得以高速发展。中国加入WTO以后，随着经济全球化以及市场环境的变化，浙江省在经济社会发展中存在不少的困

---

① 习近平.在省部级主要领导干部学习贯彻党的十八届五中全会精神专题研讨班上的讲话[N].人民日报，2016-05-10(02).

难和问题。同质化竞争激烈、商品附加价值低、经营主体整体素质不高、低成本竞争优势不断削弱、资源要素制约日益突出等问题，给浙江专业市场的发展带来了巨大冲击。拓展国际市场、促进市场国际化转型成为推动浙江专业市场发展的迫切需要。

第一节　加入 WTO 的机遇与挑战

2001 年 12 月 11 日，中国正式加入世界贸易组织（WTO），浙江省对外开放进入了一个全方位、多层次、宽领域的历史阶段。加入 WTO 后，浙江在"八八战略"的指引下，充分利用国内、国际两个市场、两种资源，坚持"引进来"和"走出去"相结合，积极参与国际竞争与合作，坚持实施更大范围、更宽领域、更深层次的对外开放，积极促进市场规模的扩大、交易方式的接轨以及产品质量标准的适应，切实推进专业市场国际化转型和开放型经济发展。

一、市场范围的扩大

中国加入 WTO 前，在国际市场上，浙江省商品交易遭受了诸多不公平的待遇，如出口配额限制、反倾销、反补贴制裁等，严重阻碍了浙江省市场经济发展。而加入 WTO 后，我国可以享有出口普惠制待遇、最惠国待遇，大大改善了浙江省出口商品国际市场的发展环境。在此背景下，浙江省开放型经济展现出强劲的动力，专业市场规模也随之扩大，取得了令人瞩目的巨大成就。《2006 年浙江省商品交易市场运行分析报告》显示，浙江省专业市场发展走在全国前列，"2006 年，全省共有消费品市场 3482 个，年成交额 4860 亿元，同比增长 11.9%，基本保持平稳发展。特别是以义乌中国小商品城、绍兴中国轻纺城、海宁中国皮革城、杭州四季青服装市场等为代表的大型消费品批发市场成交额增长势头强劲"。

中国加入WTO,促进了国内、国际市场的深入交流和相互开放,加速了浙江专业市场与国际市场的接轨与融合,为浙江专业市场拓展了更为广阔的空间。

其一,中国加入WTO有利于破除浙江省出口面临的各项贸易壁垒,大大扩展了浙江省专业市场的发展空间。如纺织品和服装配额取消,意味着浙江省企业可以自由地进入过去对我国纺织品和服装实施配额限制的国家和地区,并自主开发国际市场,促进了浙江省纺织品和服装出口的扩大和国际市场份额的提升。2005年,浙江省纺织业规模以上企业8984家,完成工业总产值和产品销售收入4824亿元和4734.9亿元,实现利润达186.4亿元,出口也保持较快的增长,当年出口规模高达252.3亿美元,位列全国首位。[①] 中国加入WTO后,贸易壁垒的破除给原本受限的行业带来了巨大的发展空间,促进了浙江省优势产品的出口,带动了市场规模的扩大和专业市场的繁荣。

其二,中国加入WTO推动了资源、商品在全球范围内的自由流动和优化配置,促进国外资本和商品涌入浙江省各大专业市场,对浙江省专业市场规模的扩大和国际化的发展具有重要意义。中国加入WTO,吸引了更多的国外贸易公司入场交易和设点,迅速促进了国外产品进入专业市场,有利于浙江省专业市场(特别是劳动密集型专业市场)的现代化转型升级。对于少数技术密集型或资本密集型的专业市场,国外商品和公司的进入在带来一些冲击的同时,也会弥补其不足,有利于市场中商品种类多样化、质量高

---

① 纺织产业在浙江省经济中的重要地位和相关数据[EB/OL].(2018-08-30)[2024-03-01].http://www.sinotex.cn/newsHtml/180830/132675/.

端化、技术复杂化发展，对于促进专业市场规模的扩大具有重要意义。中国加入WTO，也促使国外商业资本大举进军浙江省零售业领域，国外资本的进入为浙江专业市场发展提供资金支持的同时，也带来了先进的经营理念、营销技术、政策技术等，对浙江专业市场扩张发展具有重要意义。

二、交易规则方式的接轨

世贸组织的规则实质上是交易规则在世界范围内的运用和发展，中国加入WTO，有利于浙江专业市场按照国际市场的规则，更加规范有序地运行和发展，但同时也带来了一些挑战。为适应加入WTO的新形势，浙江省加快了经济结构调整和体制创新的步伐，根据世贸组织的要求，按照国际规则和惯例，浙江专业市场交易规则方式开始进行整改，使之与国际接轨。《浙江省国民经济和社会发展第十个五年计划纲要》中也强调要"争取在全国率先基本形成比较完善的、与国际经济规则相适应的经济体制和运行机制，在更大范围内和更深程度上参与经济全球化过程，不断提高国际竞争力"。

其一，按照国际规则和惯例，全面清理和完善专业市场的地方性法规、规章和政策措施。我国加入WTO初期，浙江专业市场的政策规定与WTO的要求尚存在较大差异，影响了浙江专业市场与国际市场的接轨，甚至可能会导致国际纠纷的发生。当时浙江省各级政府联系浙江专业市场发展实际，对涉及货物贸易、服务贸易及与贸易有关的知识产权保护和投资措施等地方性法规、规章和政策措施进行全面梳理，废除或修改与世贸组织规则不符的制度，并结合浙江实际加快立法工作。如《杭州市人民政府办公厅关于适应我国加入世界贸易组织进程清理地方性法规政府规章和其他政策措施的意见》(杭政办〔2001〕20号)中提出废除"规定影响知识产权的获得、范围、维持、使用、丧失等知识产权保护实体标准的"法律法规等,并出台了《浙江省人民政府关于加强专利工作促进技术创新的意见》(浙政发〔2001〕45号)等政策加强对知识产权的保护,提高浙江省各大专业市场的生命力,促进专业市场步入规范化经营的轨道。浙江省根据WTO的要求,结合专业市场的发展现状,清理完善相关的政策法规,提升了贸易投资自由化、公平化与便利化,为浙江专业市场发展创造了更为规范、透明、公正的法治环境。

其二,规范国际贸易纠纷处理方式,积极鼓励出口企业提升应对能力。中国加入WTO后,浙江专业市场参与国际贸易中的壁垒显著减少,但国际贸易纠纷仍大量存在。在WTO的要求下,我国规范了国际贸易纠纷处理方法,构建了多边的贸易争端解决机制,大大改善了专业市场的国际经济贸易环境。浙江省各级政府也加强了对贸易纠纷处理的重视,先后出台了一系列政策举措促进各大专业市场国际纠纷处理规范化。如《2003年温州市政府工作报告》中指出要"认真研究世贸组织规则,充分利用过渡期,加快形成与国际经济通行规则相适应的运行机制,提高对各类国际贸易纠纷的预警、应对能力"。同年,温州打火机行业应对欧盟反倾销诉讼获得实质性胜诉,保住了中国打火机在欧洲的市场销售权,对于温州打火机专业市场国际化发展具有重要意义。而若是温州的打火机企业不应诉,或在反倾销中败诉,不仅会失去欧洲市场,还可能引发国外其他市场制约我国打火机的连锁反应,将严重打击温州打火机专业市场乃至全国打火机专业市场的发展。中国加入WTO,提升了浙江专业市场国际纠纷处理方式的规范化,为浙江专业市场应对国际反倾销、反补贴、保障措施等提供了有力保障，有利于浙江省市场交易规则国际化和开放型经济良性发展。

三、产品质量标准的适应

中国加入 WTO 后，关税等贸易限制措施被大幅削减，但技术贸易壁垒却并未减少，反而随着技术贸易在国际贸易中的份额上升而逐渐增多。技术贸易壁垒凭借其形式灵活、隐蔽性强、名义合法等特点成为目前货物贸易中最主要、最难对付的贸易壁垒，对浙江专业市场的发展造成了严重影响。据统计，2004 年，浙江省近半出口企业受到国外技术性贸易壁垒限制，造成的经济损失达 6.5 亿美元。食品、农产品、机电、轻工、五矿化工、纺织服装等优势产业国际化发展受到严重阻碍。[①]

为了保障国际贸易的正常进行，WTO 明确规定各成员国在制定技术法规、标准和合格评定程序时应遵守采用国际标准的原则。习近平总书记也强调，"标准助推创新发展，标准引领时代进步"[②]。加速国内产品质量标准与国际标准的统一，是提高浙江省产品质量和技术水平、减少技术性贸易壁垒和适应国际贸易的必然选择，对于浙江专业市场提升国际竞争力具有重要意义。对此，《浙江省国民经济和社会发展第十个五年计划纲要》中明确表示要"按照加入世贸组织的要求，采用国际标准，提高技术、质量和经营管理水平"。《浙江省人民政府关于推进先进制造业基地建设的若干意见》（浙政发〔2003〕31 号）中也明确指出"鼓励企业积极采用国际标

---

① 浙江省商务厅.浙江近半出口企业遭遇技术性贸易壁垒[EB/OL].（2005-09-09）[2024-03-01].http://zcom.zj.gov.cn/art/2005/9/9/art_1389611_13887847.html.

② 习近平.习近平致第 39 届国际标准化组织大会的贺信[N].人民日报，2016-09-13(01).

准和国外先进标准，制定具有国际竞争力、高于现行国家标准的企业内控标准"，并表示对于长期符合国家质量标准的企业，将给予资助、奖励，还可享受产品免检待遇。这些举措对于推动浙江省制造业专业市场产品标准提升具有重要意义。

浙江省各市级政府也将产品质量标准化作为工作重点之一，大力推进专业市场的标准化建设。义乌市《2002 年政府工作报告》表示，要"全面推行国际质量体系认证和条码化管理，积极推行环境管理体系国际化标准，使更多的企业、商品获得国际市场通行证"，全力营造扩大对外开放的良好环境，推进义乌小商品专业市场产品质量标准化建设。舟山市《2004 年政府工作报告》指出要"加快优势水产品养殖产业带和标准化建设，推动水产养殖由粗放型向集约型、绿色环保型转变，提升海水养殖业的整体水平"，重视渔业标准化建设，着力提高渔农产品质量安全水平和市场竞争力。2007 年，舟山市成功建成包含 2560 个国内外技术标准在内的水产标准体系，方便企业和有关部门检索和研究。这一体系促进了企业标准化生产，提升产品的国际竞争力，对于浙江省水产品专业市场国际化发展具有重要意义。温州市则发布了《温州市人民政府办公室关于印发温州市皮鞋和打火机行业名牌培育质量提升工程实施方案的通知》（温政办〔2006〕141 号），推进皮鞋和打火机专业市场质量标准化建设。该通知强调，要"建立和推广产业标准体系，促进产业集群和产业链各个环节的质量提升，引导企业完善企业标准体系，实现生产经营标准化管理"，以确保专业市场的技术达到国际先进标准水平。经过一两年的努力，温州市皮鞋和打火机市场产品质量管理有了明显提升，企业准入比例在全省领先，具有明显的区域优势。台州市则针对塑料专业市场存在的质量管理水平落后的问题,发布了《台州市人民政府关于批转台州市塑料模具行业发展规划的通知》(台政发〔2004〕61 号),加快建立塑料模具行业的标准体系,加强全面质量管理,健全质量保证体系,同时进一步健全塑料模具质量检测体系,提高检测水平,提高产品的市场竞争力和美誉度。此外,台州还据此提出了具体的鼓励政策,如"支持模具行业企业不断提高模具质量,经中国模具协会评审达到国内先进水平的模具,每项奖励 2 万元"①等,对台州市塑料模具行业对标国际标准具有重要意义。台州也成为全球塑料制品重要加工基地之一和全球模具生产制造重要基地之一,被誉为"塑料制品的王国和模具之乡"。

据《浙江省 2005 年国民经济和社会发展统计公报》,2005 年末,浙江省有 956 家产品质量检验机构,其中包括 8 个国家检测中心,全省共有 6881 家企业获得了 36089 张 3C 证书。中国加入WTO 后,浙江省产品质量效益明显提升,实现了经济持续健康发展,同时加快建设高标准市场体系,形成了高效规范、公平竞争、质量安全、消费满意的强大国内市场,并在此基础上持续深化对外开放,不断提升产品对国际标准的适应水平,拓展国际市场,构建国内国际双循环相互促进的新发展格局,为浙江建设国内大循环战略支点、国内国际双循环战略枢纽提供了有力保障。

◆◆◆ 【案例 2-1】

标准化"照亮"义乌小商品质量提升路

在义乌,你可以买全球货,也可以卖全球货。这个被联合国、世界银行与摩根士丹利等权威机构称为"全球最大的小商品批发

---

① 摘自《台州市人民政府关于加快我市五大主导行业发展的若干政策意见》(2004)。

市场"，每年与全球210多个国家和地区有贸易往来，外向度高达65％。每年到义乌采购的境外客商超过50万人次，常驻外商1.5万多人，吸引了包括沃尔玛、麦德龙在内的20多家跨国零售集团和30多家国内知名连锁超市常驻采购。义乌现有各类外资主体6800多家，其中外商投资合伙企业2500多家，约占全国的75％。

"进出口贸易发达势必会产生一些问题，比如不同地方的商品质量标准不同，很容易引起纠纷。"义乌市市场监管局党委委员、总工程师黄中庆告诉记者，为了解决这一问题，义乌市市场监管局早在2019年就启动了"标准进市场"工作，将对标达标工作从商品生产领域延伸至流通领域，开展"亮标、对标、提标、宣标"四大行动。市场内随处可见的二维码便是义乌市市场监管局公示的商位在售商品的执行标准或主要技术指标，还开发了专门的亮标APP，实现线上线下同步亮标。目前，已有3.7万个市场经营户进行亮标，覆盖市场内所有行业。

同时，义乌市市场监管局将市场经营户的亮标内容与国内外相关产品标准（特别是主要出口国和地区的标准）进行比对，确定亮标内容中的技术要求与相关国内外标准的符合性，并在此基础上建立了小商品国内外标准比对数据资源库，截至去年底，标准、技术法规等入库数据达200多万条，发布重点行业标准白皮书5期，形成21份市场主要出口产品的国内外标准比对报告。

黄中庆告诉记者，以义乌商品城深受欢迎的中性笔为例，目前国家标准及国际标准规定：球珠直径在0.40～0.55mm，书写长度达到400m，即表示通过标准。"我们发现市场上存在书写长度达800m甚至1000m以上的大容量中性笔，但目前的标准不能很好地反映该产品的质量特性。为了突出义乌市场中性笔的高质量，我们制定了《大容量中性墨水圆珠笔和笔芯》团体标准中英文版。"该标准从去年 12 月实施以来,进一步规范了大容量中性笔的产品质量,促进了义乌中性笔产业发展。据统计,2021 年 1 月至 8 月,市场销售大容量中性笔达 3 亿多支,产值 1.2 亿元左右,同比增长 10% 以上。

在各项标准的规范下,义乌小商品质量正朝着标准化方向看齐,市场内的共同富裕之路正越走越宽。

案例来源:施本允.标准化"照亮"义乌小商品质量提升路[N].中国消费者报,2021-11-02(001).

案例简析 >>>

当前国内外各类专业市场竞争激烈,变化莫测。实施"标准化"不仅是企业提升产品质量,实现行业转型升级的关键钥匙,更是企业产品打开国内外更大市场的"通用语言"。标准化以及相关技术政策的实施,显著提升了浙江专业市场产品的国际竞争力,也有效消除了贸易壁垒、促进国际贸易发展,对于浙江专业市场的国际化转型具有重要意义。义乌小商品市场的成功离不开"标准化"。故而,浙江省产品质量发展应瞄准国际标准,积极推动各方参与国际标准化活动,助力提升我国标准的整体质量,共享质量发展的优势,带动产品、技术、装备和服务"走出去"。

第二节　从买全国卖全国到买全球卖全球

20 世纪 90 年代末,国内专业市场竞争非常激烈,许多市场的经营陷入困境。此时又是中国为加入世贸组织的谈判紧锣密鼓进行的时期。国内贸易竞争日益激烈,迫使浙江省市场开始寻求开放经济下的新的发展机遇,国际化也成为推动浙江省市场进一步发展的关键因素。与此同时,世界经济全球化发展不断加速,带动了资源和生产要素在全球范围内的自由流动和合理配置。在此背景下,中国经济国际化程度不断提高,国内市场日益开放,浙江省市场经营商品的国际竞争力普遍提升,市场国际化发展的进程也得到了大力推进。国际化已经成为浙江省市场发展的重要趋势。

一、浙江市场国际化的战略应对

加入 WTO,标志着中国对外开放进入了一个全新的阶段,浙江省也可以在更大范围、更广领域、更高层次参与国际经济合作与竞争,给浙江经济发展带来了重大历史性的机遇。但同时,浙江省也将面临着日益复杂的贸易摩擦和日渐强化的产业冲击,短期内会对浙江专业市场的发展产生不利影响。为趋利避害,以积极主动的姿态参与到全球竞争中去,2002 年 4 月,浙江省政府按照党中央、国务院的统一部署,制定了《浙江省应对加入世界贸易组织行动计划》(以下简称《计划》)(浙政发〔2002〕13 号)。

该《计划》的具体内容包括以下几项:第一,通过整改地方性政策法规、改革行政审批制度、推进政府政务公开等方式,削减不适应世界贸易组织规则和不符合中国承诺的事项,加快我省政府职能转变和管理方式创新改革的速度,提高政府在企业国际贸易中行政审批、监督约束等事务的能力与效率,为专业市场国际化转型提供良好的政策环境。第二,通过深化体制改革、实施"走出去"战略、发展特色优势产业等方式,全方面提升浙江经济的国际竞争能力,大力推进我省优势企业"走出去"、开拓国际市场和境外高科技企业"引进来"投资生产经营,促进我省专业市场的国际化转型。第三,通过建设"信用浙江"、实施知识产权战略、发挥中介组织职能等方式,营造统一开放、公平竞争、规范有序的市场环境。第四,通过建立反倾销和应对反倾销工作机制以及反技术壁垒工作机制等方式,减少贸易摩擦对我省相关产业和企业造成的损害,维护企业的合法权利,为浙江专业市场的国际化转型提供保障。

《计划》全面部署了浙江省应对 WTO 的主要工作,各级部门也按照《计划》的要求,制定了相应的实施方案,促进浙江专业市场应对 WTO 和国际化转型。金华市《2003 年政府工作报告》提出了一系列战略,如通过加快农业和农村经济结构的战略性调整,推进农产品的标准化、专业化、规模化生产,全方面推进农产品产业化经营,提升农产品专业市场的竞争力;通过重点扶持医药化工、汽摩配、五金工具、建材、食品加工、轻纺服装等特色产业群,积极培养拥有知名品牌、核心竞争力强的规模企业,促进产业集聚与提升,促进制造业专业市场发展;通过积极发展现代服务业,充分利用会展业、中介服务业等对经济的推动作用,扩大义乌国际小商品市场、永康中国五金城等特色专业市场的影响;通过积极实施"走出去"战略,实施外贸出口奖励,完善出口退税质押贷款办法等,促进各类专业市场跨国发展更为便利。舟山市《2003 年政府工作报告》也表示"面对加入世贸组织带来的机遇和挑战,面对日趋激烈的市场竞争,我们必须在更高、更深层次上实施改革开放,突破影响跨越式发展的体制障碍,全面提高利用两种资源两种市场的能力"。为此,舟山市政府提出了相应的发展战略,包括但不限于:第一,认真落实和完善招商引资政策,广泛开展招商引资,推动重点工业园区的发展;第二,不断优化出口商品的结构、质量,提高竞争优势,加强国际认证工作,增强应对技术性贸易壁垒和提高专业市场抵御国际市场风险的能力;第三,实施行政审批制度改革,完善各级办证中心的服务能力,营造适合舟山专业市场国际化发展的体制机制优势,增强区域经济发展活力。《绍兴市国民经济和社会发展第十一个五年规划纲要》(2006)中则强调不断建立健全现代市场体系,"支持专业市场的体制创新和转型改造,加快提升传统专业市场的档次和水平,推进专业市场国际化"。同时,绍兴市政府表示要大力培育民间创业投资机构,加强对中小企业信用贷款体系的建设;支持纺织业、黄酒等区域块状经济行业协会的发展,规范市场中介组织,建立健全社会中介服务体系;加快建设全产品质量监管机制,提升市场产品质量标准水平等,全面促进绍兴专业市场国际化转型。

中国加入 WTO 是浙江专业市场迈向现代化、国际化,在更广范围、更高层次、更宽领域参与国际分工与竞争的关键节点。浙江省各级政府准确把握机遇与挑战,并结合发展实际制定了发展战略,明确了政府工作重点,为浙江省政府主导市场行为指明了方向。浙江省各级政府纷纷出台的一系列政策举措促进了专业市场的国际化转型发展。

二、市场国际化转型的政策举措

中国加入 WTO 后,浙江省各大专业市场紧紧把握开放的机遇,积极参与到国际竞争中去。而为促进各大专业市场国际化转型,浙江省先后出台了一系列的政策举措,鼓励并支持具备条件的企业开展国际贸易、扩展国际市场。

支持外贸中介发展。中国加入 WTO 后,浙江省对外贸易条件得到明显改善,但不少进出口企业由于缺乏国际竞争经验,不熟悉国际贸易游戏规则,存在信息不通、渠道不畅、自我保护意识差、抵御风险能力弱等问题,严重制约了外贸事业的发展,迫切需要得到外贸中介的帮助。为此，《浙江省人民政府办公厅转发省工商局关于加快推进商品交易市场提升发展若干意见的通知》（浙政办发〔2006〕129 号）中明确表示，"鼓励大型专业市场组建进出口公司，发展外贸代理业务，为市场经营户进出口商品提供服务"，大力推进中介代理发展。凭借外贸中介丰富的国际贸易经验和知识，浙江省出口企业开展国际业务的时间和资源大大节省，促进国际贸易顺利进行，也有利于企业扩展到更多的国家和地区，对于浙江省市场国际化转型具有重要意义。

健全"两反一保"工作机制。在中国加入 WTO 后的短短 3 个多月里，浙江省企业出口到土耳其的眼镜、售往欧盟的打火机，以及远销美国的球轴承都遭遇了国际贸易保护，建立健全出口反倾销、反补贴及保障措施的应对工作协调机制，改善浙江省出口"两反一保"的现状的任务刻不容缓。为此，浙江省政府加快建立产业损害预警机制，加强宣传和贯彻国家对反倾销、反补贴和保障措施等法规，大力支持企业应对国际反倾销调查，鼓励企业积极申诉和应诉，全力保障外贸进出口企业的合法权益，并为此出台了《浙江省人民政府办公厅关于印发浙江省应对出口反倾销暂行办法的通知》（浙政办发〔2006〕114 号）、《浙江省人民政府关于加强出口反补贴应对工作的通知》（浙政发〔2008〕24 号）等专业的政策。浙江省"两反一保"工作机制的建立与完善，大大增强了专业市场协同应对国际风险的能力，为浙江省市场的国际化转型提供了稳定的国际发展环境。

加快人才的培养与引进。中国加入 WTO 后，浙江省经济发展面临着新的形势，对人才也提出了新的素质要求。人才的培养与引进是浙江省把握经济发展机遇、取得国际市场竞争优势的基础性战略性支撑。《浙江省人民政府关于加快实施"走出去"战略的意见》(浙政发〔2001〕65号)中强调要"根据企业'走出去'的实际需要,加快所需人才的培养和引进",关键措施包括加强对政府、企业等从事外贸相关业务工作人员涉外经贸知识的系统培训,加大高校对国际贸易、金融、法律和财会等专业人才的培养力度以及积极引进国外优秀经营管理人才开展海外事业等。国际化人才是企业成功"走出去"的关键,也是引领浙江专业市场发展、带动市场国际化转型的重要力量。

◆◆ 【案例 2-2】

多点报关　宁波海关进出口通关又提速

宁波口岸"大通关"建设又迈出实质性一步。从1月1日起,宁波海关推出全新的监管模式,实行"多点报关,口岸放行",使进出口货物的通关在严密监管前提下全面提速。

所谓"多点报关,口岸放行",是指企业对进出宁波口岸的货物可以自主选择关区内任一海关报关,由口岸海关对货物进行实货验放。原来通关环节的审单中心、现场海关两个作业层面,被分离成审单中心、区域海关、口岸海关三个层面,审单中心侧重报关电子数据的审核,区域海关侧重纸质报关单证的审核,而口岸海关则侧重于货物的实际验放。这一模式的实行,将在宁波口岸构筑起监管严密、便捷通关的新型海关监管体系,并实现口岸进出境物流在"零风险"下的"无障碍"通关。

近年来,宁波口岸进出口货运量快速增长,对海关严密监管、高效服务提出了更高要求。为迎接中国加入WTO的挑战,加快与国际惯例接轨,宁波海关根据口岸特点,以深化口岸大通关建设为契机,创新监管模式,完善口岸服务环境,着力提高口岸竞争力。

新监管模式的推出,将大大方便企业通关。宁波货代企业绝大多数设在老三区内,如就近在老三区报关,可大大节省时间、人力和物力。据测算,平均每票报关单可以节省费用约 20 元,货代企业每年共可节省通关费用 800 万元。

此举也将提高海关监管效率,加速物流流动。采用新办法后,宁波海关不仅可以增加近两个小时的有效工作时间,并且可以促进海关人员分工的专业化,集中精力加强物流监控,确保进出口货物在严密监管前提下实现快速通关。

案例来源:多点报关 宁波海关进出口通关又提速[EB/OL]. (2023-01-02)[2024-03-01]. https://zjnews. zjol. com. cn/system/2003/01/02/001535601. shtml.

案例简析 >>>

宁波海关推行"多点报关"的通关监管模式,为企业提供了可根据自身需要灵活选择应用的、高效便捷的通关环境。它是宁波海关应对飞速增长的监管业务量,为方便合法进出,促进贸易便利化的发展,同时强化海关监管,保持进出口环节的健康秩序,维护国家经济利益,实现有效监管和高效运作的有机统一的一项重大举措。它适应了经济发展和企业进出口活动需要,有利于提高通关效率,降低企业通关成本,使进出口企业在竞争中处于更加有利的地位。浙江省积极改善了通关贸易环境,出口货物通关速度明显加快,贸易额及贸易量均有较大提升,有效缓解了外贸企业所面临的压力,为浙江专业市场的发展、布局提供了新机遇。

三、市场国际化的成效

中国加入 WTO 后,浙江省坚决贯彻中央宏观调控政策,深入实施"八八战略",全力推进经济持续快速发展。与此同时,浙江省市场规模和效应也随之不断提升,国际竞争力日益增强,市场国际化转型也逐步取得成功。

　　义乌小商品市场是浙江专业市场发展的"先行兵",成功实现了从"全国买卖"到"全球买卖"的转换。随着"义乌"品牌在国内外的知名度越来越高,义乌市场也成为浙江专业市场国际化转型的典范。早在20世纪90年代早期,义乌市政府就提出了"义乌商品走向世界"的口号。刚开始的探索阶段,义乌主要是和国内的许多边境地区,比如黑龙江、广西、内蒙古等地合作建立义乌小商品市场的分市场,尝试进行对外贸易。但直到2001年中国正式加入WTO,义乌政府控股的小商品城集团公司才提出了全面国际化的发展战略,启动了国际商贸城一期建设工程,义乌小商品城大规模国际化转型正式开始。2002年,国际商贸城投入使用,吸引了来自212个国家和地区的客商前来参观采购,至2005年,义乌的国际贸易额就超过了国内贸易额,商品出口达到60%以上,标志着义乌从以内贸为主向以外贸为主的转型取得成功。据统计,2000年义乌出口额为1.06亿美元,而到2005年,义乌小商品市场全年自营进出口总额11.76亿美元,其中出口额高达10.92亿美元,在对外贸易总量上取得良好成绩。义乌小商品市场出口产品结构也日益多元化,工艺、饰品、花类、玩具、小五金等优势产业成为外贸的主力;出口市场结构也逐步趋于合理化,不再集中于亚洲和第三世界国家,欧美等发达国家和地区逐渐成为义乌小商品市场出口的主要市场;出口贸易方式也呈现出多样化的趋势,加工贸易、贴牌贸易、补偿贸易和服务贸易等贸易方式带动了义乌小商品市场的快速发展。随着这些举措不断完善,义乌专业市场国际化程度不断加深。至2022年,义乌市场具有640余万平方米的经营面积,7.5万个经营商位,汇集 26 个大类、210 多万种商品,被联合国、世界银行等权威机构誉为全球最大的小商品批发市场。

此外,浙江省其他专业市场也快速发展,市场国际化转型进程稳步推进。据海宁市《2007 年市政府工作报告》,2002 年至 2006 年间,海宁市全面推进农业、工业快速发展,且重视科技创新和标准化发展。农业上,综合生产能力明显提升,产业化、标准化生产经营日益成功,2006 年共有 34 家市级以上农业龙头企业、54 家各类农村专业合作组织,还有 27 个基地,51 种产品通过无公害农产品、绿色食品和有机食品的认定、认证。工业上,大力实施"工业强市"和"1232"产业发展等战略,稳定提升工业经济质量与规模,新增中国名牌 3 个、国家免检产品 8 个、省级著名商标 4 个,专利申请和授权量四年累计分别达 1429 件和 940 件。海宁市专业市场群建设加快推进,皮革城一期、缔艺家家居广场已经于 2006 年建成使用,皮革城扩建二期、家纺原辅料市场建设也在顺利实施中,专业市场发展日趋成熟,逐渐与国际接轨。此外,海宁市积极实施"引进来"与"走出去"并举战略,积极开展区域经济技术合作与交流,不断优化对外开放环境,促进专业市场国际化转型发展。由此可见,浙江各类专业市场国际化成效显著。

◆◆【案例 2-3】

浙江省起草首部地方反倾销法　列入政府规章计划

"浙江正在制定全国第一部反倾销地方性法规《浙江省出口反倾销管理办法》(下文简称《办法》),该《办法》已列入今年政府规章计划项目,前期调研、起草和征求意见已经结束,现正在行文报送草案"。昨天,浙江省外经贸厅副厅长金永辉在浙江省政府召开的新闻发布会上表示。

据金永辉透露,该《办法》将涉及"四体联动",即中央、地方、部门、企业应对反倾销时明确各自的职能和作用。对主动应诉的企业,政府和行业协会采取各方面的支持。

近年,浙江国际贸易摩擦涉案产品均为该省"当家花旦"产品,特别是纺织品、鞋革、丝绸等大宗商品、传统产品和吸纳就业能力强的产业,越来越成为国际贸易摩擦的关注焦点。

据金永辉介绍,今年前8个月,浙江涉及反倾销、反补贴、特别保障、纺织品特保和337调查等贸易摩擦案件总共32起,总涉案金额高达8.7亿美元,涉案数额和金额分别占全国涉案的1/3和1/4左右。涉案金额比去年同期增加3.14亿美元,案件数同比增加4起。

金永辉透露,针对欧美等浙江产品出口重点市场,该省将加强对敏感产品设置动态跟踪评估。目前,浙江已经对100个重点出口产品、261个敏感产品设置动态跟踪评估。对出口超过1亿美元的企业设置信息点和检测点,借此建立完善对外贸易预警机制。

另外,浙江预计在年内投入使用"案件管理统计信息系统",为今后贸易摩擦提供有效的信息和数据分析。同时,浙江将在今年11月下旬派出由20人组成的贸易推销团队,到浙江企业相对进驻较少的发展中国家继续开拓市场。

案例来源:浙江省起草首部地方反倾销法[EB/OL].(2005-09-27)[2024-03-01].
https://finance.sina.com.cn/roll/20050927/0218329563.shtml.

案例简析 >>>

中国加入WTO在给浙江省带来新的发展机遇的同时,也加剧了浙江省经济发展中存在的问题,给浙江专业市场的发展带来了巨大的冲击。作为一个以一般贸易为主要出口贸易方式,以民营企业、中小企业为主要出口经营主体的对外贸易经济合作大省,浙江面临着日益增加的国际贸易摩擦压力。2004 年至 2006 年 9 月,浙江已经遭遇来自美国、欧盟、印度等 18 个国家和地区的贸易摩擦案件 109 起,涉案金额近 31 亿美元①。为此,浙江根据自身外贸外经省情,率先制订出口反倾销地方性文件,对于建立健全应对国际贸易争端机制,全面提升全省进出口公平交易水平,提高抗御国际市场风险的能力,维护产业整体利益和企业合法权益都将产生重要意义。

第三节　市场国际化的主要路径

中国加入 WTO 后,浙江省各类市场展现出蓬勃的发展潜力,在带动地方经济快速发展的同时,也促进了浙江省国内贸易竞争的加剧,企业发展面临着巨大的压力。拓展国际市场、提升国际化水平已成为浙江专业市场转型发展的必由之路。近年来,浙江省主要依靠四大路径——引进来、走出去、渠道延伸、产业开放互动,提升对外开放程度,促使市场国际化转型发展。

一、引进国际化的市场主体

1992 年,邓小平南方谈话提出要"按产业政策吸引外商投资",实施以"市场换技术"的引资战略,"引进来"战略应时而生。加快推进"引进来"工作,着力引进优质项目和资金、科技成果和人才资

---

① 刘小青,鲍俊洪.浙江率先制订出口反倾销地方性文件　遭遇反倾销不可消极应对[N].人民日报,2006-09-05(6).

源,以及发展所需的战略资源,是实现浙江省经济发展方式转变和经济转型升级的内在要求和重要手段,也有利于浙江省企业国际竞争力的提升,对浙江省市场国际化转型发展具有重要意义。

为此,《浙江省国民经济和社会发展第十个五年计划纲要》中提出了几项措施,以提升外资利用规模和质量,加强"引进来"工作,促进浙江省市场国际化转型。第一,调整和完善"引进来"的相关政策,优化浙江省的投资环境,并结合专业市场发展战略,积极鼓励和引导外资参与发展效益农业、高新技术产业和改造提高传统产业,为浙江省各大专业市场发展提供国际化的资金、技术、人才等要素支持。第二,着力引进国际大财团、跨国公司的投资以及技术水平高、附加值高、市场占有率高的大项目,促进大型国际企业落地发展,加强浙江专业市场企业与国外企业之间的合作,加深市场国际化程度。第三,不断扩展对外招商渠道,并进一步拓宽外商投资的领域,有步骤地推进贸易、旅游、金融、电信等服务领域的对外开放,逐步将外资企业引入浙江省新兴专业市场,促进新兴市场发展和国际化转型。推行"引进来"战略后,浙江省利用外资规模大幅度增长,外商引进工作也得以推进,各大专业市场国际化转型也取得成效。

义乌小商品市场能发展为世界性小商品贸易中心,与浙江省"引进来"工作的开展密切相关。为吸引外商进入义乌商品市场,义乌市积极推动会展业和旅游业发展,义乌市《2004 年政府工作报告》显示,"2003 义博会共有 126 个国家和地区的 10212 名境外客商、61 个境外商务采购团参会,实现贸易成交额 62.2 亿元,其中外贸成交额占 58.8%;全年到义乌购物旅游达 213 万人次,其中境外游客达 11 万人次",大力推进了义乌小商品市场国际性消费,提升了义乌市场的国际知名度。同时,为促进外商常驻,义乌市坚持深化政府审批制度改革,加快建立涉外服务中心、涉外法律咨询中心,加强外商驻义机构和境外人员管理,设立 365 便民服务外商投资专窗,积极营造出符合国际惯例、公平有序的开放环境,为外商提供良好的工作和生活环境。据统计,截至 2005 年底,义乌常驻外商 8000 名,外国企业常驻代表机构 685 家,外商在当地金融机构开设的银行账户 8425 个,经公安部门登记的临时入境的境外人员多达 66111 名。外商的进入促使义乌商品扩散到世界上 200 多个国家和地区,不断提升义乌小商品市场的国际吸引力和辐射力,促进义乌小商品市场实现国际化转型,并逐步发展成国际性小商品集散地。

◆◆◆【案例 2-4】

浙江引进外资工作五年间结出累累硕果

"摩托罗拉""英荷壳牌""东芝""夏普"……当一个个享誉世界的跨国公司进入浙江时,人们真切地感受到了浙江这块经济热土对于外资的无穷魅力。

据统计,从 1998 年到 2002 年 9 月底,我省累计合同利用外资 193.3 亿美元,累计实际利用外资 90 亿美元,分别相当于 1998 年以前累计额的 1.1 倍和 1.3 倍。从 1997 年到 2002 年上半年,我省合同利用外资的排名从全国第十位上升到第五位,实际利用外资从第九位上升到第七位。2002 年 1 至 11 月,全省新批外商投资企业 2890 家,合同利用外资达 80.95 亿美元,而 1997 年全省合同利用外资仅 12.1 亿美元。

短短五年时间,我省"引进来"工作结出了累累硕果。这一喜人成绩的取得,是认真贯彻落实省委、省政府关于改善投资环境、加强招商引资工作,吸引跨国公司投资等一系列重要决策的结果。

1998 年,我省出台了改善外商投资环境的 20 条规定和鼓励外商直接投资的 10 项优惠措施。同年,成立省外商投资管理局。1999 年至 2002 年,省投资贸易洽谈会在宁波连续举办了四届,均取得了显著成绩。这一系列举措大大改善了我省的投资环境,使我省"引进来"工作跃上了一个新台阶。

大项目、高新技术项目增多,跨国公司纷至沓来,是我省近年来引进外资工作中呈现的一个亮点。1998 年至 2002 年 9 月,我省新批总投资在 1000 万美元以上的外资企业 761 家,投资总额 203.2 亿美元。全球排名 500 强的大财团、大企业中已经有 50 家在浙江兴办了 93 家投资企业。

将引进外资与调整产业结构、提升产业层次相结合,是我省提高外资利用质量的重要手段。海宁市把引进外资弥补经编产业链上的弱项作为提升产业层次的重点,2002 年 1 至 11 月,该市引进与经编产业相关的项目 8 个,合同利用外资和实到外资均占全市引进外资总额的 60% 以上。

抓住跨国公司制造业基地向长江三角洲地区转移的历史机遇,积极接轨上海,为我省近年来引资工作创造了新的增长点。目前,地处长江三角洲的浙北地区已经成为外资进入我省的前沿地带。以 2002 年 1 至 8 月份为例,湖州市合同利用外资增幅达 433.8%,位居全省第一;嘉兴以 257.4% 的增幅,名列全省第三。

案例来源:浙江引进外资工作五年间结出累累硕果[EB/OL]. (2003-12-09)[2024-03-01]. https://zjnews. zjol. com. cn/05zjnews/system/2003/01/09/001554305. shtml.

案例简析 >>>

习近平总书记强调，要"加强引进外资工作，更好发挥外资企业对促进实体经济发展的重要作用"①。中国加入WTO后，浙江省主动参与国际竞争和国际经济合作，积极发展外向型经济，利用外资的规模不断扩大、数量不断增加，成为浙江经济的重要组成部分。"引进来"在为浙江省企业发展提供资金支持的同时，也带来了一批新的产品和先进技术，填补了许多技术空白，推动了高新技术产业和产品的发展，加快了传统行业的技术改造和产品升级换代的步伐。此外，外资带来的先进的生产管理、质量管理、人才管理等一系列管理经验，弥补了浙江企业家的国际经营管理知识缺口，对浙江省企业提高经营管理水平，增强企业内部、企业与企业之间竞争力具有重要意义。

二、鼓励市场经营主体走出去

改革开放后，浙江专业市场迅速发展，经济实力明显增强，有条件、有能力在更大范围参与国际合作与竞争，也越来越迫切要求拓展国际市场发展空间。2004年3月，时任浙江省委书记习近平在全省对外开放工作会议上指出，要积极实施"走出去"战略，进一步加强国际经济技术合作。为此，浙江省积极建立"走出去"政策体系，搭建经贸合作平台，加强对外贸企业培训，并完善国际贸易风险应对机制，加快专业市场"走出去"的进程。截止到2007年6月底，浙江省境外企业和机构累计已达2809家，投资总额达16.4亿美元，境内主体数和境外机构数均居全国第一，且浙江企业不断

---

① 李涛.中央经济工作会议在北京举行 习近平李克强作重要讲话 张德江俞正声刘云山王岐山张高丽出席会议[N].人民日报,2016-12-17(01).

突破贸易壁垒,积极实施跨国经营,形成了以纺织、轻工、家电为代表的国际性优势产业。

实施"走出去"战略,有利于浙江省充分利用国际国内两个市场、两种资源,加强与世界各国和地区的投资贸易合作,提高浙江省的对外开放水平和企业国际竞争能力。随着浙江专业市场实力日益增强、国家外贸政策不断放宽,浙江省各大专业市场积极抓住中国加入 WTO 的发展机遇,加强对"走出去"发展战略的重视,积极推进企业外向化发展。

为促进小商品市场走出去,义乌市积极落实"走出去"的有关政策,帮助解决"走出去"中的各种困难;组织企业、商人参加国内外各种博览会、洽谈会,促进市场主体交流;不断完善对外贸易预警机制,帮助企业增强反倾销和应对贸易壁垒的能力;加强国际商贸城外事服务中心窗口的建设,为实施"走出去"的企业提供优质服务等。金华市也提出了一些政策举措,如《金华市人民政府关于进一步扶持外贸发展的若干意见》(金政发〔2004〕6 号)、《金华市人民政府关于促进建筑业持续健康发展加快建筑强市建设的通知》(金政发〔2007〕14 号)等。这些政策举措增强了企业跨国经营能力,促使有条件的市场主体到境外设立贸易机构、商品市场及加工企业,积极促进专业市场"走出去"。

台州市政府也不断完善"走出去"的具体方案,明确有关部门的职责,支持重点专业市场"走出去"。为此,台州市积极建立境外投资促进中心,为投资者提供各方面的信息服务,设立境外销售窗口,并进一步完善和扩大已有境外分拨销售中心,鼓励和引导企业开拓新的国际市场、开展跨国并购和资本经营。具体来看,为促进汽车摩托车、缝制设备、医药化工、家用电器、塑料模具五大行业专业市场"走出去"，台州市人民政府出台了《台州市人民政府关于加快我市五大主导行业发展的若干政策意见》（台政发〔2004〕63号），表示要积极实施"走出去"战略，鼓励企业扩大出口业务，组织五大行业市场主体参加各类境外交易会、展览会、博览会等，并支持企业应对国际贸易摩擦，推动企业进一步开拓国际市场。为促进农产品专业市场"走出去"，《以科学发展观统领经济社会发展全局加快建设全面小康社会》（2005）中明确指出要"继续深化农产品'358绿色行动'和创建农产品生产无公害乡镇活动，推广农产品产地编码制度，建立健全农产品质量标准、检验检测和绿色认证三大体系，提高农产品市场竞争力"，扩大优势农产品的出口规模。台州《政府工作报告（2007）》补充强调要推动农业政策保险试点，建立农业信用担保体系，降低农产品出口风险，加快农业"走出去"步伐。此外，为促进海洋渔业专业市场"走出去"，还出台了中共台州市委、台州市人民政府《关于建设海洋经济强市的若干意见》（台市委〔2004〕1号），鼓励具备条件的海洋渔业企业走出去，组建实力强劲的远洋渔业船队，建立远洋渔业海外基地，大力发展渔业对外合作。

三、鼓励市场载体渠道创新

加入WTO后，经济全球化和国际化为中国提供了扩展国际市场的机会，浙江专业市场到国外开设分会场的各种贸易壁垒大大减少，各大专业市场在国外培育专业市场、直接输出"商品、商人、市场"参与跨国经营的可行性也大幅提升。为此，浙江省各级政府着力实施开放带动战略，相继出台了一系列政策和措施以促进境外专业市场发展。浙江省《2002年政府工作报告》中明确指出要"推动商品市场到境外设立分市场"，构建和延伸国际市场营销网络,拓展国际市场发展空间,促进浙江专业市场国际化转型。在政府的大力支持下,浙江省在全球范围内广泛发展专业市场,至2002 年 11 月,浙江省已在巴西、俄罗斯、南非、阿联酋等国家和地区设立了 9 个商品市场,之后境外专业市场的数量不断增长,规模不断扩大。

温州市政府积极鼓励专业市场在海外发展分市场,《2002 年温州市政府工作报告》中明确指出要"充分利用广泛的海外温州人网络,支持筹办美国、意大利、西班牙等地的温州市场,力争使温州海外市场达到 10 个以上"。1998 年,温州在巴西圣保罗创办了我国第一家境外专业商品市场——巴西中华商城,此后 8 年间,温州又在喀麦隆、荷兰、阿联酋、英国、智利、芬兰等地创办了 15 个中国商品城。此外,温州企业还去境外办厂和创建工业园区。2006 年,温州康奈集团联合其他公司斥资 20 亿元在俄罗斯乌苏斯克市投建占地 2 平方公里的"远东康吉工业园",以吸引 20 家制鞋企业、10家服装企业和 30 家家具企业进驻。远东康吉工业园的建立,对解决中国商品进入俄罗斯市场的"灰色清关"问题,以及打破欧美对浙江省产品的贸易壁垒,扩展对俄经贸合作领域具有重要意义。

义乌具有全球最大的小商品批发市场,义乌商人也有着丰富的创办和管理市场的经验。在政府的大力扶持与推动下,义乌人也大举进入海外,开设境外小商品市场进行跨国贸易。据统计,至2005 年,义乌市已在 3 个大洲、5 个国家开办了数十个义乌小商品市场分市场,常年在国外经商的义乌人数以万计[①],与柬埔寨的"中国商城"、巴西的"中华商城"、意大利的"中国城"、阿联酋的"中国

---

① 骆小俊.专业批发市场的国际化经营模式——义乌中国小商品城市场国际化发展的案例分析[J].中共宁波市委党校学报,2005(3):66-69.

产品交易中心"等境外小商品市场形成稳定对接关系，义乌商品城境外发展分市场成效显著。

此外，海宁市凭借中国最大的皮革皮草专业市场，瞄准俄罗斯的大市场，在俄罗斯开设了"海宁楼"。当时嘉兴市销往俄罗斯的皮革产品，有七成以上是通过"海宁楼"售给俄罗斯人的。台州市也在阿联酋创办了中国日用商品城分市场。浙江省积极在海外创办专业市场，有力地促进了中小微企业借船出海，带动了国内产品拓展国际市场空间，有效加快了市场国际化转型的进程。

四、促进市场与产业开放互动

中国加入 WTO 后，面对着日益激烈的国际竞争和复杂多变的贸易壁垒，在优质专业市场"走出去"参与跨国贸易的同时，也有不少专业市场选择通过代工、贴牌等方式参与到国际竞争中。这种行为可以使企业在有效实现资本积累的同时获得先进的技术和管理经验，提升自身整体经营效率和产品创新能力，对浙江省市场国际化转型具有重要意义。

20 世纪 90 年代，嵊州领带都以"大规模、低价格"赢得竞争优势，但同时也给人们留下了"低档次"的认识误差。为此，嵊州大力实施 OEM 战略，为国际著名的领带品牌贴牌加工。这让嵊州领带市场在赚取外汇的同时，学到了发达国家品牌的质量管理和品牌知识，并借此从根本上扭转了嵊州领带的品质形象，帮助嵊州领带摆脱了困境，显著提升了嵊州领带市场的国际化水平。温州打火机市场也凭借定牌生产，成为中国乃至世界的金属外壳打火机生产基地。温州打火机企业多数从家庭作坊起步，家族式管理、企业规模小、综合能力弱、无国际名牌是其发展的瓶颈，使其没有实力与国际知名企业竞争。2001 年，温州有三百多家打火机企业，但只有四十多家拥有自己的品牌，通过 ISO 9000 质量体系认证的也仅有 30 余家。因此，温州打火机市场选择为韩国、日本等定牌生产。在这个过程中，温州的打火机行业逐渐形成设计、生产、销售各环节配套成龙、分工协作的生产格局，温州也成为世界最大的金属外壳打火机产销基地。嘉兴市服装市场的发展也受益于定牌生产。起初嘉兴市多家生产厂商为美特斯邦威、冰洁、红豆、雪中飞、Nike 等品牌定牌生产，经过多年的发展，逐步形成了悦莱春等一批规模较大、资金实力雄厚、企业管理（技术）先进的企业，经营模式也逐渐从单纯贴牌加工向既贴牌加工、又生产自己品牌服装的方式转变，最终发展成如今的服装市场。

浙江专业市场通过产业开放互动为国外知名品牌代工、贴牌生产，有利于提升生产企业的管理能力和技术水平，发挥专业市场生产效率优势，提升国际市场竞争力。为推进产业开放交流，浙江省也积极采取措施促进专业市场定牌加工业务发展。2005 年初，嘉兴平湖市金桥工商所通过深入摸底、广泛调查，确定了 25 家年产值 1000 万元以上的服装企业作为第一批试点对象，建立商标检索监管制度，并于次年结合国家商标局下发的《贴牌加工商标备案》要求进一步扩展试点对象范围，减少企业无意识侵权行为的发生，为定牌加工建立了一道"防火墙"。① 2007 年，宁波国际会展中心开展第十一届中国国际服装服饰交易会，将出口加工定牌服装（OEM）作为五大重要展区之一，促进浙江省外贸加工企业与国际知名品牌的开放交流，带动了服装行业国际化发展。

---

① 嘉兴市人民政府.定牌加工有了"防火墙"[EB/OL].(2006-11-17)[2024-03-01].https://www.jiaxing.gov.cn/art/2006/11/17/art_1578784_59037118.html.

◆◆◆【案例2-5】

义乌小商品城首个海外分市场开业

2022年6月30日下午2时，阿联酋迪拜时间上午10时，在距离义乌万里之外的迪拜杰贝阿里自由贸易区，一个占地20万平方米，总投资约10.6亿元，有效辐射周边（中东、北非、欧洲等地）近10亿人口消费市场的迪拜义乌中国小商品城投入运行。开门迎客首日，市场内人流如织，气氛热烈，许多因疫情无法来义的境外采购商，终于可以在"家门口"的市场完成看样、选品、下单。

据介绍，迪拜义乌中国小商品城由商城集团和迪拜环球港务集团共同开发建设，是"一带一路"倡议下中阿企业合作的标志性项目，也是义乌市场"全球战略"中第一个海外分市场，更是义乌服务和融入国内国际双循环新发展格局的重要举措之一。

迪拜是"中东门户"，更是义乌制造在中东地区最大的贸易集散地。义乌小商品城相关负责人表示，迪拜市场突破了时空限制，相当于将义乌市场前移至海外，解决疫情下境外采购商无法来义采购、线上展示实物体验感不够的痛点。借助分市场，可以将义乌市场210万种商品逐渐"搬"到迪拜。同时，该项目在义乌与迪拜之间搭建了一条国际物流黄金通道，推动中国商品在阿联酋的高效流动，让迪拜成为中国商品无缝对接中东、非洲、欧洲的"桥头堡"。

据悉，该市场距迪拜马克图姆国际机场和中东地区最大港口之一的杰贝阿里港仅15分钟车程，物流运输、转口便利。项目涵盖商品展示及保税仓储功能，其中展示部分由1600个商位组成，布局五金工具、五金厨卫、床上用品等八大行业；仓储部分建有324个仓库。入驻迪拜义乌中国小商品城的企业可享受货物转口零关税、无企业所得税、无个人所得税、100％所有权、无需当地保人、无外汇管制,以及利润和资本调拨回国不加限制等政策。

目前,在迪拜、美国、西班牙、比利时、德国等地,义乌小商品城通过自建、加盟布局海外仓140余家。同时,依托各海外站点资源,在捷克、卢旺达、贝宁、日本、西班牙等15个国家和地区落地"带你到中国"展厅。

案例来源:义乌小商品城首个海外分市场开业[EB/OL]. (2022-07-01)[2024-03-01]. https://zjnews.zjol.com.cn/zjnews/202207/t20220701_24458319.shtml.

案例简析 >>>

中国加入WTO后,浙江省积极促进中小微企业借船出海,带动国内品牌双创产品拓展国际市场空间,促进各大专业市场国际化转型发展。由中国政府和阿联酋政府共同组织建设的迪拜"中国城",是鼓励中国企业"走出去"战略的重要一环,有效促进了我国与中东经贸合作、助推中国企业"走出去"。如今,"中国城"已经成为中国中小企业响应国家"一带一路"倡议"走出去"、中国商品国际化的重要平台。浙江省也有不少企业通过"中国城"项目"走出去",参与国际市场的竞争。

◆◆ 思考题

1. 中国加入WTO促进了浙江省市场经济体制的完善,使浙江省的对外经贸体系与世贸组织的规则相一致。试论述浙江为实现交易规则方式与国际接轨所采取的关键举措。

2. 市场国际化一般是指一国的市场经济与国际市场融为一体的过程。试论述浙江应对市场国际化转型的战略选择和政策举措,并进一步论述浙江市场国际化的成效。

3. 党的十七大报告明确指出:"坚持对外开放的基本国策,把

'引进来'和'走出去'更好结合起来,扩大开放领域,优化开放结构,提高开放质量,完善内外联动、互利共赢、安全高效的开放型经济体系,形成经济全球化条件下参与国际经济合作和竞争新优势。"试结合专业市场国际化转型论述"引进来"与"走出去"战略的重要性。

4."引进来""走出去"、渠道延伸、产业开放互动是浙江省实现市场国际化的主要路径。基于这四大路径,试论述浙江省为实现市场国际化所采取的政策举措。

◆◆ 拓展阅读

[1] 金祥荣.中国加入 WTO 与浙江经济体制创新[J].浙江社会科学,2001(4):35-41.

[2] 郭剑彪,顾树雄,金毅.加入 WTO 对浙江引用外资的影响与对策[J].浙江学刊,2001(4):55-58.

[3] 习近平.论坚持全面深化改革[M].北京:中央文献出版社,2018.

[4] 陈文玲,周京.义乌传统市场转型升级研究[J].中国流通经济,2012,26(10):8-12.

[5] 郭占恒.从"两条腿走路好""跳出浙江发展浙江"看"中国开放的大门只会越开越大"[J].浙江经济,2022(6):12-17.

[6] 刘登攀.新时代中国对外开放研究[D].北京:中共中央党校,2019.

[7] 程惠芳,钟山,陈华珊.浙江省实施"走出去"战略研究[J].浙江社会科学,2001(1):14-20.

坚持以供给侧结构性改革为主线,坚持新发展理念,坚持深化市场化改革、扩大高水平开放,破除阻碍要素自由流动的体制机制障碍,扩大要素市场化配置范围,健全要素市场体系,推进要素市场制度建设,实现要素价格市场决定、流动自主有序、配置高效公平,为建设高标准市场体系、推动高质量发展、建设现代化经济体系打下坚实制度基础。

——摘自《中共中央 国务院关于构建更加完善的要素市场化配置体制机制的意见》

第三章 市场内涵的蝶变:商品市场向要素市场延伸

◆◆ 本章要点

1.改革开放以来,浙江省社会经济发展取得了骄人的成就。从浙江省经济崛起的发展路径来看,以为数众多的民营中小企业为微观基础,以区域特色产业集群为经济支柱,并通过产业集群与专业市场的良性互动,浙江在短短的 20 多年时间内,就由一个经济弱省发展为以区域特色产业集群支撑、以块状经济为主体的经济大省。专业市场和产业集群的共生也成为引领浙江经济飞速发展的浙江模式的核心,这也为地方经济增长和产业升级提供了一种新的发展思路。

2.在浙江的市场化进程中,商品市场相当发达,但在要素市场中,一些"体制性"的障碍是明显的。非市场化和垄断使要素价格扭曲,进而导致粗放型的经济增长。市场体系是由商品及服务市场和土地、劳动力、资本、技术、数据等要素市场构成的有机整体。

市场体系内部各类市场之间既相互制约,又相互依赖、相互促进。如果某类市场发育不全、发展滞后,就会影响其他市场的发展和效能的发挥,从而影响市场体系的整体效能。

3."八八战略"指出,浙江要进一步发挥体制机制优势,大力推动以公有制为主体的多种所有制经济共同发展,不断完善社会主义市场经济体制。浙江省着力破解深层次体制机制障碍,推动高水平社会主义市场经济体制在浙江落地生根,畅通"要素流",破除体制机制障碍,实现要素价格市场决定、流动自主有序、配置高效公平。浙江改革发展的经验表明,经济社会发展的动力来自自主创新行为不断冲破体制的束缚,由此推动改革的不断深入。浙江要素市场的发育、发展和高度化趋势,是体制不断创新的结果,也是市场环境不断优化的显现。

4.浙江坚持以习近平新时代中国特色社会主义思想为指导,坚持"四个面向",加快实施人才强省、创新强省首位战略,聚焦建设"互联网十",以数字化改革为引领,以技术要素市场化配置和技术要素产权制度为重点,突出企业技术创新主体地位,推动创新链产业链深度融合,加速技术、人才、资本、数据等要素的精准对接、优化配置及共享转化,为打造高水平创新型省份和科技强省提供了强有力支撑。

置身世界百年未有之大变局加速演变、中国发展环境发生深刻复杂变化、高质量发展建设共同富裕示范区重大战略任务落地浙江等大场景下,深化要素市场化配置改革是浙江顺时应势、击水行舟的重大举措,已经成为提升治理能力、激发社会活力、应对风险挑战、促进共同富裕的"关键一招"。市场体系是由商品及服务市场和土地、劳动力、资本、技术、数据等要素市场构成的有机整体。任何一类市场发展滞后,都会直接或间接影响其他市场发挥功能,从而影响市场体系的整体效率和市场功能的有效发挥。

浙江是习近平新时代中国特色社会主义思想的重要萌发地,"八八战略"就诞生于这样的背景和环境中。在"八八战略"的指引下,浙江在高质量发展新征程上走在前列。数字经济异军突起,块状经济向集聚区升格,"低散乱"向"高精尖"升腾;绿色经济充沛跃动,亮出了一张张美丽中国金名片;"四张清单一张网""最多跑一次"改革和数字化改革取得的丰硕成果,为"放管服"改革以及建设人民满意的服务型政府提供了优秀范例。

第一节　市场支撑产业集群的兴起

专业市场与产业集群互为依托、联动发展,是引领浙江经济快速增长的核心机制。改革开放以来,极富活力的浙江经济得以快速增长,这在很大程度上得益于浙江数量庞大的中小企业、星罗棋布的产业集群和高度发达的专业市场之间的互动发展。专业市场在资源置换过程中发挥了特殊且重要的作用,确立并强化了产业集群在浙江经济发展中的主导作用,推动了生产分工的不断细化和产业结构的调整、升级。专业市场的需求集聚作用,使产业集群中企业生产的产品需求量越来越大,由此带动了产业集群规模的扩大,促使产业集群内企业之间的分工协作程度日益加深,并且产生了以产业链为连接纽带的企业网络,促使产业链不断延伸和产业集群不断升级。

"八八战略"要求进一步发挥浙江的块状特色产业优势,加快先进制造业基地建设，走新型工业化道路。20 年来，浙江坚定不移地推动传统产业改造提升，推进"亩均论英雄"，迭代实施"腾笼换鸟、凤凰涅槃"攻坚行动，积极推动高能级创新平台建设，目前拥有单项冠军企业 189 家、国家专精特新"小巨人"企业 1067 家，均居全国第一。①

一、市场与产业集群的共生逻辑

浙江经济总量不小，但企业生产的大都是人们看不上的小商品，如领带、袜子、皮鞋、纽扣、眼镜、打火机等。这些小商品都做得有声有色，市场占有率很高。例如，温州打火机产量占世界的 70％；嵊州领带产量占世界的 30％；永康衡器产量占全国的 2/3；苍南铝制徽章的国内市场占有率高达 45％；乐清柳市的低压电器在全国的市场占有率超过 1/3②。这些市场占有率大的小商品，构成浙江经济发展的一大比较优势。

相比大宗商品，小商品有着独特的比较优势。小商品生产成本低，无需巨额投入，且经营风险相对较小，适合中小企业特别是没有多少资本积累的经营者；小商品生产属于劳动密集型产业，对技术要求不高，生产工艺也相对比较简单，更适用于个体私营企业；更重要的是，大多数小商品都是日用消费品，风险性低、销路广、更新快而薄利多，利润率却很高。2001 年，光是打火机、眼镜这些不起眼的小商品，温州出口额就超过 2 亿美元③。正是这些看上

---

① 浙江省人民政府."八八战略"实施 20 周年系列主题第三场新闻发布会[EB/OL].(2023-05-22)[2024-03-01].https://www.zj.gov.cn/art/2023/5/22/art_12296301-50_6484.html.

② 吴利学,魏后凯,刘长会.中国产业集群发展现状及特征[J].经济研究参考,2009(15):2-15.

③ 数据来源于《2001 年温州市国民经济和社会发展统计公报》。

去不起眼的小商品，支撑起了浙江经济。

小商品生产在浙江之所以具有竞争优势，关键在于它与专业市场建立了密切的联系，从而形成"小商品，大市场"的经济格局。依靠专业市场网络，数以千计的小商品从浙江走向了全国乃至世界各地。

单个小企业如果小而全，在市场竞争中各自为战，势必势单力薄，缺乏竞争力。而处在产业集群中的浙江小企业既相互竞争、又紧密合作，既注重自身创新、又相互模仿学习。由于以专业化分工为基础，以社会化协作为纽带，产生了"小企业、大协作"的规模经济效应，大大降低了技术难度、管理费用和交易成本，逐渐发展成具有很强竞争力的生产地。

"小企业、大协作"在诸暨大唐袜业生产中表现得淋漓尽致。2007年，全镇有家庭企业 8000 余家，其中有 1000 家原料厂、300家缝头厂、100 家定型厂、300 家包装厂、200 家机械配件厂、600家营销商、100 家联运商，靠专业化的分工协作，环环紧扣，形成了规模巨大的袜业工厂，年生产袜子 48 亿双，产值 90 亿元，再多订货量也可以消化掉。[①] 这类集群小企业实现专业化分工，是浙江省发展区域特色经济的一个重大成功奥秘。

产业集群的发展能够促进专业市场的扩张。集群的发展也会产生一种类似于滚雪球式的效应，不断吸引越来越多的企业集聚在集群内，初期产业集群形成后，在聚集了越来越多的企业的同时，集群内部也有了自我强化的功能，且形成了良性循环，推动了区域经济的发展，同时带动了专业市场的快速成长。

浙江绍兴纺织业的发展路径就是产业集群推动专业市场发展、专业市场进而促使产业集群扩张这一模式的典型例证。绍兴

---

① 钟朋荣.从绍兴纺织看产业集群的优势[J].中国乡镇企业,2007(2):22-25.

中国轻纺城的前身是 1985 年依托绍兴当地快速发展的纺织业产业集群建立起来的纺织品交易市场。随着中国轻纺城交易额不断增长，其规模也达到了全国乃至亚洲同类市场领先水平，辐射半径不断增大。专业市场的繁荣兴旺为产业集群的进一步发展提供了销售网络、技术、人才、信息等要素支持，绍兴中国轻纺城周边地区的纺织企业如同雨后春笋一般纷纷破土发芽，茁壮成长。据统计，2021 年，绍兴市共有规上纺织工业企业 1641 家，从业人员 22.2 万人，实现营收 1863.34 亿元。绍兴中国轻纺城和周边产业集群之间的良性互动使绍兴地区逐渐成长为亚洲最大的纺织、纤维制品生产基地和交易中心。

◆◆◆【案例 3-1】

世界袜都的"三级跳"

从空中俯瞰，浙江诸暨大唐街道的"袜艺小镇"，犹如一只巨大的"袜子"铺陈开来。这种将土地规划做成袜子形状的大手笔，更多来自当地政府的雄心——2015 年，大唐镇（现已撤并为大唐街道）宣称 3 年投资 55 亿元、规划面积 2.96 平方公里，创建全球唯一以袜子为图腾的"袜艺小镇"。

从"袜子"到"袜业"再到"袜艺"，每次不过一字之差，但对于这个"因袜而兴"的工业重镇，则意味着产业变革"三级跳"。

20 世纪 70 年代末，一些大唐农民白天在生产队出工，晚上回家偷偷织袜子。当时，一双袜子能赚一块钱，在生产队劳累一天才赚 4 角钱。这些为生计所累的地下织袜户，从中看到了致富希望。

一时间，这支游走于灰色地带的队伍，也在"围追堵截"中日益壮大。大唐袜业高峰时,聚集上万家企业、数十万名从业人员。名不见经传的小镇,从此"和全中国人的脚攀上了关系",并赢得"世界袜都"的桂冠。

至今,仍有媒体报道称,"大唐的风中还飘散着很多靠袜子发家的神话"。

2014 年,大唐袜子产量突破 258 亿双。据称,全球每四双袜子中,就有一双产自大唐。当地大批靠贴牌代工为生的袜企,却深陷产能严重过剩、低价恶性竞争的"怪圈",一双袜子只赚几分钱。

作为全球最大的袜子生产基地,大唐袜业的转型升级势在必行。由"智造硅谷、时尚市集、众创空间"三大区域构成的"袜艺小镇",被寄予"重构袜业、重塑大唐"的厚望。

案例来源:刘波.世界袜都的"三级跳"[J].中国中小企业,2020(3):58-61.

案例简析 >>>

大唐袜业之所以取得如此佳绩,除了交通极为便利外,也和当地政府明确的工作思路、科学的管理分不开。首先,抓好产业的前沿后伸,促进相关产业共同发展。当地政府确定了发展以袜业为中心的"块状经济"战略,以袜子生产为核心,在本地形成了纺丝、加弹、印染、后整理、包装材料等多行业密集发展的产业群体。其次,重视市场的培育发展,发挥专业市场的龙头作用。大唐先后建成功能齐全的轻纺原料市场、大唐袜业市场、联托运市场、劳动力市场,并在此基础上于 2002 年 7 月建成了占地 376 亩、总建筑面积 11 万平方米、拥有 1600 个商铺的大唐轻纺袜业城①。袜业城地

①　浙江日报.千万个创业者缔造国际袜都[EB/OL].(2018-07-10)[2024-03-01].https://baijiahao.baidu.com/s? id=1605587990277690007&wfr=spider&for=pc.

处杭金、绍大及绍金衢三条高速公路的交会点，浙赣铁路紧贴大唐袜业城而过。海阔凭鱼跃，天高任鸟飞，市场机制的完善使得大唐袜业的发展有了无限的空间。

二、产业集群发展的要素支撑需求

浙江自产业集群产生之初，就具有市场与原料"两头在外"的特点。余姚塑料产业集群，材料全靠外调；嘉善的木业，木材全靠外省调入或者国外进口；龙泉的木制太阳伞，其90%以上的产品供出口；平湖的服装产业，就是靠对外出口才崛起；平湖光机电业集群等，地区没有发达的研发能力，却依靠日资企业投资带动，成了世界上光机电产品的主要生产基地。

为了支撑产业集群进一步发展，能以较低成本提供各种原料的生产资料市场应运而生。《浙江省"十一五"商品交易市场发展规划》提出以构建具有现代流通特征的商品交易市场体系为目标，改造一批为特色产业服务的生产资料批发市场，加快对现有生产资料批发市场的改造提升，实现市场业态创新，推进市场流通现代化。浙江省重点发展依托本地资源，围绕支柱产业、重点行业、主导产品，辐射全国的产地市场，大力培育与地方支柱产业衔接配套、满足本地及周边需求的销区市场以及以所处地理位置为物流集散地的中心市场。

余姚乡镇企业在改革开放后发展迅速。20世纪80年代，当地出现了近千家生产塑料笔、水暖器材、塑料打火机等各种涉塑企业，但由于浙江并不生产塑料原料，这些企业的发展受原材料缺乏的严重制约。为解决原材料问题，在余姚汽车北站附近，逐渐聚拢了一批准备做塑料生意的店铺，形成了"塑料一条街"。1993年底，"塑料一条街"上已经集聚了108家经营户，年销售额达到8亿元。

1994 年，余姚市投资建设中国塑料城。2023 年，中国塑料城已经发展为国内最大的集塑料原料销售、塑料信息发布、塑料会展、塑料机械、塑料模具、塑料制品及其他辅助材料于一体的专业生产资料市场，也是中国最大的塑料原料集散地。在生产资料市场的保障下，余姚已经形成了电子电器、模具塑料、机械五金、纺织化纤四大产业相互促进的发展局面，塑料产业则是其中最有发展潜力的主导产业之一。截至 2019 年底，余姚市有涉塑生产企业 2562 家，个体工商户 8209 家，共计 10771 家。其中，规上生产企业 468 家，约占生产企业数量的 18.3％，主要涉及家用电器制造、汽车零部件及配件制造、电线电缆制造、塑料零件及其他塑料制品制造、塑料包装箱及容器制造等领域。[①]

技术和人才是实现产业集群升级与持续发展的动力。多数传统制造业产业集群的发展都或多或少地遇到了技术瓶颈的问题，因此，知识与技术创新成为产业集群增强竞争力的力量源泉与重要保障。

21 世纪初，浙江省从业人员的学历水平和技能水平均低于全国平均水平。2004 年浙江第二产业的就业人员为 1530.79 万人，其中大学及以上学历占比为 5.4％，而全国的占比为 8.7％；具有高级技术职称的占比为 7.5％，而全国的比例为 9.5％。[②] 2005 年，浙江省委省政府出台了一系列人才强省战略决定、规定、意见、办法，认为实施人才战略是实现浙江省新世纪经济社会发展宏伟目标的根本保证，是省人才工作的根本任务，决定着浙江的未来；要

---

① 余姚市人民政府."塑"说余姚——世界塑料产业看余姚［EB/OL］.（2020-11-04）
［2024-03-01］. http://www.yy.gov.cn/art/2020/11/4/art_1229137383_59016896.html.

② 浙江省统计局.浙江省第一次经济普查主要数据公报（第一号）［EB/OL］.（2005-
11-17）［2024-03-01］. https://tjj.zj.gov.cn/art/2005/11/17/art_1229129205_519844.html.

立足于用好现有人才，积极吸纳海内外高层次人才和紧缺人才，积极推进人事制度改革，形成有利于人才脱颖而出的选人用人机制，完善人才评价和激励机制，发挥人才的积极性、主动性、创造性，优化人才环境，为各类人才创新创业提供良好条件。根据浙江省第二次经济普查，2008年第二产业就业人员中大学及以上学历占比为8.3%，且高级技术职称占比为9.0%①。之后，浙江持续加大人才引育力度，人才队伍结构不断提升。2021年，全省引进各类人才139万人，其中，35岁以下的大专学历以上人才130万人，引进博士学历人才8822人②。

资源禀赋是产业集聚的最初诱因，人才集聚是产业集聚的重要保障，成本优势是产业集聚的持续动力，创新网络则是产业集聚的竞争力源泉。在产业集群达到一定的发展阶段时，已不是劳动力、资本、原材料和其他要素的简单组合，必须有源源不断的创新作支撑。例如，在激烈的市场竞争中，浙江绍兴轻纺产业集群的产品开发和技术创新有了突飞猛进的发展，同时也推动了产业的升级和结构的调整。

三、市场迭代的 2.0 版

在浙江的市场化进程中，商品市场相当发达，但在要素市场中，一些"体制性"的障碍是显而易见的。如在土地市场中的透明度问题、劳动力市场中的城乡二元结构问题、资本市场中的违规现象等，使生产要素的流动难以依照市场规律来进行。

以市场化改革为方向，推进主要生产要素的配置体制改革，既

---

① 浙江省统计局.浙江省第二次经济普查主要数据公报（第一号）[EB/OL].(2010-01-13)[2024-03-01].https://tjj.zj.gov.cn/art/2010/1/13/art_1229129205_519854.html.

② 数据来源于《2021年度浙江省人力资源和社会保障事业发展统计公报》。

适应中央加快完善社会主义市场经济体制的总体要求,也符合浙江转变经济发展方式的实际。"十五"以来,浙江基层、民间和各级政府在要素配置领域开展了一系列体制改革和制度创新的探索实践,促进了要素市场体系的培育和发展,提高了市场配置要素的效率,推动了具有浙江特点的较快的要素市场化进程。

土地市场化配置改革扎实开展。现有体制中,浙江加快推进有限自然资源许可利用制度创新,推进经营性用地市场化配置改革。2006年底,浙江出台了《浙江省人民政府办公厅关于全面实行工业用地招标拍卖挂牌出让实施意见(试行)》(浙政办发〔2006〕150号),规定工业用地必须采用招标、拍卖、挂牌的方式实施公开出让,并对工业用地出让价格的最低控制标准作出具体规定。在已征用存量土地领域,一些市、县(市、区)探索实行土地使用权转让改革,支持企业将已征未用的土地使用权转让给其他投资者,有的由当地政府有偿收回土地使用权,另行挂牌出让。除了工业用地,浙江在农村土地方面也取得不少进展,扎实推进土地承包经营权流转改革,培育完善土地承包经营权流转市场等。

地方资本市场改革不断深化。浙江逐步将传统金融机构和非银行金融机构改造为市场竞争环境下的现代企业,在积极培育新型市场主体的同时,引进国际先进资本市场体系和制度,破除国有垄断格局,发展民间、股份制商业银行。泰隆等民营城市信用社成功改制挂牌营业,农村和城市信用社新一轮股份制改造初步完成,地方金融机构的法人地位进一步确立。企业进行股份制改造、股票上市,从政府主导型逐步过渡到券商审定推荐、中介机构咨询服务、证监部门核查的市场化机制,而政府的作用主要是培育和储备优质公司资源。

科研与技术市场体制改革逐步展开。浙江省近年来深化科研院所体制改革和预算内科研经费拨款体制改革，相当数量的科研机构转制为股份制公司，预算内科研经费拨款由行政分配逐步转变为公开申请、专家论证和决算审查。浙江积极开展技术要素市场化配置改革，逐步建立专利、技术的无形资产评估机制，在建立技术要素参与企业经营效益分配机制的同时，积极探索技术要素参与创业的机制。"十五"期间，浙江省重点发展技术市场的公开交易机制，完善技术合同管理制度和知识产权保护机制，积极培育技术中介组织和技术市场服务机构，利用互联网技术成功创办浙江网上技术市场，降低交易成本和促进企业、大专院校和科研机构间技术成果交易。

劳动力市场效率加快提升。全省市、县（市、区）普遍建立公开的劳动力市场和人才市场，城市主要街道和中心镇逐渐建立职业介绍市场。"十五"后期，浙江各级政府不断完善劳动合同制度和劳动仲裁制度，健全最低工资标准、工资支付办法、主要工种工资指导线以及欠薪保障金机制等，推进工资集体协商制度建设，建立和完善不同从业人员的养老、基本医疗、工伤等社会保险制度，改善了省内农村富余劳动力和外省劳动力在浙江就业的预期。

要素市场的率先发育，促进浙江经济的率先发展和持续增长。在新的历史条件下，根据各种生产要素对经济增长的不同效应，通过制度创新，以科学的发展观念，转变经济增长方式，调整经济结构，提升结构效率，大力提高要素投入效率和要素综合生产率，是保证浙江经济持续快速增长的有效途径。

第二节　产业发展中传统要素制约和市场解决

　　小商品要形成比较优势，关键是要以专业市场为基础，以要素市场为纽带构建供销网络，使原材料、产成品同大市场之间建立起密切的联系。当小商品不断地从浙江走向全国和世界各地时，企业需要的各种生产要素也不断地从国内外向浙江聚集。产业集群要深入发展，就必须有一个与之相匹配的健全的市场体系，特别是原材料、资金、劳动力、技术和其他要素市场，以支撑产业集群发展日益增加的要素需求。

　　要素市场的形成，不仅表现为经济生活的社会化和专业化的扩展，也为社会生产方式进一步高度化奠定了基础。要素市场扩张的基本演化过程可以定义为：企业的扩张，资本要素、劳动要素等的积累，交易所及交易机制的形成。从经济发展阶段来看，浙江已经到了工业化后期发展阶段，劳动力市场已经基本形成，交易机制活跃。可以判断，浙江要素市场正处于充分发育和扩张的时期。当前紧迫的任务就是完善和创新资本市场，规范和保障土地市场，稳定和发展劳动力市场问题。

一、民间金融市场：资金市场化的配置路径

　　改革开放后，浙江省的经济飞速发展，取得了显著成效，浙江民间金融亦得到了较快的恢复和发展。浙江的民间金融由于其总量大，极其活跃，它的动向历来为国内经济金融界所瞩目。浙江民间金融市场化程度较高，对外界的依赖性低和独立性较强，市场的行政干预比较少，更具有生命力和活力。

　　浙江是中国经济发展最活跃的地区之一，也是中小企业最集

中的省份之一，中小企业已成为浙江国民经济的主体力量。浙江中小企业在全世界共同面临的融资难的困境下能飞速发展，很大程度上得益于浙江高度发达的民间金融，它在一定程度上提供了中小企业发展所需的资金。

据浙江省工商局统计，2004年，浙江省民营企业产值在全省GDP（国内生产总值）中占71%、固定资产投资占77%，外贸出口占43%。但就是这样的民营经济大省，民营企业融资难题仍然很突出。2004年，浙江省有33万户中小企业，18万人没有得到借款。而温州是金融改革试验区，2004年1—8月，市内中小企业获银行贷款户数3893户，而温州有小企业7.84万家（企业总数8万户）。

浙江民营企业大多通过民间融资来解决燃眉之急，具体办法有互助式借贷、高利贷、地下钱庄和标会，以及企业内部集资。互助式借贷是指创业者通过亲友募资拓展经营，许多公司的第一桶金就来于此。高利贷是一种利率水平极高的信用借贷行为，对借贷双方风险承受能力及诚信度提出了更高的要求，浙江本地高利贷利率现在根据项目的不同从10%到30%不等，周期为半年到两三年。地下钱庄与标会是浙江地下金融市场之象征，表现出更大的互助性，但其进入门槛会很高。企业内部集资是一种比较常见的情况，浙江许多企业都是家族与友人的合资企业，于是亲情与友情成了联结借贷双方最有力的桥梁。人民银行温州市中心支行的调查数据显示，2004年末，该地区民间借贷资金规模达410亿元人民币。

民间金融使中小企业融资困境得到缓解，推动了中小企业发展。中小企业在成长过程中，常常遇到资金不足这一瓶颈问题，而且这一状况也难以用正规的金融渠道予以缓解。民间金融为部分求贷不能的中小企业及个体工商户解了燃眉之急。

民间金融有利于提高资金使用效率。民间金融作为一种合约双方自愿达成交易的市场化融资机制，合约双方间存在着高度的信息对称，贷款人对于借款人资金使用情况及投资项目具有相对综合、深刻的认识，从而有助于他们在融资时做出正确决策。同时，民间融资的程序简单、到位、及时，充分利用了社会闲散资金，提高了资金的使用效率。

民间金融有助于监督管理，控制风险。由于民间融资的区域少，借款人和贷款人的联系较为密切，借款人事先较详细地掌握了贷款人和资金用途，可借助地缘、血缘和其他关系监督贷款使用情况。

但民间金融易引发一些社会问题，扰乱正常的经济秩序。第一，民间借贷的程序简便、缺少必要的管理及法律法规的支撑，存在盲目性和不稳定性等问题，易导致借贷双方发生争议；第二，民间借贷数额较少，牵涉的人很多，并且多见于社会基层，一旦出现争议，就会给社会安定带来不利影响；一些民间借贷被用于赌博、吸毒或其他严重违法行为，给社会造成了很大伤害。

2005年5月，央行货币政策执行报告增刊《2004年中国区域金融运行报告》发布。在这个首度发布的区域金融运行报告中，名为"正确认识民间融资的补充作用"的专栏被外界普遍解释为央行首次正式承认了民间融资的合法性，并且将其定位为正规金融的补充力量。浙江地方政府及银监局对民间金融的态度基本上是肯定的，认为中小企业融资服务体系是多元化，要求国有资本与民间资本协同参与，民间金融作为中小企业融资服务体系必不可少的组成部分，充分反映了政府立场与主张。

政府对民间金融的态度已由先前的否定转向客观看待，民间金融的规范化、阳光化是手段，最终目的是使其"正常化"。

对民间借贷引发的负面影响，特别是由此引发的金融危机和对社会稳定的冲击与挑战，浙江省委省政府采取有前瞻性的防范措施，以趋利避害，引导民间金融市场健康有序发展。2008年5月，《浙江省人民政府关于浙江金融业深化改革加快发展的若干意见》（浙政发〔2008〕34号）指出化解金融风险需要规范引导民间融资行为，明确民间融资和非法金融业务的界限，满足民间资金投资多元化需求，鼓励并引导民间资金有序进入符合国家产业政策的行业，为发展地方经济作贡献。加强对民间融资的监督和管理，及时分析和监测民间融资情况，防止不法分子以民间融资名义开展非法金融活动，促进民间融资健康发展。2008年7月初，浙江省政府启动了小额贷款公司试点工作，申请组建的小额贷款公司在经审核、依法注册登记后，即可正式开展小额贷款业务。

小额贷款公司试点让民间资本从地下走向地上，是民间资本阳光化的第一步。浙江将对小额贷款公司进行积极扶持，小额贷款公司将纳入全省小企业贷款和"三农"贷款风险补偿范围。在每年分类评价的基础上，对依法合规经营、没有不良信用记录的小额贷款公司，向银监部门推荐，按有关规定改制为村镇银行。浙江的小额贷款公司，其数量和质量在全国也是名列前茅。截至2010年5月底，浙江省审核通过并正式开业营运的小额贷款公司有117家，注册资本总额为187.46亿元，贷款余额226.57亿元，已累计发放贷款9.6万笔，累计贷款1003.31亿元。

◆◆【案例 3-2】

聚焦温州金融综合改革

温州藏富于民,民间借贷盛极一时。2011 年温州部分民营企业资金链断裂,风险通过盘根错节的担保链传递,民间金融风波在局部地区发生。

金融综合改革的首要目标,便是推动民间借贷阳光化、规范化。

2012 年 4 月 26 日,全国首家"民间借贷服务中心"在温州正式挂牌成立,为民间借贷提供信息登记备案、信息咨询、信息公布等服务,构建民间版信用征信系统,筑起防范金融风险的第一道"防火墙"。金融综合改革以来,温州先后设立 7 家民间借贷服务中心和 5 家备案中心提供备案服务。

"阳光化"思路下的另一产物是"温州指数",该指数反映的是一定时期内民间融资价格情况,包括不同融资平台、融资期限、融资方式和利率水平及趋势。

为修复信用堤坝,温州所采取的措施不止于此。2013 年 10 月,温州建立全国首个地市级人民银行征信分中心,打通了金融信息、政府信息、民间信息三条通道,形成"三位一体"的综合信用查询平台,加快重塑和完善社会信用体系。

规范发展民间融资,为国内民间金融制度化、体系化监管探路,温州陆续出台《温州市农村资金互助会监管暂行办法》《温州市民间资本管理公司暂行办法》《温州市融资性担保公司监管暂行办法》《温州市商业保理公司试点管理办法(暂行)》等文件,全国首部地方性金融法规《温州市民间融资管理条例》于 2014 年 3 月出台,规范各类民间金融组织融资行为。

2012 年 7 月,"小额贷款保险+风险补偿金"率先推出,2015 年 10 月,"信保基金"趁热打铁,与此同时"应急转贷金"为大批"续贷难"企业雪中送炭,在全国首创农房、农权抵押贷款破解农民创业融资难。2015 年全国首批民营银行之一温州民商银行成立,立足支小定位,创新"三带"模式为产业集群、商圈和供应链的小微企业提供批量化金融服务。

五年时间,温州谋篇布局,整合资源,激活要素,民营企业债务风险逐步化解,民间金融秩序逐步规范,"三农"及小微企业融资渠道逐步丰富,地方金融监管新机制逐步形成。

案例来源:温州市人民政府.聚焦温州金融综合改革[EB/OL]. (2022-09-16)[2024-03-01]. https://www.wenzhou.gov.cn/art/2022/9/16/art_1217831_59170361.html.

案例简析 〉〉〉

全国小贷看浙江、浙江小贷看温州。从 2008 年温州试点开始,温州小贷公司表现出顽强的生命力。尤其是近几年,温州小贷公司克服小额信贷需求收缩、银行小额信贷供给冲击、仅凭资本金放贷经营预期减弱三重压力的影响,增强了小贷公司发展内生动力和持续健康经营的韧性,已经成为践行普惠金融的一支重要生力军。小贷公司在引导民间资本服务"三农"及小微企业,为草根经济体和弱势群体增加信贷服务可得性,为经济末梢毛细血管增加供血量方面,作出了重要贡献。温州小贷的这十几年,有高峰也有低谷,经过多方面的努力,全市小贷不良资产清收取得较大进展,经营稳健,近两年未出现新的不良风险,约 90% 的公司存续经营。温州小贷公司将继续适应经济发展新常态,增强行业发展动力和活力,赋能实体经济,实现新发展。

二、人才市场:从星期天工程师到高薪引人

20世纪八九十年代,有一批上海等大城市的国有企业、科研院所的技术人员,他们周末会去郊区或长三角县市兼职,而周一依旧回原单位上班。在科研技术人才还不能自由流动的年代,他们给大批长三角中小乡镇企业、民营企业救了急,人们称之为"星期天工程师"或"周末工程师"。

这些各级各类专业技术人才、经营管理人才被集体经济及各种企业聘为技术或者管理人员,依法进行技术开发和技术咨询、技术转让及其他服务,并且按照约定领取劳动报酬。20世纪70年代末至80年代中期,浙江乡镇企业从社队企业草创开始到蓬勃发展,在党的十一届三中全会方针鼓舞下,农民"企业家"开发产业的热情前所未有。一大批有经营头脑、善于开拓、敢于承担风险的乡镇企业应运而生。但是多数企业一缺乏技术,二缺乏设备,三缺乏市场门路,关键是缺乏懂得技术、能用生产设备工作的技术人员。乡镇企业便通过各种渠道从上海、南京、无锡、苏州等城市的工厂和科研机构借脑借智,聘请工程师、技术顾问和老师傅,帮助解决使用机器、开发产品、保证质量、降低成本等技术难题。同时,一些专业技术人员还被吸收到乡镇企业担任厂长或经理,享受工资报酬和一定的福利待遇。这类技术人员业余兼职,成了乡镇企业中技术过硬而成本较低的人力资源队伍。他们不仅在生产过程中发挥着主力军作用,而且还活跃了农村经济,推动了农村商品经济发展。由此,"星期日工程师"成为浙江重要的人力资源支持。

乡镇企业异军突起中的"星期日工程师"现象适应了农村工业化道路和农村城市化发展。而随着社会主义市场经济体制在中国

的逐步确立、外向型经济的发展与加入 WTO,"星期日工程师"这一人才引进模式已经远不能适应和满足浙江市场化、外向化、国际化进程不断推进的要求。浙江便进一步思考和酝酿人才引进的创新和突破。

"十五"期间,浙江省大力实施人才强省战略,积极探索建立与社会主义市场经济体制相适应的人才工作机制,着力营造良好的人才环境,努力推进人才队伍建设,人才工作取得突破性进展,有力地促进了经济社会持续快速健康发展。

2004 年,浙江为适应新形势新任务的要求,制定出台了《关于大力实施人才强省战略的决定》《实行浙江省特级专家制度暂行规定》《浙江省专业技术人员继续教育规定》等一系列加强人才工作的政策法规。全省人才工作的法治化、规范化步伐明显加快。

"十五"期间,全省人才队伍不断壮大,整体素质稳步提高,涌现出一大批在国内外具有较高知名度和较大影响力的、极富鲜明特色的民营企业家、营销人才和能工巧匠。截至 2004 年底,全省党政人才、企事业管理人才和专业技术人才总量达到 367.8 万人,提前完成"十五"人才规划目标;全省高技能人才 74.8 万人,农村实用人才 45.8 万人。全省有两院院士 24 人,享受政府特殊津贴专家 2239 人,国家和省级有突出贡献中青年专家 346 人,入选"国家百千万人才工程"第一、第二层次 59 人,入选省"151 人才工程"第一、第二层次 1228 人。与 2000 年相比,具有大专以上学历的城镇人才增长了 51%,具有高级职称的人员增长近一倍。2005 年,全省首次评选产生了 30 名浙江省特级专家。与此同时,人才队伍结构得到改善,基本满足了经济社会发展的需要,尤其是非公有制经济组织经营管理人才和专业技术人才拥有量大幅度攀升,到

2004 年底已达到 239 万人。①

　　"尊重劳动、尊重知识、尊重人才、尊重创造"的观念开始深入人心，并逐步成为全社会的共同行动方向，有利于人才成长的环境正在形成。浙江省不断加大对各类人才的培养力度，大力实施"151 人才工程""浙江省万名公务员公共管理培训工程""企业家素质提升工程""三年三万新技师工程""千万农村劳动力素质培训工程"等，为各类人才的成长开拓更为宽阔的渠道。加强各类开发区、科技园区、留学人员创业园区、高新技术企业研发中心、博士后科研流动站和工作站、重点实验室和实验基地等载体建设，为高层次人才创新创业提供良好的平台。浙江深入实施《浙江省人才市场管理条例》，加快人才市场建设，不断创新和丰富人才服务的形式和内容，充分发挥市场机制在人才资源配置中的基础性作用；通过实施"浙江省万名高层次人才引进工程"，推行人才柔性流动，进一步拓宽各类人才来浙江工作或服务的渠道。截至 2020 年底，全省人才资源总量预计达到 1410 万人，比 2015 年增长 31.2%；累计入选国家级人才工程 2160 人次，增长 151.7%；每万名劳动力中研发人员为 148 人年，增长 50.1%；高技能人才占技能人才比例为 31.8%，增长 31.4%；新引进各类外国人才 25 万人次，增长 35%。②

◆◆◆【案例 3-3】

以高端前沿项目引才——青年博士齐聚宁波揭榜

　　2023 年 5 月 17 日，在宁波博士后领题攻关供需对接会上，西南交通大学博士周坤"揭榜"余姚市机器人研究中心博士后工作站

---

　　①　数据来源于《浙江省"十一五"人才发展规划》。

　　②　数据来源于《浙江省人才发展"十四五"规划》。

发布的攻关选题——"气动肌肉仿生机器人的模型预测轨迹跟踪控制研究"。当天,来自全国的260名青年博士齐聚宁波"揭榜挂帅"。目前,已有12位博士成功"揭榜"。

"眼下,大部分机器人用的都是电机驱动,而气动肌肉通过对橡胶管进行充放气,完成橡胶管的径向膨胀和轴向收缩,进而实现机器人关节运动,它使得机器人具有更好的仿生性能。"周坤"揭榜"后,信心满满。气动肌肉是周坤在校时的研究课题,而"发榜"的余姚市机器人研究中心博士后工作站建在机器人产业园里,可以高效助力该项目的应用型研究。

作为制造业强市,宁波对高端制造业企业的人才需求非常旺盛。近年来,宁波以推动博士后工作站建设作为引进高端人才的重要抓手之一,目前已累计建成省级以上博士后站点374个,其中国家级站点80个。

宁波首抓项目引才,"挂榜"高端前沿的项目,吸引博士进站。每年,在宁波的博士后团队"揭榜"项目超过100项,累计研发投入突破40亿元,600余项技术获评省级以上科技奖项,带动经济产出300多亿元,拉动就业近2万人次,有效地促进了人才链与创新链、产业链融合共生,推动成果转化,引领产业升级,深度服务宁波经济和社会发展。

案例来源:陈醉.以高端前沿项目引才——青年博士齐聚宁波揭榜[N].浙江日报, 2023-05-19(03).

案例简析 >>>

一座城市的发展离不开优秀企业的支撑,更离不开高精尖人才的贡献。功以才成,业由才广,人才是创新发展的第一资源,而博士后是青年人才群体中最具创新能力、创业潜力和发展动力的力量之一。随着浙江经济快速发展，企业规模迅速扩大，此时，人才要素投入不足成为企业竞争力提升的关键短板。如何加大人才资源的供给？市场机制在集聚和配置稀缺资源上的超强能力再度显示了其不可替代的价值。以市场方式引育人才，是浙江将过去商品市场成功的经验向人才资源领域牵引拓展的重要路径。通过建立以企业为主体、产学研结合的技术创新体系，坚持企业博士后工作站建设与企业研发中心建设有机结合，浙江通过市场方式向企业配置人才，进而推动科技成果转化，逐步破解了企业转型升级的人才紧缺问题。

三、土地流转体制机制的创新

土地紧缺已成为浙江经济持续发展的瓶颈，与之并存的是土地的闲置和浪费。其根源则在于对土地要素的政府垄断和行政性管制，根本之策是建立统一完整的土地市场机制。2004 年浙江省中小企业局《浙苏沪中小企业发展优势比较》报告中显示，造成浙江企业外迁的诸多因素中，首先是土地紧缺，占 52.3％的权重，远远高于占据第二位的原材料及能源供应紧张，后者的比例只有10.9％。1996 年浙江省现有耕地 3188 万亩，划定基本农田 2711万亩，建设用地只有 400 多万亩。以每年用地约 50 万亩计算，建设用地最多只够用上 8 年。①

只有解决好农村土地使用权有效流转的问题，为农村劳动力提供更多的非农就业机会，实现土地、劳动力的优化配置，才能更快、更好地突破产业发展用地的制约。这就必然要求农村进行积极的制度创新，以适应新阶段农村发展的需要。土地流转是中国

---

① 　数据来源于 1996 年全国农业普查。

农村社会经济发展到一定历史阶段后必然会产生的一种制度创新，它的出现，对于在现阶段真正落实农村土地承包制度，保证中央提出的"土地承包权30年不变"，具有现实的意义。

为了解决产业集群发展中的土地供需矛盾，2004年《浙江省人民政府关于严格土地管理切实提高土地利用效率的通知》提出以科学发展观为指导，牢固树立集约用地观念；加强土地宏观调控，提高土地利用效率；深化土地使用制度改革，发挥市场在配置土地资源和价格形成中的基础性作用；积极盘活存量土地，挖掘现有建设用地潜力；加强土地利用监管，全面推行土地集约利用考核制度。为了进一步发挥市场配置资源的基础性作用，2006年浙江省全面实行工业用地招标拍卖挂牌出让，缓解建设用地供需矛盾，保障本省经济社会发展合理用地的需求。

2008年《中共浙江省委关于认真贯彻党的十七届三中全会精神 加快推进农村改革发展的实施意见》（以下简称《实施意见》）提出在强调毫不动摇地坚持农村基本经营制度的基础上促进土地承包经营权加快流转，放活土地流转机制，按照依法自愿有偿原则，引导和鼓励农户采取转包、出租、互换、转让、股份合作等形式加快流转土地承包经营权。

《实施意见》从两个方面提出了促进土地承包经营权加快流转的政策。一是构筑土地承包经营权流转的管理和服务平台。要求建立健全土地承包经营权流转市场，组建土地承包经营权流转管理服务组织，建立流转档案，规范流转行为，完善流转的中介服务机制、价格形成机制和纠纷调处机制，从而促进和规范土地承包经营权流转，确保形成新的农业生产力。二是改善土地承包经营权流转的外部环境。在推动农村劳动力稳定转移就业、建立农村养老保险制度、给予流出土地农户优惠政策等方面，鼓励农户长期流出全部土地承包经营权；在金融服务、技术推广、用地用电用水等政策和农业综合开发、农业基地建设、农业产业化经营、农业基础设施建设等项目安排方面，支持各类农业经营主体流入土地承包经营权。

　　土地使用权流转制度的核心是三权分离、自主自愿、市场契约和政府监督。所谓三权分离，是指土地所有权、土地承包权、土地经营权的分离，同时，只有在严格保证土地所有权和土地承包权不变的前提下，才能真正把土地属性从资源顺利地转化为资本，让农业生产要素流动起来，把土地存量盘活，从而取得规模效应、集约效应和市场效应。衡量推行土地流转制度成功与否，要以能否使农民、政府和经营者三方共同满意、能否真正提高农村生产力、能否不断增加农民收入。

　　浙江省从实际出发，在土地使用权流转制度的推行方面，已经探索出多种有效形式，如股份合作、反租倒包、委托转包、季节性承租、土地交换、租赁经营、土地整理后的升值分包等，并相应地建立了有关中介机构，在政府的监控和指导下，以土地储备中心、土地整理、土地信托中心和土地银行等形式，为土地流转进行多方面的服务，有力地推动了土地流转制度的健康发展。这些举措为全国其他地区大规模实施土地流转制度积累了宝贵的经验。

　　从 2002 年到 2009 年，浙江每平方公里建设用地的全社会固定资产投入从 0.43 亿元增加至 0.93 亿元，每平方公里建设用地的第二、三产业生产总值从 0.87 亿元增加至 2.11 亿元，居沿海省市前列。2009 年，全省建设用地面积 1713.51 万亩，比 2004 年净增加 353.3 万亩，年均净增加 14.1 万亩，且代表工业化中后期的中高技术密集型产业用地已占制造业用地总面积的 77.81％，土地利用配置结构持续优化。①

　　土地使用权流转制度的形成和推行可能是推动农村生产力进一步提高的最佳选择。同时，浙江各地土地使用权流转制度的完善和成熟，也是新时期农村市场经济发展的必然产物。

◆◆【案例 3-4】

靠种地，家家户户住上了小洋房

　　松隐村由鼻下市、鼻下郑和龙山前三个自然村组成。2000 年初，三个自然村还是各自为战，贫穷、落后是当时甩不掉的标签。耐得住贫苦的，就待在村里守着一亩三分地，种种地勉强维持温饱。耐不住的，都早早外出打拼，村里的良田成片成片地荒废。

　　穷则思变，改变从 2003 年开始，三村开始实施土地整理。原本，各家各户的田地都分散在各处，分布十分零碎。未经整理的土地高低不一，耕种条件也参差不齐。开始推进土地整理后，村干部们对土地进行了统一修整和重新分配，各家各户都按原有面积拿到了一片平整且集中的土地。

　　土地理好了，还得有人种。规划好土地后，村里开始进行村子内部的土地流转——没人种的田地，转租给愿意种的村民，不浪费一片良田。

　　种田能致富吗？这个问题不少人好奇，记者从村民夏云利身上找到了答案。见到夏云利时已经是午时，刚忙碌完的夏云利有了一段短暂的放松时光。

---

　　① 　数据来源于浙江省统计局。

今年50岁的夏云利有一段丰富的人生经历。三十多年前,14岁的夏云利外出打拼,摸爬滚打了十多年后,2003年,他回到村里。恰逢村里推行土地整理、土地流转,夏云利在蔬菜种植基地里承包了十几亩的田地,选择重新成为一名农民。

在不少人看来,夏云利的日子忙碌且枯燥,但他自己却乐在其中。"我年轻在外打工的时候,忙里忙外一个月才50块钱的工资,现在靠种地我们夫妻俩一年能赚20万到30万元,这还有啥不好的!"靠着勤勤恳恳种地,夏云利夫妻俩攒钱盖了一栋4层楼的小洋房,房子有一个大大的院子,日子好不悠闲舒坦。

如今,松隐村几乎家家户户有新房,再配上一辆小轿车,生活和谐美满。

抓住了土地流转的机遇,松隐村也迎来了一系列"蝴蝶效应"。村里一片50亩的荒滩长期承包给一个花木企业,对土地进行一番改造后打造成一个花木培植基地。走进这个花木培植基地,上百种名贵花木看得人眼花缭乱。目前,松隐村三分之一的土地都已通过各种形式流转,为村集体创造了一笔可观的收入。

过去,村里无人问津的抛荒地,如今成了人人出力的"致富田"。一通百通,松隐村的"致富花"还将越开越大。

案例来源:土地流转"转"出共富路 家家户户住上小洋房[EB/OL]. (2021-12-02) [2024-03-01]. https://zjnews.zjol.com.cn/zjnews/tznews/202112/t20211202_23438081.shtml.

案例简析 >>>

随着城镇化和农业规模化经营的发展,农村"有地无人来种"和"规模经营找不到地"的情况都有发生。那么,如何最大化利用土地,成为深化农村土地制度改革的重点。土地是老百姓的根,作为农村最重要的资源之一,土地利用如何破解"碎片化""低效化"

的问题，以发挥其规模效益，吸引人才、资金、产业回流，是实现共同富裕的关键要素。总的来说，土地流转就是把农村目前没有人种的零散土地想办法整合起来，然后更高效地利用。所以，有很多农民选择将承包地的经营权流转给其他农户或经济组织，自己保留土地的承包权。耕地资源变成了"活资产"，更能保障农民的利益。抓住了土地流转的机遇，松隐村也迎来了一系列"蝴蝶效应"，过去村里无人问津的抛荒地，如今成了"致富田"。土地流转唤醒"沉睡的资源"，"转"出了共富路。

第三节　制度创新驱动的要素资源市场兴起

专业市场作为具有中国特色的一种商业模式，在国外没有类似的发展经验可以借鉴。经过几十年的发展探索，我国专业市场逐步打破"消亡论"，融入全球分工体系，背后非常关键的一点则是发展思路和制度的创新。创新一直是我国专业市场发展的根本动力，无论是初期专业市场的兴起，还是后来的扩张发展和转型升级，都离不开各个层面的创新。制度创新决定专业市场的最终走向，技术创新能给产品和服务水平的提升提供强劲的推动力，管理模式的创新使专业市场保持源源不断的活力。

为了持续推进"八八战略"，浙江不断开拓进取，在高质量发展上谋好新篇，不断深化市场化改革，激发市场活力，增创市场有效、政府有为、企业有利、百姓受益的体制机制新优势。以市场化改革为方向，推进主要生产要素的配置体制改革，既适应中央加快完善社会主义市场经济体制的总体要求，也符合浙江转变经济发展方式的实际。"十五"以来,浙江基层、民间和各级政府在要素配置领域开展了一系列体制改革和制度创新的探索实践,促进了要素市场体系的培育和发展,提高了市场配置要素的效率,推动了具有浙江特点的、较快的要素市场化进程。

一、产权市场的发展壮大

股权本身存在流通属性。股份有限公司是最典型的合资公司,其全部资本被划分为等额的股份,通过向社会公开发行的办法筹集资金,任何人在缴纳了股款后,都可成为公司股东,无资格限制。股份有限公司制度的设立本身就鼓励股份自由转让,通过股份转让来有效实现股东权利,使股份公司具备其他形式的企业组织所没有的优势。而股票本身就是一种流通证券,它的价值只有通过流通才能实现。如果股权自由转让这一原则不能得以贯彻,股票所有者就无法作为股东真正实现其权利。

在现实情况下,并非所有股份公司都能通过上市来筹集资金,只有极少数经营业绩优良、条件优越的公司才能上市。因此,上市公司属于稀缺的壳资源,对于绝大多数的非上市股份公司来说,根据发展的需要融集资金却是必然的要求。如果股份不能交易,自然会影响到投资者的投资积极性,从而影响到非上市公司融集资金,对于公司的发展是极为不利的。历史经验告诉我们,事物有其自身发展规律,我们只有研究、掌握并顺应其发展规律才能成功。因此,我们只有研究、并解决好非上市股份公司的流动性需求,改"堵"为"疏",才能在源头上防范和从根本上解决不法分子利用非法证券活动欺骗群众而影响社会稳定和金融安全的问题。

2003年12月25日,浙江省非上市股权托管转让系统在省产权转让中心正式开通。这标志着浙江省非上市股份有限公司和有限责任公司的股权从此有了一个公开披露信息的展示窗口,有了一个实现有序转让的市场平台。

2005年5月28日,作为浙江省构建地方资本市场最重要的平台之一的浙江产权交易所正式挂牌,这标志着浙江省在规范发展产权交易、建立全省统一互联的产权交易市场体系上迈出了重要的一步。

浙江产权交易所的业务运作采用会员制和委托代理制相结合的方式,以会员为主体进行相关业务运作和市场组织。其开展的主要业务包括非上市股份有限公司股权转让,省属企事业单位的国有产权转让,代理中央企业的国有产权转让等。

浙江产权交易所的设立和运行,可有力促进浙江民营企业跨区域进行战略重组,在更大的平台上融入全国产权市场;有助于吸引更多的资本进入浙江资本市场,有利于本地企业做大做强,提高浙江经济的区域竞争力。这一交易所还可为消化金融不良资产提供平台,给国有企业的战略性调整和国有资本的有序退出提供便捷通道,使浙江混合型多元化经济结构更趋合理。

二、水权交易市场先行先试

水权是指水资源的所有权以及从所有权中分设出的使用和收益的权利。随着工业化、城市化、现代化进程的加快,水资源越来越成为稀缺资源,成为一种典型的经济物品,甚至这种经济物品越来越成为制约经济社会发展的重要因素。2003年,浙江几乎所有地区都在缺水。浙北嘉兴,水质性缺水;浙中义乌,在2003年7—8月份用水紧张时期,每周二、四、六、日全天断水,严重时,一、三、五也只能供应半天水,而且半天中只有3小时以正常水压供水;浙东宁波、舟山,资源性缺水,目前年缺水量约为6亿立方米;浙南和浙西,工程性缺水。

　　为满足经济社会发展的需求,不让水资源制约经济社会发展,一方面,浙江省深挖水资源存量,通过修建水利工程,增加省内水资源总体供给能力。浙江省委省政府决定于2006年实施水资源保障百亿工程。该工程共有20个重点水库和引调水工程项目,总投资128亿元,建成后可增加总库容12.2亿立方米、防洪库容3.6亿立方米、兴利库容8.0亿立方米。另一方面,自然界水资源时空分布不均,水的供求不平衡;或者由于经济和社会发展的变化,原有的水的供求均衡格局被打破。尽管我国目前经济市场化指数已经接近80%,但水资源配置尤其是宏观配置仍然主要延续计划经济体制的模式。水被看作公共产品而非商品,地方不具有配置水资源的权利和激励政策,由此导致水资源的配置效率极其低下。在市场经济条件下,通过水权转让,跨区域、跨流域、跨部门优化配置水资源,势在必行。为了让水资源配置得更加有效,浙江省开始尝试建设水权交易市场。

　　早在2002年,为了缓解区域经济发展带来的水资源紧缺,浙江东阳和义乌率先达成了引水协议。义乌用2亿人民币的价格一次性把东阳横锦水库的每年4999.9万立方米水的永久用水权买下,缓解城市水资源短缺,初步形成流域内资源共享。2005年1月6日,义乌市委、市政府举行通水典礼,全国首例水权交易获得了实质性成功。

　　东阳、义乌水权交易作为新生事物,其具体做法还有一些值得商榷之处,其模式也并非其他地方可以照搬照抄。但这个事件无疑代表了一个方向,就是引入水权、水市场优化水资源配置大有可为。作为水权市场初露端倪的标志,这个事件揭示出的具有普遍意义的结论是，随着缺水问题的日益加剧，水权模糊的代价越来越大，基于行政手段的共有水权制度的运行成本越来越高。这主要有三方面的原因：其一，随着市场化改革的深入推进，地方利益主体地位日益强化，上级监督地方政府的难度越来越大，行政命令越来越难以得到有效落实，即所谓的"体制失效"，其实是现有产权制度的失效；其二，政府显然没有能力处理繁杂的资产有用性信息，利用行政手段配置水权已经"力不从心"，制度运行的机会成本不断增加；其三，水权界定和维护的成本在降低，产权排他性的收益在提高，加之市场化改革在不断降低产权交易的成本，引入市场机制的预期收益在不断增大。

培育水权交易市场的本质是通过市场手段，根据水资源的承载力和水环境的承载力，决定经济发展的方向，使有限的水资源既得到合理利用和保护，又为国民经济的发展和可持续发展服务。

长期以来，中国通过行政手段配置和管理水资源，强调水资源的公共性，极大地限制了水市场的发育。随着水资源供需矛盾的日益加剧，借助市场方式配置水资源的客观需求日趋强烈，但相应的调节、监管手段尚未建立，从而给一些临时的、应急的、地下的、隐蔽的、非法的、变相的、非正式的水权交易或水市场提供了空间。例如，浙江舟山本岛水资源紧缺，每到干旱季节就用轮船从长江口和宁波运淡水，连居民生活用水也要限时限量供应，这种情况促成了舟山从大陆跨海引水项目的实施；在浙江温州、乐清等地的水库供水区，曾经发生农村和城市、种植业和养殖业之间的矛盾，一些个体户为了得到投资大、效益好的养殖业的"救命水"，曾自发地与从事种植业的农民协商要求高价转让水权，这促成了乐清从永嘉的楠溪江引水、绍兴从钱塘江引水。这些现象表明，正式水权交易市场的建设已经滞后于水权交易实践的发展需要。

完善的水权交易制度、发达的正式水权交易市场能够强化对节水和有效用水的激励，提高水资源的配置和使用效率。这主要表现在以下几点：一是激励水权持有者节约用水，通过出卖水权获得经济补偿；二是促使水资源从效率低的使用部门流向效率高的使用部门，提高水资源的使用效益；三是调剂水资源余缺，促进水资源在用水部门之间合理分配，弥补政府水权初始界定的失效；四是保护生态环境，因为在水权交易中，水质越好，通常交易价格也越高，这种"按质论价"的市场机制，会在一定程度上鼓励水权持有者采取有效的措施对其水资源加以保护，以免水质变坏。

◆◆◆【案例 3-5】

市场化多元化生态保护补偿的浙江实践及启示

浙江在全国第一个开展水权交易，形成义乌与东阳的水权交易补偿模式。地处下游的义乌市每年出资 2 亿元，买断东阳市横锦水库（储水量为 1.4 亿立方米）每年 5000 万立方米的永久用水权，引水工程 2005 年起向义乌供水至今。通过该交易，金华江流域上游水生态治理得到了资金保障，东阳市获得了经济实惠，而且解决了义乌市缺水的难题。

2012 年，在财政部、原环保部牵头下，浙皖两省正式实施新安江流域上下游生态补偿试点，成为全国首个跨省流域水环境补偿试点。第一轮试点（2012—2014 年），中央资金每年 3 亿元、两省每年各 1 亿元，三年共计 15 亿元。第二轮试点（2015—2017 年），在中央资金总额维持不变的情况下，两省每年提高到各 2 亿元，三年共计 21 亿元。前二轮补偿资金已全部拨付安徽省。省界断面水质总体保持稳定,2017 年,千岛湖水质各项指标基本符合Ⅰ类水标准,出境断面水质继续保持Ⅰ类标准,饮用水水源地水质 100% 达标,在全国 61 个重点湖泊中名列前茅。目前已进入第三轮试点(2018—2020 年),浙皖两省的补偿资金延续第二轮的补偿规模,每省每年出资 2 亿元。在货币化补偿的基础上,还探索多元化的补偿方式以及加强上下游之间相互监督、联防联治,形成生态文明体制改革的"新安江模式"。在新安江流域试点经验的基础上,结合长江经济带的奖补政策,按照"权责对等,合理补偿"的原则,强化节水减污理念,以流域水资源保护和水质改善为主要目标,扎实推动省内流域上下游横向生态补偿。

目前,浙江共有 35 对 38 个县(市、区)成功签订跨流域横向生态补偿协议,钱塘江流域干流已基本实现横向补偿全覆盖。

案例来源:马家龙.市场化多元化生态保护补偿的浙江实践及启示[J].中国国土资源经济,2020(1):4-10.

案例简析 >>>

水权交易是指在合理界定和分配水资源使用权的基础上,通过市场机制实现水资源使用权在地区间、流域间、流域上下游间、行业间、用水户间流转的行为。推进用水权改革,是发挥市场机制作用、促进水资源优化配置和集约节约安全利用的重要手段,是强化水资源刚性约束的重要举措。水权交易市场的建立,可以促进水资源的强化管理,有利于激励水资源有效利用和合理配置,可引导水资源流向最有效率的地区或部门,解决水资源开发利用时空分布不均的问题,有利于节省水资源和保护水环境。经济发达地区可以率先开展或探索用水权转让交易的实践。经济发达地区用水结构已经发生了很大的变化，同时，经济发达地区也具备了在市场经济条件下运用价格机制购买用水权或补偿用水权的条件和基础。因此，经济发达地区适合水权转让交易的实践。

三、排污权交易市场率先突破

经济要发展，污染自然会增加。怎么样让企业尽量少排污，同时经济又健康发展？这是全社会面临的一大难题。

自然资源兼具经济、生态和社会价值，应遵循"谁使用、谁付费"的有偿使用原则。使用权人在获得自然资源使用权时，也就获得了经济、生态、社会价值的使用权，就应当对资源开发有可能造成的生态损坏进行补偿，向所有权人（国家或地方政府）缴纳资源税或出让金、权益金、占用使用费等。

环境对污染的容量就是排污权。换个思路想，其实排污权是一种与水、电、石油一样的资源。企业既然要用社会的资源，就应该付费购买。企业买来排污权，如果自己污染治理得好，用不完，还可以上市买卖赚钱。

20 世纪 70 年代诞生于美国的排污权交易，是一项基于市场手段的环境经济政策，其出发点是利用市场力量实现环境保护目标和优化环境容量资源配置，降低污染控制的总成本，调动污染者治污的积极性。排污权交易的概念由多伦多大学的约翰·戴尔斯提出，其主要思想是传统的环境管理除了政府干预外，并没有给企业任何的激励措施去保护环境，可以建立一个市场，若企业有效地减少了污染，它们就能同那些污染排放多的企业在此市场进行交易从而获得资金。排污权交易能使企业在利益最大化行为的作用下，在购买排污权和减少排放之间做出对自己有利的选择。当减排成本高于排污权市场价格时，企业会更愿意去购买排污权。反之,如果减排成本低于排污权市场价格,企业则倾向于通过减排"生产"更多的排污权并在市场出售。每个企业的这一类行为将使排污权交易市场形成均衡价格,而价格是资源优化配置的关键。

浙江是习近平生态文明思想的重要萌发地,是"绿水青山就是金山银山"理念的发源地。习近平同志在浙江工作期间,对生态文明建设和生态环境保护工作亲自谋划、亲自部署,做出了"八八战略"、生态省建设等重大战略决策,并从 2005 年开始在全国率先探索实践生态补偿机制。此后,浙江坚持一张蓝图绘到底,始终把生态文明建设摆在突出位置。经过 10 多年的持续努力,浙江已建立起比较完善的生态补偿机制,与生态建设、环境综合治理互为补充、相辅相成,取得了明显成效,开创了生态环境保护工作的新局面。

早在 2002 年 6 月,嘉兴市便在秀洲区进行了企业排污权有偿使用的试点。经过 5 年多的探索实践,嘉兴市于 2007 年 11 月起在全市范围全面实行排污权交易制度,接着成功举办了"中国·浙江嘉兴首届排污权交易论坛",在全国引起了强烈反响。嘉兴市明确了排污权转让方为通过工程治理、结构调整和监督管理减排措施,在完成削减任务后,有多余指标可供排污权交易的市场主体;排污权需求方为需要获取向环境排放污染物许可权的市场主体,包括因实施建设项目以及不能完成政府规定减排任务的企业。被列入县级以上重点污染整治区域的、被列为环保信用不良的、被实施挂牌督办的以及其他法律法规规定的企业,在完成治理任务前不准申购排污权。

绍兴市也是试点成效较显著的城市之一。绍兴市的排污权有偿使用和交易管理制度重在排污权有偿使用指标的初始分配,体现了环境资源化、价格化、有偿化、产权化。对排污单位多余的排污指标，采取政府回购的方式，并规定了必须回购的几种情况。绍兴市还正确处理了新老污染源的关系，新项目新办法，老污染老办法，取得了较好效果。

浙江在 2014 年启动实施了排污权竞价交易，建立了 6 家排污权交易中心，实现了排污权有偿使用和交易全覆盖。截至2018 年年底，全省共有 530 家企业进行了 587 笔排污权有偿使用，累计征收排污权有偿使用费 1.792 亿元。[①]"八八战略"强调要进一步发挥浙江的生态优势，创建生态省，打造"绿色浙江"。浙江始终坚持"绿水青山就是金山银山"理念，生态环境公众满意度连续 11 年提升，良好的生态环境是浙江高质量发展的优势、动力与后劲所在。

◆◆ 【案例 3-6】

全省首笔跨市排污权交易桐乡落槌

2023 年 6 月 5 日，湖州长兴南方水泥有限公司以 3100 元/（吨·年）的价格，将富余的 78.5 吨二氧化硫和 138.24 吨氮氧化物排污权指标让给嘉兴桐乡时代锂电项目。这是《浙江省排污权有偿使用和交易管理办法》实施后，全省正式启动的第一笔跨设区市排污权交易。

浙江作为全国第一批排污权交易试点的地区，于近期出台了《浙江省排污权有偿使用和交易管理办法》，鼓励开展跨区域交易。省生态环境厅低碳发展中心排污权交易部部长严俊说，嘉兴湖州

---

① 数据来自浙江省排污权交易网（http://www.zjpwq.net/cms/）。

这次跨设区市排污权交易，打通了省内跨区域排污权交易通道，不仅为全省排污权交易从县域、市域这个小循环迈向省域大循环打开了新局面，也为真正实现全省排污权交易统一大市场作出了新典范。

近年来，湖州深入开展水泥熟料行业超低排放改造，在全省率先实现水泥熟料企业二氧化硫、氮氧化物稳定达到一阶段超低排放水平，为排污权交易腾出了富余空间。长兴南方水泥有限公司副总经理段文虎介绍，早在3年前，公司就投入3000万元，建设了一套中温中尘SCR脱硝系统，成功达到浙江省二阶段超低排放标准，实现减排氮氧化物1065.6吨/年，还通过复合式脱硫技术成功减排二氧化硫78.5吨/年。

前不久，总投资201亿元的桐乡时代锂电项目开工，规划建设年产40万吨锂电三元前驱体和5万吨三元正极材料，出于发展需求，需要排污权指标保障项目推进，但本地排污权指标很紧张，让项目方犯了难。"根据《浙江省排污权有偿使用和交易管理办法》，桐乡上年生态环境达标，具备向外购买排污权的资质，我们的项目可以在全省范围内寻找获取排污权。"嘉兴市生态环境局桐乡分局规划生态科科长黄小华立即给企业支招，并积极帮助企业找到获取节余的排污权，他们便把目光锁定了相距不远的湖州长兴，最终促成了这次排污权跨设区市交易。

案例来源：宋彬彬，叶诗蕾，周正来.全省首笔跨市排污权交易桐乡落槌[N].浙江日报，2023-06-06(04).

案例简析 >>>

企业生产经营中的污染排放这一负外部性如何进行治理？经典理论建议采取收取排污费的方式。但是收取排污费的方式并不能保证同样的污染排放量带来的产出效益最大化。由此，排污权交易制度就应运而生。排污权是一项制度创设的权利，一旦确立排污权制度，排污额度就成为企业生产经营过程中的稀缺资源。如何将稀缺资源配置在能发挥最大效益的企业手中，市场交易发挥了巨大的作用。通过市场交易和价格机制，引导排污权流向排污投入产出效率最高的企业，从而达到资源优化配置。浙江首创排污权交易正是其积极利用市场先发的体制机制优势，顺应经济发展阶段要求，将市场机制向其他领域拓展的成功探索。

第四节 技术创新与要素市场兴起

传统专业市场在特定阶段内，为区域经济增长作出了不可磨灭的贡献。但传统专业市场粗放的发展方式也带来了很多潜在的问题和危机，如整体规模较小，产品层次和技术含量较低，同质化竞争激烈，经营者素质较低，经营模式、经营理念落后，服务内容缺乏创新等。加快专业市场的转型升级，不仅要加快对市场软硬件的提升，更要注重培育技术市场，促进专业市场在全球分工体系中的角色转变。

习近平同志在浙江工作期间，部署了"八八战略"，还提出建设"数字浙江"，为全省经济社会发展装上信息化发展引擎。网络技术的运用拓宽了专业市场的边界，降低了交易成本，随之兴起的电子商务、直播带货、网红经济等业态也深刻改变了传统专业市场的经营模式。数字化转型对专业市场的发展的影响是深远且关键的。现代化的数字平台使专业市场对接全球，同时确保信息流的通畅，积极开发运用大数据、云计算等技术进行信息整合，发布商品交易指数，掌握市场话语权，及时推进产品和服务的革新。

一、技术市场异军突起

进入 21 世纪，新科技革命突飞猛进，研发生产一体化趋势日益增强，研究开发周期、成果转化周期和产品生命周期越来越短，这就要求我们以改革的思路、市场经济的办法，推进产学研紧密合作，强化多学科联合攻关。过去，组织产学研合作主要靠行政和计划手段，如组织各种成果交易会、洽谈会，或组织企业走访高校、科研院所。这些方式、途径虽取得了一定的成效，为区域经济发展作出了贡献，但也存在着走访的单向性、盲目性，信息交流的有限性，行为的短期性、间断性等诸多局限。

为适应新科技革命发展的新趋势，克服传统的产学研合作的弊端，浙江省人民政府、科技部和国家知识产权局联合主办，浙江省科技厅和 11 个市人民政府联合承办，建设了中国浙江网上技术市场。这是推进科技与经济紧密结合，更好地服务于现代化建设全局的重要举措。

技术市场是推动科技成果转移转化、支撑引领经济高质量发展的重要载体。浙江技术市场始于 2002 年，是由时任浙江省代省长习近平启动的中国浙江网上技术市场。中国浙江网上技术市场于 2002 年 10 月 16 日正式运行，到 2007 年底，市场累计发布技术难题信息 45752 条，累计发布技术成果信息 14.2 万条，累计技术合同签约项目 16645 项，累计技术合同金额达 139.4 亿元，上网企业累计数达到 89305 家。①

机制创新使网上技术市场成为一个巨大的科技资源宝库，企业家在这里找到了技术难题解决方案，而科技人员则把它作为找

---

① 胡芒谷."网上专业技术市场"建设的思考与实践[J].信息化建设，2008(7)：36-37.

课题、找经费及推广科研成果的重要渠道，源源不断的科技资源从这里流入浙江。

浙江省是区域"块状经济"大省，2005 年浙江省人民政府国民经济和社会发展统计公报表明，浙江省全省工业总产值在 1 亿元以上的"块状经济"有 360 个，其中年产值在 300 亿元以上的就有 14 个，"块状经济"工业总产值 18405 亿元，占全部工业总产值 30212.4 亿元（其中规模以上企业 22812.4 亿元）的 60.9％。这些经济数据背后隐含着对技术创新的巨大需求。[①]

浙江的快速发展和地区产业集群的发展密切相关，"块状经济"和产业集群优势明显，"块状经济"迅速发展并提升到具有一定规模的、具有专业化分工协作特点的产业群。以杭州高新技术产业群、海宁皮革产业群、嵊州领带产业群、诸暨袜业产业群、永康五金产业群、乐清低压电器产业群、桐乡羊毛衫产业群、慈溪小家电产业群等为代表的产业群崛起并得到提升，在全国乃至全球市场上占据了一定的优势地位。产业集群的发展为浙江百强县的不断崛起和壮大发挥了重要作用。2004 年，浙江省 33 个城市中的萧山、鄞州、义乌、余杭、慈溪、海宁、余姚、桐乡、诸暨、平湖、富阳、温岭、乐清、瑞安、上虞、永康、奉化、东阳、临安，共 19 个县级市（区）列入全国县（市）社会经济综合百强，其中有 15 个县级市的人均 GDP 超过 3000 美元，萧山、鄞州、义乌和海宁的人均 GDP 更是超过 4000 美元。

2004 年底，浙江省科技厅在经过深入调研和论证 10 多家专业市场筹建方案的基础上，选择启动了绍兴纺织、台州模具、余姚塑料、东阳磁性材料、苍南印刷包装 5 家专业市场的试点建设。在首

---

① 浙江省统计局.浙江省全面小康社会建设中的比较优势问题研究[EB/OL].(2014-08-27)[2024-03-01].https://tjj.zj.gov.cn/art/2014/8/27/art_1530863_20981071.html.

批试点市场初步取得成功的基础上,2006 年初又批准江山蜂产业、普陀水产品精深加工、安吉竹产业、玉环阀门、永康五金、杭州 IT 等 6 家专业市场筹建。

2006 年 12 月 22 日,浙江省首批试点建设的 5 家专业技术市场在杭州通过省科技厅组织的专家组验收。建设专业市场,是浙江省为进一步完善中国浙江网上技术市场的结构和运行机制,促进技术交易与各地经济的结合,推进区域块状特色经济技术进步与创新而推出的新举措。

2021 年,全省专业市场实现成交额 23271 亿元,相当于全省生产总值的 31.7%,成交额同比增长 9.6%,高于全省生产总值增速 1.1 个百分点,对拉动全省经济贡献显著。

中国浙江网上技术市场符合科技发展与传播转化的实际,是促进科技与经济结合的新举措。它是一个全天候、不落幕的市场。它将通过科研项目向全国公开招投标,以实现浙江经济资源全国共享,全国科技资源浙江分享,在全国具有重要的示范带动作用。中国浙江网上技术市场将运用信息化、网络化的手段,把技术市场从以成果简单交易为主推向成果交易、科研劳务交易和应用推广服务相结合,是中国技术市场发展的深化和创新。

◆◆◆【案例 3-7】

杭州技术交易额再创新高

促进科技成果转移转化,杭州今年以来再创新高。2022 年 1 月至 7 月,杭州实现技术交易额 609 亿元,同比增长 82%,位居全省第一,且占全省比例提升至 44%。

技术交易额是反映区域科技创新活跃态势的重要指标。通俗来讲，技术交易额就是指经过登记的技术合同中，扣除设备、原材料等非技术性费用后，实际成交的金额。业内普遍认为，这是衡量科技成果转移转化水平可获得、可比较的重要数据。

为什么杭州技术交易额大幅上涨？关键是企业创新拉动作用在持续增强。1月至7月，杭州技术输出额为378亿元，其中企业达351亿元，占比近93%。

"企业是创新的主体，是拉动杭州技术交易的最强力量。"杭州市科技局负责人介绍，去年，杭州企业技术输出合同6676项，仅占杭州全市的46%，而企业创造的技术输出额达367亿元，占杭州全市的88%。这说明杭州企业技术输出额含金量十足。

在所有企业中，龙头企业起到了极强的拉升效果。如新华三得益于服务器、路由器和交换机等产品的更新换代，2022年1月至7月技术输出额近98亿元，跃居杭州第一；浙江吉利新能源商用车集团上半年汽车销量涨了4倍，拉动该企业2022年1月至7月技术输出额超12亿元。与此同时，华为、阿里巴巴、杭萧钢构等龙头企业技术交易额也呈现上升态势。

案例来源：张留.杭州技术交易额再创新高[N].浙江日报，2022-09-18(01).

案例简析 >>>

随着经济发展越发倚重科技创新，对市场敏感度高的浙江企业意识到，必须加大研发投入，才能提升产品质量，保持企业竞争力。技术市场是推动科技成果转移转化、支撑引领经济高质量发展的重要载体。作为"国家科技成果转移转化示范区"的浙江，近年来联动实施"招拍挂、股改投"举措，提升技术要素市场化配置。浙江通过引育创新平台、开展技术要素市场化配置改革等举措，持续激发企业内生动力，由此形成以企业为主体的技术创新市场导向机制优势。2012 年至 2021 年,浙江省全年技术交易总额从 321.35 亿元增至 2060.45 亿元,增长 6 倍有余,年均增速 22.9%。十年间,"全球技术浙江用,浙江市场全球用"的局面进一步巩固。

二、数据市场异军突起

早在 2003 年 1 月 16 日,时任浙江省委书记习近平就全面阐述了"数字浙江"的构想。那天,新落成的浙江省人民大会堂内,省十届人大一次会议的报告提出,"数字浙江是全面推进我省国民经济和社会信息化、以信息化带动工业化的基础性工程……""数字城市""电子商务""加快建成全省信息应用体系主体框架"……一个个新颖的词语和说法,串联出一个清晰的信号:未来,"数字浙江"将会作为浙江的一项战略性任务、基础性工作和主导性政策来布局实施。①

2003 年 3 月,在省信息化工作领导小组的统筹下,一本洋洋万言的《数字浙江建设规划纲要(2003—2007 年)》面世了。为了全面打造"数字浙江",实施"信息强省"战略,浙江省还出台了《省信息化工作领导小组关于我省电子政务建设指导意见》《关于加强信息安全保障工作的实施意见》《关于加强信息资源开发利用工作的实施意见》《浙江省信息化工作领导小组关于加快电子政务发展的意见》《浙江省人民政府办公厅关于加快电子商务发展的意见》《省信息化工作领导小组关于加快农村信息化工作的意见》《浙江省人民政府关于加快推进农业信息化的通知》《关于加快信息化带动工业化的指导意见》等一系列推进"数字浙江"建设的配套政策和措施,全面保障"数字浙江"战略的实施。

---

① 本书编写组.干在实处 勇立潮头——习近平浙江足迹[M].杭州:浙江人民出版社,2022:74.

"数字浙江"是全面推进浙江省国民经济和社会信息化，实现以信息化带动工业化的基础工程的战略举措。建设"数字浙江"的根本目的就是以信息化带动工业化，以工业化促进信息化，实施走新型工业化道路的发展战略，使信息化、工业化、城市化、市场化和国际化的进程有机结合，加速实现现代化。

具体来说，浙江通过传统产业信息化改造、信息网络基础设施建设、电子政务建设以及推动软件与系统集成产业发展来建设"数字浙江"。

浙江以信息化带动工业化。在实施"数字浙江"的过程中，全省紧紧围绕调整产业结构和转变经济发展方式，重点推进信息技术在机械、化工、医药、轻工、纺织、服装、丝绸等重点行业，以及高能耗、高污染行业节能、节材、节水、减排等方面的普及应用。传统产业的信息化改造提高了行业的技术层次，加快了升级换代进程。制造业的信息化一方面提高了产品附加值，另一方面也使得采购、库存、生产、财务等业务环节紧密衔接，数据信息及时共享，很大程度上避免了盲目采购、库存成本增加、生产过剩等问题。

信息化作为一个虚拟高速公路，也离不开网络基础建设这一重要环节，浙江省紧紧围绕建设"经济强省"和"数字浙江"的要求，加强全省信息化基础设施建设，优化网络布局，提高网络覆盖率和可靠性，为政府、企业、社区、农村的信息化提供有力的网络支撑和应用服务。到 2008 年 8 月底，浙江 32895 个行政村中已有 31605 个用上了电信宽带，宽带村通率达到 96.08%。

浙江省的政府信息化也从办公自动化、政务公开、信息发布，向政府业务流程的改革和整合方向发展。在 2007 年度全国政府网站绩效评比中，浙江省政府门户网站列全国第 3 名、省区第 1

名，省政府门户网站的信息公开、公众参与功能得到专家高度肯定；6个地级市进入全国前30名，其中杭州、宁波分别列第7和第11名；10个县市进入全国前50名。政府门户网站成为推行政务公开、助推政府职能转变的重要渠道。至2007年底，浙江省政府门户网站已发布各类政务信息近7万条，公开法规、文件万余件，详细公布了省政府直属40余个部门822项行政许可、非行政许可办事项目的办事指南、流程。

通过不断努力，到2007年，"数字浙江"初步取得成效，全省信息应用体系主体框架已经建成，信息技术已广泛深入应用于经济、政治、社会、文化等方方面面。信息化综合水平和信息产业各项指标均走在全国前列，为浙江省经济发展和社会进步作出了重要贡献。据国家统计局发布的《中国信息化水平评价研究报告》，浙江省信息化水平评价指数为60.44，继续位居全国第4，省、区第1。

2013年8月，工信部正式批复浙江省建设全国唯一的"信息化和工业化深度融合国家示范区"。在此背景下，浙江将"两化"深度融合作为促进工业经济转型升级的主要路径。2016年11月，在第三届世界互联网大会召开前夕，国家正式批复浙江成为全国唯一的国家信息经济示范区。

伴随着信息经济深化发展，以云计算、大数据、人工智能、区块链为代表的新一代信息技术不断成熟，推动信息经济进入数字化、智能化发展阶段。2018年浙江省数字经济总量达2.33万亿元，占GDP的比重达41.54%，高出全国平均水平6.74个百分点，总量和增速均居全国第4位。[①]

---

① 陈畴镛.数字经济引领高质量发展[N].光明日报,2019-09-05(07).

信息化和工业化为数据市场的发展提供了广阔的需求。信息化和工业化需要大量的数据支撑，包括企业内部的数据管理、生产过程的监控、市场需求的分析等。信息化和工业化的推进，促使了对数据的收集、整合、分析和应用等环节的需求增加，进一步推动了浙江省数据市场的繁荣。信息化和工业化还为数据市场的技术创新和人才培养提供了良好的环境。

浙江省数据市场异军突起的具体表现主要包括以下两点。第一，企业数量快速增长。在大数据、人工智能、云计算、物联网、区块链等领域，浙江省涌现出了一批有实力的企业，如海康威视、阿里巴巴、华为、浙江格力等。这些企业在相关领域的技术研发和市场拓展方面非常突出，推动了整个数据产业的蓬勃发展。第二，市场规模持续扩大。随着大数据产业的快速发展，浙江省数据市场的规模不断扩大。据统计，2020 年浙江数字经济总量突破 3 万亿元，达 30218 亿元，较上年增长 12％。整个"十三五"期间，浙江数字经济核心产业增加值年均增长 15.2％，2020 年达 7019.9 亿元。[①]

通过政府的扶持和引导，浙江省的数据市场呈现出蓬勃发展的态势，涌现出了一批领先的数据企业和平台。

其中，浙江省政府提出了"互联网＋政务服务""产业＋大数据""金融＋科技"等战略，鼓励各界创新创业，推动数据应用和技术创新。此外，浙江省还出台了一系列扶持政策，如优惠税收、人才引进等，吸引了众多企业和人才加入浙江省的数据产业。

浙江省的数据市场涵盖了广泛的领域，包括大数据、人工智能、云计算、物联网、区块链等，形成了完整的产业链。同时，浙江

---

① 浙江省经济和信息化厅.2020 年浙江数字经济总量突破 3 万亿元[EB/OL].[2024-03-01].https://jxt.zj.gov.cn/art/2021/5/18/art_1229246513_58926598.html.

省的数据市场也吸引了许多跨国企业和知名互联网公司的投资和布局,推动了数据产业的跨地区、跨行业合作和创新发展。

总之,浙江省数据市场的异军突起得益于政府支持、多方合作和企业创新,预计在未来仍将持续发展壮大。

◆◆ **思考题**

1.专业市场与产业集群互为依托、联动发展,推动了生产分工的不断细化和产业结构的调整、升级。试寻找其他相关案例,并探讨专业市场和产业集群相互作用的机制。

2.促进要素和资源优化配置是经济和产业发展的重要命题,试论述浙江省建设要素市场一体化的阻碍及解决策略。

3.党的十八届三中全会提出,让市场在资源配置中起决定性作用。试论述其决定性作用如何体现。

4."十三五"期间,浙江省技术市场的规模持续扩大,全国排名不断攀升,技术合同项数和成交额增速指标领跑长三角。试探讨浙江省壮大技术市场的主要策略。

◆◆ **拓展阅读**

[1] 黄祖辉,王朋.农村土地流转:现状、问题及对策——兼论土地流转对现代农业发展的影响[J].浙江大学学报(人文社会科学版),2008(2):38-47.

[2] 郭斌,刘曼路.民间金融与中小企业发展:对温州的实证分析[J].经济研究,2002(10):40-46.

[3] 金春华,周林怡,徐添城,等.细看专业市场晴雨表[N].浙江日报,2023-03-07(07).

[4] 李涛.为数字经济发展提供制度保障 加快构建数据基础制度体系[N].人民日报,2023-02-02(09).

［5］中华人民共和国中央人民政府.浙江创新体制机制构筑新优势　市场化改革阔步向前［EB/OL］.（2016-08-28）［2024-03-01］.https：//www.gov.cn/xinwen/2016-08/28/content_5102953.htm.

［6］马费成,卢慧质,吴逸姝.数据要素市场的发展及运行［J］.信息资源管理学报,2022,12（5）：4-13.

［7］沈满洪.水权交易与政府创新——以东阳、义乌水权交易案为例［J］.管理世界,2005（6）：45-56.

［8］王蒙燕.我国数据要素统一大市场构建的问题与对策［J］.西南金融,2022,492（7）：80-90.

［9］谢守红.加快推进专业市场转型升级［EB/OL］.（2022-08-02）［2024-03-01］.https：//theory.gmw.cn/2022-08/02/content_35-926587.htm.

［10］朱伟明,周丽洁.互联网＋浙江传统纺织服装专业市场转型升级研究［J］.丝绸,2018,55（4）：49-56.

要树立质量第一的强烈意识,下最大气力抓全面提高质量,用质量优势对冲成本上升劣势。要开展质量提升行动,提高质量标准,加强全面质量管理,促进公平竞争,加强知识产权保护和管理,遏制以降低质量为代价的恶性竞争。要引导企业突出主业、降低成本、提高效率,形成自己独有的比较优势,发扬"工匠精神",加强品牌建设,培育更多"百年老店",增强产品竞争力。

——摘自习近平总书记在 2016 年中央经济工作会议上的讲话①

第四章　市场重心的转变:有形市场向无形市场迁移

◆◆ 本章要点

1. 从有形市场向无形市场转变,是浙江立足发展实际、顺应发展规律而实施的重要战略。探索这一转变的驱动力和实现路径,有助于深入理解浙江专业市场持续发展的理论逻辑、实践逻辑和发展逻辑。

2. 改革开放以来,浙江省充分把握商品经济规律,以有为政府引导有效市场,催生了商品经济的萌芽和发展。随着商品短缺问题的逐步解决,居民财富不断积累,消费者对品质提出了更高的要求,促使政府和企业都开始重视质量问题,推动了浙江专业市场的发展重心从有形市场的"量"向无形市场的"质"转变。

---

① 中共中央文献研究室.习近平关于社会主义经济建设论述摘编[M].北京:中央文献出版社,2017:116-117.

3.浙江省一方面致力于专业市场的质量提升，适时提出与实施了市场品牌化战略；另一方面，推动市场经营管理模式不断创新，实现从摊位模式向商城模式转变，促进购物中心模式兴起，以及建立现代企业制度，并通过资本化运作、管理模式输出等，帮助市场突破场域空间限制，实现跨越式发展。

"八八战略"是习近平同志在浙江工作期间为浙江省擘画的发展蓝图。遵循"八八战略"的重要指引，浙江省充分把握民营经济发展带来的体制机制优势，持续推进专业市场转型升级，加快新型工业化进程。其中关键的一点就是市场从有形市场向无形市场迁移。这一转变是当时浙江省立足发展实际、顺应发展规律、契合发展需要做出的关键性变革，也是对早期浙江专业市场"单纯追求数量、不够重视质量"的粗放式发展模式的纠正，推动浙江专业市场的质量不断提升。与此同时，随着质量提升和市场规模不断扩大、市场边界不断外拓，浙江省进一步提出了市场品牌化战略，通过品牌塑造，充分发挥质量优势，扩大利润增长空间。此外，为适应质量不断提升和品牌建设加快推进对市场主体提出的更高要求，专业市场的经营管理模式也不断推陈出新，实现了摊位模式向商城模式转变、购物中心模式兴起以及建立现代企业制度等，进一步推动了浙江专业市场的跨越式发展。

第一节　从量的扩张向质的提升转变

改革开放以后，浙江省充分把握时代机遇，专业市场蓬勃发展，有效推动了农村的工业化进程，促进浙江经济不断实现跨越式发展。但是，当时的专业市场具有明显的"单纯追求数量、不够重视质量"的粗放式发展特征。20世纪90年代初，专业市场发展的外部环境发生了明显变化。一方面，价格双轨制的结束标志着我国商品短缺问题基本解决，正式由卖方市场转向买方市场。另一方面，随着居民收入的迅速增加和财富的不断积累，人民群众对于良好品质的需求与日俱增。此外，国内生产制造水平经过多年积累，在技术、资金、人才等各方面都拥有了一定基础，整体水平有了显著提升。在上述因素的共同作用下，浙江专业市场的发展重心开始从有形市场的"量"向无形市场的"质"转变。

一、浙江市场的质量之殇

党的十一届三中全会以后，国家的工作重心转移到经济建设上，全国各地迅速兴起了办企业、建市场的热潮。20世纪80年代初，以家庭作坊和中小企业为主的民营经济发展起步了，迅速推动了浙江的农村工业化进程，促使农业经济开始向工业经济转型。到了20世纪90年代，随着商品经济愈发活跃，浙江专业市场的发展迎来了黄金时期。

"八五"期间，浙江省对市场建设的支持力度达到了空前的程度。新建、扩建和改建市场面积约1398万平方米，累计投入市场建设的资金高达68.1亿元，快速推动了浙江专业市场规模的扩大。从1993年开始，浙江专业市场的年成交额连续多年位居全国第一。1993年，在原国家工商行政管理总局（现国家市场监督管理总局）公布的全国百强市场名单中，浙江省更是直接以近四分之一（24席）的成绩遥遥领先，"市场大省"的名号由此奠定。到了1998年，浙江专业市场的数量进一步扩大至4619个，年成交额达到

3209.6亿元。[①] 由此可见,浙江专业市场为浙江区域经济增长作出了突出贡献,成为浙江经济社会发展的重要引擎。

但是,在专业市场急剧扩张的同时,也出现了一系列诸如产品质量、工程质量和服务质量落后,重点行业[②]质量水平不高,区域性制售假冒伪劣产品以及市场质量管理混乱等问题。在兴办市场热潮的缝隙中,售假、打价格战、同质化严重等问题也常见报道,浙江专业市场一度陷入质量危机。

1996年,仅杭州的150来个专业市场中,食品市场有四五个,经营儿童服装、玩具的有六七个,经营装潢、建材的超过十个,服装市场更多,光四季青一条街就有七八个之多。1999年8月7日,《浙江日报》对原浙江省工商局暗访杭城小商品市场进行了报道。在这次对杭州七大小商品市场上千个摊位的暗访中,约有15%的摊位存在着售假问题。

追根究底,浙江市场的质量之殇是在商品经济起步阶段,消费者质量需求普遍不高与生产者质量供给能力不足两方面因素作用下产生的阶段性问题。一方面,20世纪80年代至90年代,我国商品经济正处在起步阶段,长期以来的商品短缺问题导致居民基本消费需求难以得到有效满足,市场处于供不应求状态。因此,为鼓励各地企业迅速扩大生产以解决商品供给问题,质量问题暂时被搁置。另一方面,绝大多数企业当时也正处在初步恢复生产阶段,不管是技术还是资金、人才的积累都远远不足,尚不具备提供较高质量的商品的能力,从而客观上造成了质量问题。另外,当时浙江

---

① 方民生,等.浙江制度变迁与发展轨迹[M].杭州:浙江人民出版社,2000:282-283.
② 重点行业包括机械行业、电子行业、化工行业、医药行业、纺织丝绸行业、轻工食品行业、建材冶金行业等。

经济结构中的产品技术含量低、同行竞争激烈、资源利用效率不高等也是造成专业市场质量问题的重要因素。除此以外，当时浙江专业市场本身也处在探索发展阶段，市场运行、监管体系的不健全也是造成当时质量问题泛滥的重要原因。

浙江专业市场曾经经历的质量危机，不仅是对消费者权益的损害和对消费者安全的威胁，也严重损害了浙江专业市场的声誉和形象，对浙江区域经济发展造成了负面影响。面对如此严峻的质量危机，浙江省开始将质量问题作为一项重要工作，要求各地加强质量管理，重视质量建设，持续推进质量提升。

◆【案例 4-1】

"次品市场"是如何恢复为"正品市场"的？

1985 年，南京一消费者致信《经济日报》，称其所购的高跟鞋穿了一天就掉了跟，仔细一看，原来跟是用糨糊粘起来的，所谓的真皮也是仿牛皮的合成革。一时间，"一日鞋""晨昏鞋""星期鞋"等称呼不断地被发明出来形容那些劣质皮鞋，其矛头直指温州皮鞋。有报社在 1986 年还做了一个统计，在全国十大主要城市中，温州鞋成为消费者投诉最多的皮鞋产品。更有甚者，在 80 年代末期，大量的劣质温州皮鞋销售到了苏联，以至于在苏联出现了大量的"反对温州假货"和"把温州人赶出苏联"的标语。事情到 1987 年夏达到高潮，当时温州皮鞋的主要销售（批发）地杭州，工商部门查获了 5000 余双劣质皮鞋（主要是温州生产的皮鞋），8 月 8 日在市中心的武林广场将之全部烧毁。一时间各大媒体竞相报道，温州顿时陷入了整个市场的愤怒声讨中。1988 年 4 月，南京一"温州皮鞋"专柜被购买劣质皮鞋的消费者一举捣毁。在南京、长沙、哈尔滨、株洲等城市也陆续演绎火烧温州皮鞋的场景。于是,全国各大城市纷纷禁售温州皮鞋。上海、南京、武汉、大连、长春、石家庄等城市的商业流通部门发布文件明令禁销温州皮鞋。在这种氛围下,许多商场门口都纷纷打出"本店不售温州货""温州货免进"等标语,以此表明本店销售货物的质量。

火烧温州皮鞋深刻地影响了消费者对温州皮鞋(实际上是所有温州货)质量的认识,当时的媒体和一般消费者已经习以为常地将皮鞋劣质归结为温州产的原因。以至于在 1990 年 9 月的一则新华社通讯上,报道了当时的一位商业部长在湖北考察时购买的一双皮鞋,第二天就掉了鞋后跟。数日后,在 11 城市商业局长会议上,这位商业部长大为气愤,并责成有关单位严查劣质产品。尽管后来的追查表明此鞋与温州无关,但是当时几乎所有的人在看到这则新闻后的直觉都是,这位部长脚上套着的这双皮鞋肯定是温州产的。

案例来源:叶建亮."次品市场"是如何恢复为"正品市场"的？温州皮鞋业从制假售假到创保品牌的案例研究[J].浙江社会科学,2005(6):19-27.

案例简析 >>>

温州皮鞋由于对质量把关不严,以次充好,引起市场反噬,一度沦为假冒伪劣商品的代名词。究其根本,这是因为在当时全国产品供不应求的背景下,市场缺乏有效监管,小而散的家庭作坊盛行,无法有效保障商品质量。20 世纪 80 年代中期,商品短缺问题逐渐解决,商品品质受到越来越多的关注,各地消费者对于商品质量问题的投诉迅速增加。也就是在这场风波中,温州皮鞋遭受致命打击,不仅被加以"一日鞋""晨昏鞋""星期鞋"等贬称,而且遭到了国内外各大商场的抵制,且愈演愈烈,以至于最后凡是劣质皮鞋都被认为产自温州。1987年武林门的一把大火将这一事件推到了顶峰，但也烧出了温州皮鞋凤凰涅槃的重生机遇。此后，温州皮鞋逐渐走上质量提升、品牌塑造的转型道路。

二、市场质量提升的主要举措

质量是经济发展中的一个战略问题。质量水平的高低综合反映了一个地区的经济、科技、教育和管理水平。浙江专业市场在20世纪80年代至90年代经历了严重的质量危机，早先"单纯追求数量、不够重视质量"的粗放式发展模式，一度严重损害了浙江区域品牌的声誉，造成浙江制造举步维艰，专业市场的发展由此陷入困境。这不仅给浙江专业市场的发展带来了惨痛教训，也成为浙江区域经济发展的巨大阻碍。

20世纪90年代末至21世纪初，随着社会生产力的逐步恢复和发展，商品短缺问题已经基本解决，且生产方面的技术、资金、人才等要素也得到了极大的改善，质量提升工作拥有了一定的基础和保障。据世界银行的统计，以人均国内生产总值计算，1997年中国首次摘掉"低收入国家"帽子，进入"中等收入国家"行列。① 随着居民收入和生活水平的提高，消费结构发生由量向质的根本性转变，人民群众对良好品质的需求不断增长。消费者质量需求的增加和企业质量供给能力的提高，表明质量提升工作已经迫在眉睫，并且具备了实施条件。

在此背景下，浙江专业市场整顿工作启动，促进了浙江专业市场的分化、整合、转型与提升。截至2001年5月18日，全省工商机关出动执法人员10.74万人次，检查各类企业、个体工商户29.04万

---

① 高原.中国首次跻身中等收入国家[J].党史天地,1998(12):46.

个次,大力整顿和规范市场经济秩序。2002 年,浙江开展了为期半年的商品交易市场专项整治行动,彻底整顿了一批危害大、群众反映强烈、问题突出的商品交易市场。同年 11 月,浙江省人民政府下发《关于规范商品交易市场管理的意见》,提出"政府引导、统一规划、多方投资、加强监管"的方针和"以管助办、以管促兴"的思路,推进市场"二次创业"。同时,该文件提出市场举办者"依契约对进场经营者经营行为和所出售商品的质量实施经营管理""保证商品质量的责任",来规范商品交易行为、提高上市商品的质量。

2006 年 7 月,时任浙江省委书记的习近平同志在杭州和省经贸委考察工业经济时提出,"积极实施知识产权和标准化战略"。同年 9 月,在省委政策研究室报送的《加强标准化工作 实施标准化战略的调查与建议》中,习近平同志做出重要批示:"加强标准化工作,实施标准化战略,是一项重要和紧迫的任务,对经济社会发展具有长远的意义。要加强领导,提高认识,积极推进,取得实效。"[1]这一重要批示说明,标准化不是一般性的工作,而是一个重大战略。多年来,浙江省坚持运用系统观念、以标准化引领开展质量提升工作,对专业市场进行全面整治。其中关键的一点就是对产品质量、工程质量、服务质量等严格执行标准化要求。同时,持续开展"打假治劣"活动,重点加大对专业市场、商场等伪劣产品"必经之地"的检查力度,开展联动性的打假专项战役,净化市场环境。此外,进一步加大对"标识不符、以次充好、掺杂使假、短斤少两"等违法行为的查处力度,规范市场行为。

经过多年治理,通过整合提升,浙江专业市场虽然数量减少了,但其质量不断提升,同时发展潜力也得到了进一步释放。2000—

---

[1]　郭占恒.习近平标准化思想与浙江实践[N].浙江日报,2015-09-25(14).

2007年，浙江商品交易市场的数量从4348个下降到4096个，但成交额从4023亿元增加到9325亿元，其中百亿元市场的数目从4个增加到15个。2006—2008年，浙江连续三年召开全省重点市场提升发展会，投入市场改造提升资金87亿元，加快专业市场提升改造工作，以更平稳地推进市场质量提升工作。

◆◆ 【案例4-2】

"三把火"烧红温州皮鞋

1987年8月8日，杭州市下城区工商局在武林广场，一把火将5000余双温州"星期鞋"付之一炬。

第一把火后，声名狼藉的温州鞋痛定思痛，当地政府提出了质量立市、诚信立市的口号，十年卧薪尝胆，软硬双管齐下，经过了一次次艰苦的皮鞋翻身硬仗，在当年跌倒的地方，温州鞋终于又站了起来。1996年，康奈前身——长城皮鞋厂喜夺第一个"中国真皮鞋王"奖，人们欣喜欲狂，100多辆轿车披红挂彩、巡街相庆。在武林广场火烧温州鞋的12年后，奥康集团总裁王振滔，又一次杀回杭州，点燃了第二把火，烧毁了2000多双假冒温州名牌的伪劣皮鞋。如果说第一把火是"耻辱之火"，那么第二把火应该叫作"雪耻之火"。2007年8月8日，也就是武林广场火烧"温州鞋"20周年，温州市康奈等10多家拥有中国驰名商标的制鞋厂，又一次来到杭州，烧起了第三把火——"诚信之火"，向千千万万的消费者发出了诚信宣言。

同是温州鞋，前后为何天壤之别？记者近日专门走进了制鞋第一线。在康奈集团宽敞的厂房，刘昌勇指着现代化的流水线对记者说，依靠先进的机器，他们一年的产量就达900万双，早已不见了原先小作坊的影子。制鞋硬件"脱胎换骨"，软件也不可同日而语，身兼温州鞋革协会理事长的康奈集团董事长郑秀康告诉记者，为让温州鞋可持续发展，他们公司专门成立了网络技术学院，让工人掌握现代化的制鞋和研发技术；地处温州的浙江工贸职业技术学院还开设了全国绝无仅有的皮鞋专业，培养了一批批欲与国际制鞋大牌抗衡的新一代接班人。

历经二十多年烈火锤炼，温州鞋真的越烧越红了。

案例来源：卢春雨，汪起腾，苗丽娜，等."三把火"烧红温州鞋[N].钱江晚报，2008-04-16(07).

案例简析 >>>

1987 年武林门的第一把火烧遍全国，温州皮鞋的名声一落千丈。富有"四千精神"的温州企业家没有被这个巨大的挫折击倒。在这把火之后，温州政府痛定思痛，对过去野蛮生长的问题以及未来的发展道路进行了深入思考，提出了"质量立市、诚信立市"的口号，联合温州企业家共同打造"中国鞋都"的新名片。经过十余年发展，到 20 世纪 90 年代末，温州皮鞋业彻底走出阴霾，连续获得全国性大奖，温州作为中国重要皮鞋生产基地，区域品牌价值不断提升。与此同时，经历过质量和品牌危机的温州皮鞋业也尤为重视品牌声誉，12 年后回归武林广场烧了第二把火，这把火烧的是假冒温州名牌的伪劣皮鞋。从假冒伪劣代名词到火烧假冒温州名牌的伪劣皮鞋，充分说明了温州皮鞋在市场上重新建立起了声誉，并且正在不断筑牢声誉。

三、持续高标准建设质量强省

浙江省的质量建设工作走在全国前列。早在 20 世纪 90 年代末，为了满足人民群众日益增长的对良好品质的需求，同时也为了使浙江省的总体质量水平更好地适应经济和社会发展的需要，浙江省正式将质量提升列入重点工作内容，陆续出台了一系列致力于质量提升的行动计划。

1998年，浙江省人民政府根据国务院颁布的《质量振兴纲要（1996—2010年）》的总体要求和《浙江省国民经济和社会发展"九五"计划和2010年远景目标纲要》的精神，出台了《浙江省质量振兴实施计划（1998—2010年）》，对质量提升工作做出了明确要求，包括：①产品质量、工程质量和服务质量水平跨入全国先进行列；②重点行业质量接近或达到国际、国内先进水平；③区域性制售假冒伪劣产品问题基本解决。

经过"十五""十一五"的质量建设，浙江省的质量工作迈上了新的台阶，为质量强省建设奠定了良好基础。一是质量总体水平稳中有升；二是质量安全保障能力不断增强；三是质量基础建设逐步夯实；四是质量创新能力有所提升；五是质量政策法规体系渐趋完善。然而，浙江省的质量建设水平与加快转型升级、提升生活品质的要求仍然有很大差距，与国际先进水平差距更大。这主要体现在：质量总体水平仍然不高，质量安全事件时有发生，质量标准水平偏低，质量技术保障能力不够强，质量责任落实不到位，基层监管力度严重不足，社会诚信体系不健全，全社会重视质量的意识和环境有待进一步形成，引导和鼓励社会力量参与质量建设的工作体系有待进一步建立。

"十二五"期间，浙江省在前期质量建设成就的基础上，进一步提出了建设质量强省的新目标。2011年3月，浙江省人民政府出台了《浙江省人民政府关于加快建设质量强省的若干意见》，提出要努力实现由产品质量向发展质量、由质量监管向质量建设、由

"制造大省"向"品质强省"转变,通过大力实施知识产权战略、标准化战略和品牌战略,建立健全质量安全保障体系、质量技术支撑体系、质量诚信体系和质量评价体系,突出抓好产品质量、工程质量、服务质量、环境质量等重点领域的质量建设,促使全省质量基础建设明显加强,质量安全状况明显改善,质量创新能力明显提升,全社会质量意识明显增强,总体质量达到国内领先或国际先进水平。同年 12 月,浙江省人民政府发布《浙江省质量强省建设"十二五"规划》,进一步提出通过深入实施"三大战略"(知识产权战略、标准化战略、品牌战略)来加快推进经济转型升级、建立健全"四大体系"(质量安全保障体系、质量技术支撑体系、质量诚信体系、质量评价体系)来切实提升质量保障水平、推进实施"五项工程"(质量基础工程、质量创优工程、质量惠民工程、质量制度创新工程、质量文化工程)来全面加强质量建设。

党的十八大以来,习近平总书记对质量提升作出了大量重要论述,系统、科学地阐述了为什么要开展质量提升、如何开展质量提升、质量提升行动要达到什么目标等重要问题。2017 年 9 月 15日,《中共中央 国务院关于开展质量提升行动的指导意见》正式颁布,这是首个以党中央、国务院名义颁布的关于质量工作的中央文件,显示了以习近平同志为核心的党中央对质量提升的高度重视。

与此同时,质量建设的相关内容也在党的十九大报告和党的二十大报告中连续出现,进一步突显了以习近平同志为核心的党中央对质量工作的重视。党的十九大报告中,第五部分"贯彻新发展理念,建设现代化经济体系"部署"加快建设创新型国家"时,要求"加强应用基础研究,拓展实施国家重大科技项目,突出关键共性技术、前沿引领技术、现代工程技术、颠覆性技术创新,为建设科技强国、质量强国、航天强国、网络强国、交通强国、数字中国、智慧社会提供有力支撑",首次提出建设质量强国。党的二十大报告中,第四部分"加快构建新发展格局,着力推动高质量发展"部署"建设现代化产业体系"时,要求"坚持把发展经济的着力点放在实体经济上,推进新型工业化,加快建设制造强国、质量强国、航天强国、交通强国、网络强国、数字中国",再次提出建设质量强国。此外,2023年,党中央和国务院发布《质量强国建设纲要》,进一步指出"建设质量强国是推动高质量发展、促进我国经济由大向强转变的重要举措,是满足人民美好生活需要的重要途径"。

浙江省深入实施"三强一制造"战略[①],持续开展质量提升行动,质量建设工作也不断取得新成就。据统计,2021年浙江省的农产品质量安全监测合格率已经98%以上,规模以上工业新产品产值率也达到37%,工程质量终身责任制三项制度覆盖率实现100%,服务质量满意度也高达87.13%。此外,到2022年,浙江省已经连续5年以上获得国家质量工作考核A级,稳居全国第一方阵;全省7个设区市和12个县市获批创建全国质量强市示范城市,数量均居全国第一。[②] 这些成绩充分证明浙江省的质量建设工作在过去几十年取得了重大成就。

在党中央质量提升工作相关精神的指导下,浙江省对于"十四五"期间的质量强省、标准强省、品牌强省建设也提出了新目标。一是要推动"浙江制造"迈向全球高端。打造"浙江制造"质量新优势,迭代升级"浙江制造"先进标准体系,全面打响"浙江制造"品

---

① "三强一制造"战略指质量强省、标准强省、品牌强省和"浙江制造"品牌建设。

② 浙江省市场监管局.浙江省质量强省标准强省品牌强省建设"十四五"规划[EB/OL].(2021-09-23)[2024-03-01].https://zjamr.zj.gov.cn/art/2021/9/23/art_12290030-72_59005377.html.

牌。二是要打造"浙江服务"发展高地。扩大"浙江服务"高质量供给，构建高水平服务业标准体系，打响"浙江服务"优质品牌。三是要铸就"浙江工程"卓越品质。推进"浙江工程"高品质建造，强化"浙江工程"高标准引领，提升"浙江工程"品牌价值。浙江省通过以上举措，试图建设生动鲜活的浙江样板，使浙江省成为引领国家高质量发展的先进示范标准，成为具有国际影响力的品牌经济发展高地，成为质量治理现代化的领航者、探路者。

第二节　市场的品牌化战略

浙江专业市场的品牌化转型是在质量水平显著提升和专业市场进一步扩张的背景下做出的重要战略转变。一方面，市场质量提升工作所取得的成效为品牌化转型提供了原动力；另一方面，21世纪以来，线上市场兴起带来的市场规模不断扩大和国际市场开拓带来的市场边界不断外拓，使品牌化转型的盈利空间迅速增加。正是在质量和市场两大要素的推动下，浙江省适时提出与实施市场品牌化战略，以品牌化助推浙江专业市场实现蝶变。

一、"轻小集加"与传统市场的路径依赖

改革开放初期，浙江省基础设施薄弱、国家投资不足，且人均耕地少、资源贫瘠，种种因素限制了浙江培育和引进国企、外企等大规模企业。囿于上述困境，浙江省另辟蹊径，不拘泥于培育和引进国企、外企，也不执着于大规模企业的目标定位，而是以"轻小集加"[①]起步，成功抓住了改革开放带来的重大发展机遇，实现了工业经济

---

① "轻小集加"指轻工业、小商品、集体经济与加工业。

的快速增长。一方面，通过发展轻工业和建设商品交易市场，双管齐下，塑造"小商品、大市场"的经济格局，走出了"一镇一品"的浙江路径；另一方面，鼓励和引导发展家庭作坊、中小企业等私营经济和"三来一补"①加工业，促进企业和产业发展，激发地方经济活力。

经过一段时间的发展，浙江省实现了由农业经济向工业经济的转变，经济规模跻身全国前列，由资源小省变成经济大省。在此过程中，商品交易市场的发展是解决浙江省资源紧缺问题的关键。大规模建设商品交易市场，撮合交易双方，为资源紧缺的浙江省带来了人流、物流、资金流、技术流、数据流等，实现了多种经济要素在浙江省域范围内的汇聚。比如，嘉兴桐乡不生产羊毛，但成了全国最大的羊毛衫市场；宁波余姚不生产塑料，但成了全国最大的塑料市场；嘉兴海宁不生产皮革，但成了全国最大的皮革市场。这些商品交易市场，帮助浙江省"无中生有"，汇聚了大量发展所需要的资源，成就了资源贫瘠浙江的逆势突破，成为全国乃至全球的"经济枢纽港"。

可以说，浙江省走出的"轻小集加"模式的发展道路和大规模建设商品交易市场的发展思路，成了浙江经济和社会发展的重要引擎，两者相得益彰，共同推动了浙江经济的繁荣发展。

进入 21 世纪以后，随着中国加入 WTO 以及互联网技术的快速普及，线上市场和国际市场的开拓在孕育出新的发展机遇的同时，也给走"轻小集加"模式发展道路和依赖传统市场汇聚资源的浙江经济带来了新的挑战。一方面，由于中国人口红利减弱和劳

---

① "三来一补"指的是来料加工、来料装配、来样加工和补偿贸易。利用中国的低成本优势，以"两头在外"（原料在外、市场在外）的业务模式，为国际企业代工，赚取加工费。

动力成本增加,以"轻小集加"模式为主的产业格局逐渐失去发展优势;另一方面,线上市场和国际市场的开拓也挤占了传统市场的生存空间,造成传统市场助力浙江经济发展的作用不断弱化。此外,伴随着整体社会面的质量需求和质量供给能力变化,全社会的质量水平相较于改革开放初期商品紧缺的情况也有了质的飞跃。在质量水平不断提升的同时,潜在市场规模的扩大和市场边界的外拓,也对企业和产业发展提出了新的要求,迫切需要由单纯的质量提升转向品牌化建设。

二、市场品牌化战略的提出与实施

在现代社会中,品牌是企业乃至国家竞争力的重要体现,同时也是企业和产业赢得世界市场的核心力量。随着质量水平的显著提升,加之以线上市场兴起带来的市场规模不断扩大和国际市场开拓带来的市场边界不断外拓,浙江省适时提出与实施市场品牌化战略,推动专业市场的品牌化转型。市场品牌化战略的实施主要分为两个方面:一是当地生产供应商的品牌化,二是吸引国际、国内品牌商的入驻。

一方面,随着我国专业市场的急剧扩张,形成了一个特殊的中国现象,那就是生产比贸易容易。以温州鞋企为例,温州几家头部鞋企的老板都是贸易出身,随后转行生产。这背后的道理是,在市场网络相对稳定的前提下,由销售环节转向生产环节,既能赚取前端利润,也能为市场提供有质量保证的商品。同样,随着义乌小商品市场的商品需求不断增加,当地也兴起了一大批生产制造企业,并涌现了一批著名品牌。其中典型的就是浪莎袜业,依托义乌小商品市场带来的旺盛需求,不断做大做强,树立提供优质产品的企业形象,已经发展为中国最大的袜业企业。

专业市场蓬勃发展带来的旺盛的商品需求，推动当地生产制造企业的不断进入，为市场提供有质量保证的货源。稳定的市场网络也带来了品牌化的需求。可以说，当地生产制造企业的品牌化及其与专业市场日趋紧密的联系是推动市场品牌化战略实施的重要驱动力。

另一方面，专业市场在发展过程中，随着品牌化理念的不断增强，也开始积极采取优惠措施，引进品牌企业，发展总经销、总代理、专营专卖等。不仅如此，专业市场对于市场内的经营商户也采取了诸多措施，鼓励这些商户注册商标、经营自主品牌，使市场成为新品牌的孵化器，进一步提高品牌知名度和信誉度，同时提升市场竞争力和影响力。

◆◆ 【案例 4-3】

嵊州领带集群推动品牌化转型

嵊州市第一家领带企业诞生于 1984 年。就领带企业和产业的发展来说，20 年前的星星之火，今天已成燎原之势。2005 年，全市共有千余家领带企业，年产领带 3 亿多条，在全球领带市场的占有率达到 40% 以上。

嵊州市委、市政府数届领导，坚持不懈地抓企业集群的发展，一直把嵊州市的领带企业整体称为"嵊州领带"。嵊州领带有了自己的整体的名称和名声，而且这个名称和名声超越县城、市界，走向省外以至国外。

对于品牌，嵊州市历来重视。1996 年，嵊州就开展了首届优质领带产品推荐活动，同年公布八大名牌领带。在此之后，嵊州的品牌创建活动中，开始形成自己的特色：企业关注自身品牌，政府部门主要进行经营产业的宏观操控。将嵊州领带作为一个整体,加以关注,并采取相关行动,提升它的品牌形象,这成为历届主要领导和分管领导的主要工作方向。所以,在嵊州领带发展的前二十年中,"集合运作"比较突出,嵊州领带集群一片星光灿烂,这是嵊州的最大特色。

在嵊州集群发展的初期,政府就在考虑:当时的嵊州领带是完全市场化产品,不是垄断产品;是小产品,不是门槛很高的产品;嵊州的资源条件只能从中小企业起步,做成大企业需要各方面长时间积累。在这样的认识下,政府部门带头做足嵊州领带集群品牌这篇文章,那么千百个中小企业至少可以从集群品牌中获得一些收益:

——嵊州领带整体亮相,容易取得有利于上下游产业(企业)的地位。

——嵊州领带整体亮相,在国内外市场上形成知名度,就能取得较高的市场回报。

——嵊州领带整体亮相,就能办成许多个别企业办不成的事情,就能聚集各种政策资源,得到产业政策或商业政策的支持。

——嵊州领带整体亮相,还能在国际产业分工格局中迅速成为一"极",有利于在全球一体化环境下实现产业升级转移。

案例来源:姚向军.嵊州领带集群品牌的实践与思考[N].浙江日报,2006-07-06(12).

案例简析 >>>

品牌建设是构建现代化经济体系、形成新发展格局的内在要求,是实现我国由经济大国向经济强国转变的重要途径,是满足人民日益增长的美好生活需要的根本要求。进入新发展阶段,构建新发展格局，我们必须发挥品牌经济的引领作用，同时激发企业的创造力，加快创新，提高竞争力，让中国品牌真正走上消费的引领位置，树立自主品牌的消费信心，满足人民群众对美好生活的渴望与追求。嵊州领带充分发挥当地优势，推动了品牌发展，提高了国际竞争力，为浙江市场品牌化转型提供了正面的示范案例。

三、持续高水平建设品牌强省

早在 20 世纪 90 年代，浙江省开始实施品牌战略。1992 年浙江省在全国率先启动名牌战略，首次认定省著名商标。1993 年浙江省推出首批浙江名牌产品，通过全面实施质量振兴计划，培育和发展了一大批国内知名品牌、中国驰名商标和国家免检产品。经过十余年的发展，浙江省的品牌战略已经初见成效，企业逐渐告别低价竞争模式，不断提升技术水平，并创立了自主品牌。

进入 21 世纪，尤其是中国加入 WTO 以后，来自国际品牌的竞争日益加剧，浙江品牌发展面临新的格局和挑战。与此同时，浙江经济也进入了新一轮成长期，全面提升品牌影响力和附加值成为增强市场竞争力的重要战略选择。2004 年，浙江省适时提出打造"品牌大省"的战略任务，大力促进企业从无牌、贴牌到有牌，从有牌到名牌，从名牌到打造国际著名品牌的转变，进一步推动品牌发展和提高国际竞争力。2005 年，在全省经济工作会议上，时任浙江省委书记的习近平同志进一步提出了"打造品牌大省"的战略要求。2006 年，省委、省政府下发了《关于推进"品牌大省"建设的若干意见》，并召开品牌大省建设电视电话会议进行全面部署。

在全省的共同努力下，浙江省"品牌大省"建设屡结硕果。

2006 年 9 月 6 日揭晓的中国名牌产品，浙江省共有 89 个产品上榜，其中新增 57 个，上榜总数居全国各省（自治区、直辖市）第一位，这也是浙江省历年来上榜中国名牌产品数量最多的一次。同时，浙江省拥有的中国名牌产品总数累计达到 195 个，居全国第二位。[①] 至此，浙江省的中国名牌形成了以强势龙头企业名牌、行业名牌、区域块状名牌集群"三箭齐发"的全新格局。

党的十八大以来，习近平总书记高度重视品牌建设，多次提出了殷切期许，明确要求"推动中国制造向中国创造转变、中国速度向中国质量转变、中国产品向中国品牌转变"，为品牌强国建设指明了努力方向、提供了根本遵循[②]。

以习近平新时代中国特色社会主义思想为指导，浙江省坚持市场主导与政府推动相结合，坚持"国际一流、国内领先"定位，坚持标准提档、质量提升、品牌增效一体推进，来构建和完善"浙江制造"品牌培育、发展和保护机制，加快形成一批拥有核心竞争力、高附加值和自主知识产权的"浙江制造"品牌，打响"品字标"的品牌金名片，为"两个先行"助推加力。

与此同时，浙江省也出台了一系列举措来加快推动品牌强省和"浙江制造"品牌建设。2014 年，浙江省在全国率先构建以"区域品牌、先进标准、市场认证、国际认同"为核心的公共品牌建设制度体系，积极推动以"品字标"为形象标识的"浙江制造"公共品牌建设，综合发挥标准提档、质量提升、品牌提效的组合效用，使之成为推动省域质量提升的重要引擎，在市场认可度上完成"从盆景到风

---

①　金涛，陈林国.我省大步迈向"品牌大省"[N].浙江日报，2006-09-07(01).

②　邱超奕，韩鑫.为高质量发展贡献品牌力量(中国品牌 中国故事)[N].人民日报，2021-11-30(11).

景"的质变。2018 年,浙江省政府提出要将"品字标"品牌从制造业逐步拓展到农产、服务、建造、生态等领域,建立全省统一的"品字标"区域公共品牌。2019 年,浙江省市场监督管理局联合省农业农村厅制定实施《"品字标"品牌管理与评价规范 第 4 部分:"品字标浙江农产"品牌评价要求》,试点开展"品字标浙江农产"品牌培育。2021 年,浙江省市场监督管理局联合省文化和旅游厅出台《关于开展"品字标浙江服务"品牌建设工作的通知》,以饭店业试点开展"品字标浙江服务"品牌培育。至此,浙江完成了"品字标"公共品牌建设的两次"跨行"之旅,标志着"品字标"成功从制造业延伸至农产和服务等领域,实现了从全国首个制造业公共品牌到首个一、二、三产全覆盖公共品牌的完美升级。

第三节　市场经营管理模式创新

　　浙江专业市场的质量提升与品牌化转型,对专业市场的经营管理模式也提出了更高的要求。为了适应专业市场在质量与品牌两方面的重要转变,市场经营管理模式不断创新。其一,专业市场的软硬件设施得到了极大改善,以更好地满足商家和消费者等不同群体对舒适环境的需求,走出了从摊位模式向商城模式转变的关键一步。其二,抓住互联网浪潮带来的零售业发展机遇,结合网络直播等途径带动了购物中心模式的兴起,打造集直销批零、旅游观光、度假休闲于一体的多功能大型旅游购物中心,促成购物、休闲、娱乐一体化发展。其三,对于专业市场发展过程中出现的资金问题和规模瓶颈,建立现代企业制度,通过资本化运作、管理模式输出等,帮助市场突破场域空间限制,实现跨越式发展。

一、摊位模式向商城模式的转变

党的十一届三中全会后，随着浙江块状经济的迅猛发展和市场管理政策的逐步放松，浙江专业市场快速兴起。在改革开放初期，浙江专业市场大多是马路市场、露天地摊，市场规模小、交易条件差、秩序混乱，而且容易导致治安、环境、交通等问题。

随着市场质量提升和品牌化转型，各级工商行政管理部门为满足市场交易需求，纷纷创办或与其他部门联办商品交易市场，引导经营户进场交易，完成了从摊位模式（传统集市）到商城模式（商品交易市场）的转变。与摊位模式相比，商城模式的优势主要体现在以下几个方面。第一，硬件设施的改善。商城模式按照现代化理念推进改造硬件设施，科学设计经营商位，不断完善仓储、物流、网络等配套服务设施建设，提高市场物业管理水平，改变了市场脏乱差的落后面貌。第二，软件服务提升。建立、完善了专业市场的公共交通、周边餐饮酒店、检验检测、设计展会、金融知产、物流仓储等方面的配套服务，为商家带来了诸多实际便利。

与此同时，随着互联网技术的普及和数字经济的发展，一些市场也积极探索运用商品展示、合同交易、电子商务等现代交易方式，逐步改变过去以现场、现金、现货"三现"为主的传统交易方式，实现商流、物流、资金流的分离。同时，这些专业市场也不断推动数字化转型，通过应用"浙江省市场在线"市场端和"浙里市场"公众端，借助数字化设备和手段，构建起环境卫生、经营秩序、消费投诉等常态化智能监管的数字化治理场景。此外，浙江专业市场也不断探索创新发展新型的市场经营管理模式，以实现市场业态与现代流通业态的融合发展。

2020年，浙江省发布了《浙江省农贸市场和专业市场"五化"改造行动方案》,提出要全方位建设便利化市场、立体式打造智慧化市场、多维度建设人性化市场、多场景创建特色化市场和高标准建设规范化市场,来打造"设施完善、环境舒适、智慧高效、服务满意、质效兼优,并具有较高群众美誉度和国际知名度的品牌市场",对专业市场的发展提出了更高要求。

◆◆◆【案例 4-4】

义乌市场四十周年：市场迭代

从"鸡毛换糖"到"买卖全球",从"划行归市"到云端销售,从一代市场到六代市场,从挣"商铺"的钱到挣服务的钱,义乌人对贸易、对产业链的理解一直在更新。

从"鸡毛换糖"到"买卖全球",从"马路市场"到"世界小商品之都",从建成区面积不到 2 平方千米的小县城到如今建成区超过 109 平方千米的国际化商贸城市。义乌人,把小商品生意越做越大;义乌,越来越繁荣。

义乌并非"生来如此"。早年的义乌,只是浙江中部一个几乎没有工业基础的贫穷农业县。穷则思变,义乌从"马路市场"绘出"兴商建县"的蓝图,走上了发展"快车道"。从 1982 年到 2022 年,40 年间,五代市场变迁,唯一不变的就是变化。

市场迭代从未停止,从廿三里到湖清门再到新马路市场,再到现在的国际商贸城,市场由原来的"小百货市场"升级为"义乌小商品市场""中国小商品城""世界小商品之都"。40 年来,义乌小商品市场经历了 5 次搬迁,10 次扩建。今年夏天,义乌市场首个海外分市场——迪拜义乌中国小商品城正式投入运行。义乌人,把市场办到了外商家门口。

1992年，义乌小商品市场创新"划行归市，分类经营"原则，方便客商采购的同时提升了市场集聚效应，专业化程度越来越高，行业竞争步入良性循环。随后，"划行归市"的做法在全国许多大中市场推广。

如今，640万平方米的国际商贸城分为5个区26个大类，经营着210余万个单品。随着第六代市场来临，市场将会迎来更多新变化、新玩法。

服务于市场，供应链也在不断升级。从拎着大包小包挤火车，到物流体系不断完善，再到海铁联运、"义新欧"中欧班列……物流方式改变的背后，是义乌小商品市场业务版图的不断扩张。从"摆地摊"到"买卖全球"，只有义乌人知道，这当中经历了多少挑战和变革。

1982年—1984年

第一代：湖清门小百货市场；

经营面积：摊位1887个；

经营品类：儿童玩具、小百货、小五金等各色小商品；

辐射区域：辐射温州、宁波、台州等地。

1984年—1986年

第二代：新马路义乌小商品市场；

经营面积：摊位2874个；

经营品类：服装、针织、小百货、小五金、小玩具、小塑料等；

辐射区域：江苏、江西、安徽、山东、河北、广东等外省。

1986年—1992年

第三代：城中路义乌小商品市场；

经营面积：摊位超10000个；

经营品类:聚集了 8 个大类 10 万多种商品;

辐射区域:辐射范围扩大至全国,尤其在东北、西北、华北等地区产生了较大影响。

1992 年—2002 年

第四代:中国小商品城;

经营面积:篁园市场摊位超 14100 个,宾王市场摊位近 9000 个;

经营品类:篁园市场经营箱包、雨伞、化妆品等八大行业,宾王市场聚集了服装、皮革、纺织品等商品;

辐射区域:在乌鲁木齐、常熟等地分别兴办分市场,义乌商品远销海外几十个国家。

2002 年至今

第五代:国际商贸城;

经营面积:7.5 万个摊位;

经营品类:26 个大类、210 万个单品;

辐射区域:布局 166 个海外仓,在德国、卢旺达等国家布局 15 个"带你到中国"贸易服务中心,与全球 230 多个国家和地区有贸易往来。设立迪拜义乌中国小商品城,辐射中东、北非、欧洲等周边地区近 10 亿人口。

2022 年开建

第六代:全球数贸中心;

经营面积:约 130 万平方米;

总投资额:逾 80 亿元;

功能布局:市场、写字楼、商业街区、酒店公寓等四大功能板块。

案例来源:蒋梦桦,杜羽丰,何贤君,等.义乌市场四十周年:市场迭代[N].浙江日报, 2022-11-25(22).

案例简析 >>>

1982 以来，义乌市场四十周年经历了五次升级，正式迈向第六代。40 年间，从湖清门小百货市场到新马路义乌小商品市场，从划行归市到更名为中国小商品城，再到如今的国际商贸城，市场不断迭代。如今的义乌国际商贸城，各种商品一应俱全。从货郎担到路边摊，从划行归市到云端销售，从卖摊位到卖服务，义乌对交易和产业链的理解也一直在迭代。市场更迭到了第六代，人流越来越聚集，贸易方式越来越多样化。在迈向共同富裕的大背景下，义乌更是想方设法融入"双循环"，让市场资本的红利不断辐射全国，乃至全球。

二、购物中心模式的兴起

购物中心模式兴起的重要特征是专业市场零售业务的开展。传统意义上的专业市场主要从事批发业务，然而，面对互联网电商的冲击，以价格优势出圈的专业市场在批发业务上面临着更加严峻的竞争形势。与此同时，随着大众消费结构的变化，零售市场规模日渐庞大。在此背景下，专业市场在经营批发业务的同时，也开始重视零售业务的开展。

不同于专业市场以批发业务为中心追求业绩的最大化；购物中心模式下的零售业务以消费者为中心，强调吸引客户群体的集中，追求流量的最大化。因此，专业市场向购物中心的转型，是遵循流量最大化的原则，引进适应目标群体的餐饮、娱乐、社交、文化等功能、业态，通过创新的业态组合，多维度社交娱乐内容的注入，原创、新奇元素的点缀，来吸引和汇聚人流。

近年来，互联网浪潮下网络直播业务的兴起，也为专业市场开展零售业务带来了新的机遇。借助于网络直播的宣传，专业市场在大众之间的知名度显著提高,吸引了更多散客进场。与此同时,线下市场的商品展销为客户体验产品创造了机会,一方面实现了直接销售,另一方面也带来了市场人气。而且,线上宣传和线下体验与销售的联动发展,也有效推动了集交易、文化、旅游等功能于一体的多功能市场建设,同时也使专业市场成为汇聚商品流、人流、资金流、信息流的中心平台。

除此以外,购物中心模式的另一关键特征是会展经济的发展。会展具有广告宣传、产品销售、信息发布等多种功能,是形成人流、物流、信息流的重要平台。而且,举办大规模、多层次、多种类的会展活动,对提升市场知名度和行业影响力也有巨大作用。不仅如此,会展活动在带来直接的交易总额的同时,也会带动住宿、餐饮、旅游业的发展。

可以说,购物中心模式下,网络直播和会展经济大力推动了专业市场零售业务的发展,在带来人流、物流、商品流、信息流汇聚的同时,也促进专业市场向集直销批零、旅游观光、度假休闲于一体的多功能大型旅游购物中心转型,促成购物、休闲、娱乐一体化发展。

◆◆ 【案例 4-5】

购物也成休闲游　海宁皮革城申报国家 4A 级购物景点

"去海宁购物吧"这句话成了"去海宁观潮吧"之后的又一句流行语。对于海宁这个中国皮都来说,皮革新城的建成和使用,让海宁又增添了一处休闲、游玩的地方。昨天,海宁皮革城正式申报"国家 4A 级购物景点"。

海宁皮革城管委会旅游接待中心的工作人员说,海宁市旅游部门已把皮革城购物作为重点推荐旅游项目,和盐官观潮放在了同等位置,"盐官看潮皮革城购物一日游"经过几年打造已成为一条成熟的旅游线路。目前,皮革城旅游接待中心已与长三角地区近200家旅行社签订了合作协议。除了把皮革城购物组合列入旅游线路外,专线游也开始推行。在上海、绍兴、杭州、宁波等城市,"皮革城购物专线游"已成为新兴的旅游线路。

海宁皮革城之所以想成为海宁一景,是因为购买皮衣已经不是季节性购物,皮衣也不再仅仅是冬衣的概念范畴。今年2月以来,皮革城的游客量有增无减,现在已是春季,但是购物游依然很热。昨天是工作日,但皮革城的停车场里仍停了450辆大巴和数千辆小轿车,顾客人数达到近3万人次。

现在,皮革城旅游接待中心还专门设置了导购员,为大型参观团、访问团和购物团进行全程讲解和导购。昨天,来自常州购物团的杨女士说:"来皮革城购物,一方面是因为新皮革城的购物环境好,更重要的是这里的商品品牌和皮革质量叫人放心。"

案例来源:郭闻.购物也成休闲游 海宁皮革城申报国家4A级购物景点[N].钱江晚报,2006-03-24(11).

案例简析 >>>

海宁皮革城自1994年开业以来,已发展为全国规模最大、影响最广的皮革市场。如今,随着消费升级,海宁反革城也从以量取胜向时尚创意转变,从单一购物向购物、休闲、娱乐一体化转变,发展为集旅游观光、度假休闲、品牌皮革裘皮服装专卖、直销批零于一体的多功能大型旅游购物中心,从而诞生了海宁皮革城"购物游"这一招牌项目。这一转变是由我国消费多元化、高端化的需求所推动的。它更好地满足了大众对于商业与休闲功能整合的需求,同时为市场转型探索了新模式,创造了新的利润空间。

三、建立现代企业制度

浙江专业市场起步早、数量多、种类齐。改革开放初期，浙江就兴办了全国闻名的温州"十大专业市场"、义乌"小商品市场"、绍兴"轻纺市场"等。经过多年发展，浙江省专业市场已经在全国首屈一指，拥有了一大批闻名海内外的大型专业市场，如义乌小商品城、海宁皮革城、绍兴轻纺城、余姚塑料城等。专业市场的繁荣推动了商品化、市场化的进程，也促进了浙江区域经济的快速发展，在活跃商品流动、方便居民生活、扩大城乡就业、推动国民经济发展等方面都发挥出重要作用。

近年来，浙江专业市场也开始转向建立现代企业制度。

一方面，专业市场在发展过程中不可避免地面临着资金约束问题，尤其是在专业市场单个规模不断增大的背景下，这些专业市场的资金需求也会不断增加，从而开始谋求资本化运作。1997年2月，绍兴的轻纺城在上海证券交易所上市（股票代码：600790），成为全国第一家以专业市场为主体的上市公司，被誉为"中国专业批发市场第一股"。2002年5月，义乌小商品城在上海证券交易所上市（股票代码：600415），成为义乌第一家上市公司。专业市场的上市有效缓解了这些专业市场进一步提升、实现跨越式发展过程中的资金问题，使其知名度和影响力也得以进一步提升。

另一方面，国务院提出"管办分离"后，2001年浙江省各级工商系统与所办市场实现了脱钩，商品交易市场的管理机制也日益企业化、规范化。与此同时，专业市场也开始谋求开办分市场、子市场，比如全国各地的小商品城、迪拜义乌中国小商品城等。这些专业市场通过对外输出管理模式，来突破自身面临的场域空间限制，并不断扩大自身在国际、国内的影响力。

现代企业制度的建立，也是浙江市场实现蝶变的重要手段。据统计，2021 年浙江省专业市场的成交总额已经达到了 23271 亿元，首次突破 2.3 万亿元大关，相当于全省生产总值的 31.7％；成交额同比增长 9.6％。此外，专业市场就业人数高达 880 万人，占全省就业人数的 22.6％，其中头部市场金华义乌、绍兴柯桥带动相关产业就业人数分别为 115.36 万人、61.93 万人。这些数据充分表明，浙江专业市场已经成为浙江经济不可分割的重要部分。

◆◆【案例 4-6】

绍兴柯桥轻纺城成功上市

1978 年，改革开放的春风拂遍大地，在绍兴不少地方，商品经济春潮涌动。

当时的绍兴柯桥、华舍等地，已是遍地织机声。一支由农民组成的供销队伍，将当地生产的大量涤丝面料卖到全国各地。

为了方便销售或采购，柯桥出现了一些路边设摊者，并自发形成了一条布街。这也是中国轻纺城的雏形。

1986 年，为了躲避日晒雨淋，人们在布街的基础上，建立了一个棚户式交易市场，但仍无法满足日益旺盛的纺织贸易需求。

1988 年 10 月 1 日，绍兴轻纺市场应运而生，这是当时浙江省最大的室内专业市场。

1992 年，轻纺市场成交额达 16.6 亿元，成为全国规模最大的布匹交易市场，当年 6 月，绍兴轻纺市场正式更名为"中国轻纺城"。

1993 年 5 月，全国第一家以大型市场为依托的股份制企业——中国轻纺城发展股份有限公司宣告成立。1994 年，"中国轻纺城"被国务院列入全国百家现代企业制度试点单位。

1997 年,"轻纺城"股票上市交易。至此,"轻纺城"基本成型。

新世纪以来,互联网之风吹进了轻纺市场。最初,一台台电脑的主要功能是供布商们消磨时间,但不久后,经营户们发现,互联网构筑的"虚拟市场",竟然是一个巨大的贸易蓝海。

现代化、公司化、电子化交易方式的出现,呼唤更多、更新的专业市场,轻纺城开始酝酿一场重大变革。2006 年 4 月,绍兴县委、县政府下发《关于进一步做大做强中国轻纺城的若干意见》,确立了"国际纺织之都、现代商贸之城"的目标定位,轻纺城"二次创业"正式启动。

随着经济进入新常态,轻纺城也面临着严峻的挑战。同质化现象、低成本竞争、创新能力不足,严重阻碍了轻纺城发展,市场迫切需要转型。

越来越多的纺织企业求新求变,在政府的引导下,柯桥刮起创意之风。在创意大厦、科创大厦,一个个创意设计专区成立,成为各类科研机构和创新型人才的创造舞台。2009 年,柯桥设立 2000 万元创意产业发展专项激励资金,打造国际性纺织创意中心。

案例来源:许程丽.轻纺城:一块布上的交响曲[N].绍兴日报,2018-05-06(02).

案例简析 〉〉〉

绍兴柯桥轻纺城是全国第一家以专业市场为主体的上市公司,被誉为"中国专业批发市场第一股"。绍兴柯桥轻纺城的上市为我国专业市场与资本市场的融合发展提供了全新的路径。专业市场的资本化运作,不仅是专业市场与资本市场的合作,也是实体经济与金融机构的深度融合。这种合作模式,一方面,为专业市场的再发展提供了充足资金;另一方面,也能更好发挥专业市场对当地经济和社会发展的带动作用,促进地方经济的升级。

◆◆ **思考题**

1.从有形市场向无形市场转变,是浙江省从市场大省迈向市场强省的关键环节。试论述上述转变的动力机制和实现路径,并进一步阐述其对于将浙江省打造成新时代全面展示中国特色社会主义制度优越性的重要窗口和高质量发展建设共同富裕示范区的借鉴意义。

2.试论述浙江市场质量之殇的形成原因,并从政府、企业、消费者等角度来说明浙江省关于市场质量提升的现实背景和主要举措。

3.品牌化是塑造无形市场竞争力的关键环节,同时也是质量提升工作进一步推进的重要保障。试论述浙江省市场品牌化建设的内在驱动力及其关键举措。

4.试论述浙江省市场经营管理模式的创新主要体现在哪些方面,并进一步论述其实现路径和未来发展趋势。

◆◆ **拓展阅读**

[1] 白小虎.浙江专业市场:理论、实践与研究展望[J].中共浙江省委党校学报,2008(6):112-117.

[2] 钱滔.浙江专业市场研究的回顾与展望[J].浙江社会科学,2008(2):30-36.

[3] 王先庆.浙江重点专业市场发展的特点及经验启示[J].当代经济,2014(17):84-86.

[4] 王祖强.转型与提升:浙江专业市场发展新动向[J].现代商业,2008(24):13-16.

[5] 许珂.浙江专业市场发展规律研究及转型战略思考[J].经济研究导刊,2014(22):69-72.

[6] 叶建亮."次品市场"是如何恢复为"正品市场"的?[J].浙江社会科学,2005(6):19-27.

[7] 应雄,吴志鹏,李涛,张少博.关于浙江市场转型升级的几点建议[J].浙江经济,2012(21):16-17.

[8] 张仁寿.对专业市场的若干思考[J].浙江社会科学,1996(5):17-19.

[9] 郑勇军,袁亚春,林承亮,等.解读"市场大省"——浙江专业市场现象研究[M].杭州:浙江大学出版社,2002.

[10] 中共浙江省委党史研究室.浙江专业市场发展回眸[M].北京:中共党史出版社,2011.

[11] 中共中央文献研究室.习近平关于社会主义经济建设论述摘编[M].北京:中央文献出版社,2017.

近年来,互联网、大数据、云计算、人工智能、区块链等技术加速创新,日益融入经济社会发展各领域全过程,各国竞相制定数字经济发展战略、出台鼓励政策,数字经济发展速度之快、辐射范围之广、影响程度之深前所未有,正在成为重组全球要素资源、重塑全球经济结构、改变全球竞争格局的关键力量。

——摘自习近平总书记在十九届中央政治局第三十四次集体学习时的讲话①

第五章 市场形式的嬗变:线下市场向线上市场迭代

◆◆ **本章要点**

1. 互联网与数字经济兴起给市场交易带来了巨大的影响。浙江省抢抓变革机遇,积极拥抱互联网技术和数字技术,推动市场数字化转型,大力发展线上市场。线上市场的出现,为消费者提供了更为方便、快捷和安全的购物体验,促进了商业模式的转型和创新。浙江围绕"数字浙江"建设,出台了一系列相关的政策扶持措施,加快数字化转型,加速了线下市场交易向线上市场交易的迭代升级。

2. 数字经济所带来的市场交易形式由传统线下市场交易转向线上市场交易。在这个过程中,浙江省抓住线上市场演变的路径,推动交易形式逐渐向线上市场交易演变。得益于数字经济所建设

---

① 习近平.不断做强做优做大我国数字经济[J].求是,2022(2):4-8.

与提供的平台,浙江省通过整合丰富的数字资源,实现平台信息的集聚与扩散,提高交易的便利化水平。同时,积极推动产业平台之间数字资源与信息的整合,促进数据赋能于传统经济与生产模式,从而实现线上市场的演变。

3.在大力发展线上市场的同时,积极促进传统线下市场交易的数字化转型,不断推动线下市场与线上市场的融合。在充分发挥线上市场优势的同时,发挥线下市场的独特价值,实现线下市场与线上市场的优势互补。浙江省通过政策引导加快线上线下融合一体等新零售发展,推动传统线下业态数字化改造和转型升级,从而实现线下市场交易效率的提升。

自改革开放以来,浙江省商品交易市场迅速发展,成为市场交易大省。为实现市场交易的持续健康发展,浙江省多次出台政策以加强对交易市场的规范与指导。在互联网与数字经济这一时代背景的冲击之下,浙江省随时代潮流而改变市场交易模式并成功实现市场交易转型是必然的。2003 年,时任浙江省委书记的习近平同志提出了"数字浙江"这一建设内容,重视并强调"以信息化带动工业化,以工业化促进信息化",并且将"数字浙江"的建设作为"八八战略"的重要内容部署推进。随后,浙江省立足于这一前瞻性的建设目标,出台了一系列数字经济相关政策,如《数字浙江建设规划纲要(2003—2007 年)》等文件,抓住数字经济发展的时代机遇,推动浙江省的数字化进程。

随着互联网的普及和数字技术的进步,市场形势正在经历一次重大的嬗变,线下市场向线上市场的迭代升级是数字经济时代的必然趋势。从传统的线下实体店交易到电子商务交易平台,再到近几年新兴的直播电商,市场交易的模式正在不断演变和更新,这种市场交易的变化使得传统的线下市场交易面临着线上市场的竞争压力。在这样的时代发展背景之下,浙江省积极探索如何在数字化的浪潮中实现市场交易的转型升级,以适应新的市场形势。浙江省抓住数字经济发展机遇,大力推进线上交易市场的建设,尤其在疫情防控时期,通过线上市场吸引消费,稳定经济增长。在支持开展线上市场交易的同时,浙江省重视线下场景的消费,促进线上市场与线下市场的持续融合,从而推动市场交易的数字化转型进程。

第一节　互联网和数字经济兴起对市场交易的影响

2003 年,时任浙江省委书记的习近平同志强调要坚持“以信息化带动工业化,以工业化促进信息化”,加快建设“数字浙江”,制定并实施了“八八战略”以推动“数字浙江”的建设进程。二十年来,浙江省在推动“数字浙江”发展上做出了巨大的努力。通过以互联网等数字技术为代表的新一轮科技革命,浙江省抓住时代发展机遇,推动数字经济迅速发展。而数字经济作为一种新型经济形态,其兴起对市场交易带来的影响将会是颠覆性的,不仅能够使交易便捷化而拓展市场规模,而且也会使市场交易形式发生巨大改变。

一、交易便捷化与市场拓展

近年来,随着互联网技术的不断成熟,数字经济的不断发展,市场交易方式产生了一定的变化,直观地说,互联网与数字经济的发展推动市场交易的迅速便捷化,而这一便捷化直接带来的是交易市场的极大拓展。

降低交易成本。基于互联网和数字经济的时代背景,从经济效益的市场交易角度进行分析,一个完整的线上交易环节主要包括消费者选择商品、消费者下单确认信息并支付、商家对其进行回应、商家对消费者所需的商品进行配送、消费者对收到的商品进行验货等。在这个交易之中,基本上所有的环节都在互联网上进行,与传统的交易过程相比,减少了交易的中间环节,缩短了交易的整体时间,降低了交易的总体成本。因此,互联网和数字经济的兴起给市场交易便捷化所带来的影响主要在于其降低了市场交易成本。交易成本的降低将会直接带来更低的价格,使得厂商采取更具差异化的策略,降低产品的同质性,而消费者可以消费到更多的产品种类,选择范围扩大。交易成本降低也会使高质量产品在市场交易中脱颖而出,从而获得更高的市场份额。信息与信息产品在互联网上传输的成本几乎为零,却提高了消费者与销售商家之间沟通交流的效率。销售商家可以低成本地追踪消费者在互联网上的每一次活动,以更加准确地了解消费者的需求,从而进行定制化生产、精准营销,提高供需匹配精准度,大大提升了消费者的需求并提高了整体的社会福利,例如近几年非常风靡的 DIY 商品。作为淘宝网的诞生地,互联网技术极大地推动了浙江省在线交易平台的创建,同时通过物流配送商品,推动浙江省交易市场范围的迅速拓展。因此,从交易效率上看,相较于传统的购物方式,互联网所推动的市场交易更加便捷。

创新交易模式。20 世纪 80 年代以来,在互联网技术的支撑下,网上交易商务活动开展。此时电子商务等早期数字经济背景下的新型交易形式应运而生。互联网所支撑的交易是信息技术和商业运行结合而产生的一种新型的交易过程，也是数字经济时代发展下的一种新型的交易方式。这实际上是在数字技术发展的背景条件下，在建立一种新型生产关系过程中所必然形成的一种经济运行模式，是利用先进的电子技术在网络环境下进行的商务活动的总称，它通过网络这一信息处理和分析工具，将买卖双方的商品信息、销售信息、服务信息等信息进行汇总，通过一种逐渐完善的交易标准来促使买卖双方实现交易。因此，互联网背景下的市场交易行为大多是在网上进行的。现阶段数字经济时代下的市场交易已经愈发成熟。浙江省在发展电子商务上一直都保持积极的支持态度，早在2000年浙江省就十分支持电子商务的发展，2006年浙江省政府出台《浙江省人民政府办公厅关于加快电子商务发展的意见》，以推动浙江省电子商务的发展。不仅如此，在2010年后，浙江省更是加大了对电子商务发展的支持，建立起了覆盖省、市、县的电子商务工作架构，以期在建设数字经济的基础上，通过创新交易模式来推动市场范围的拓展。

扩大交易范围。数字经济时代下，不仅国内跨区域交易效率的提高，国际贸易也发生了极大的变革，跨境电商就是其中一种新型贸易方式。跨境电商是一种通过电子商务平台挑选商品，使用电子支付结算，并采用跨境电商的物流和国际仓储进行配送的国际交易行为。从这一定义中可以看到，跨境电商在提供购买全球商品渠道的同时，还通过所拓展的线上市场，丰富海外市场上的国内商品供给。除了跨境电商，海淘也是在数字经济时代下发展出的另一种海外购物方式。这一购物方式的出现与发展得益于日益便捷的网络购物，不受地点与时间的限制，在线上可以获得大量的商品信息以及打折等活动信息，只需要在海淘相关的网站上挑选商品并下单,就能在网上完成市场交易。浙江省在跨境电商以及海淘等新型海外贸易处于领先,发展和培育了不少自贸试验区、保税区以及海外企业。例如,2000年由国务院批准的杭州出口加工区,在2018年2月获批成为杭州首个综合保税区,2020年成为浙江省第一批进口贸易促进创新示范区。在2022年淘宝网"双十一"活动时,浙江省杭州市综合保税区将电商平台与海关系统相连接,实时获取交易信息,完成货物打包出库,从而极大地提高了交易效率。在交易效率提高的同时,杭州市综合保税区对售后服务也加强了数字化监管,大幅减少了售后所需时间。而诸如跨境电商、海淘等新型购物方式的发展都得益于互联网和数字经济的发展。交易便捷化也带来了市场的极大拓展。同时,针对这一类交易,浙江省内成立了许多专门负责对接海外市场的企业,主要是使国内企业与国际市场联通,以便国内企业在最大限度上对接海外资源。如杭州创普特控股集团通过整合国内外丰富资源,为国内企业提供跨境贸易的服务。因此,互联网和数字经济的发展推动了市场的不断拓展,不仅是国内市场的进一步拓展,也包括海外市场的新拓展。浙江省在支持省内企业拓展海外市场上,一直秉持积极支持的态度。为了进一步支持企业拓展海外市场、推动浙江省对外贸易高质量发展,2022年5月,浙江省出台了《浙江省对外贸易主体培育行动计划(2022—2025)》,重点强调用政策引导企业通过互联网拓展市场,强调了如何推动企业进行海外市场拓展。2022年,首届全球数字贸易博览会在浙江省杭州市举办,在博览会上杭州会展集团推出了"全球数贸通"计划,以浙江省优势产业为主,拓宽企业的海外贸易市场,截至目前已有部分企业抵达海外参展。

二、数字经济对市场交易的根本性改革

数字经济是一种基于数字技术和互联网的新型经济形态,它的出现彻底颠覆了传统的经济模式。数字经济不仅改变了市场中企业针对消费者所推出的经营模式和商业模式,也给市场交易的各方面带来了根本性的改革。

数字经济改变市场交易方式。数字经济的发展对市场交易方式产生了直接的影响,主要体现在数字经济为市场交易带来了新的模式,提高了传统交易方式的效率。概括来说,数字经济发展所带来的对传统市场交易方式的创新体现在几种代表性的交易模式上:首先是电子商务的发展。浙江省是中国电商孕育和发展的重要省份之一,最具代表性的就是阿里巴巴等一系列知名电商企业。通过线上电商平台,消费者可以方便地搜索自己所需要的商品以及服务。其次是对新零售模式的探索。自从新零售这一新型市场交易方式出现,浙江省杭州市就进行了无数探索,如智能购物等新型交易模式,让市场交易更加智能化、便捷化。最后是互联网金融的创新。数字化技术和金融模式的创新,改变了传统金融的市场交易方式,同时便利了传统市场的交易。除了对传统市场交易方式的改革以外,数字经济还带来了许多新兴市场交易方式,如共享经济,使得市场交易个体之间可以共享资源、服务以及商品。

数字经济提高市场交易效率。在数字经济时代背景下,市场交易极大地突破了传统市场交易中效率较低的缺陷,降低了信息不对称所带来的价值损失,从而提高了市场交易效率。浙江省在大力发展数字经济的过程中,将数字经济的时代发展特征融入市场交易的转型,不仅在交易方式上做出了重要改变,而且对市场交

易的数字化流程也进行了细化。浙江省采取了一系列措施，推广电子商务等新型交易方式以及相关的配套服务，如发展物联网技术、推出电子商务税收优惠政策、成立菜鸟网络等物流平台、积极建设信息化平台，以提高市场交易效率。另外，浙江省还推动了线下专业市场的数字化转型，2020年浙江省全面启动了农贸市场和专业市场"五化"改造建设，陆续进行了两批五化市场改造升级。所谓的"五化"，是指市场的便利化、智慧化、人性化、特色化、规范化改造，推动了市场服务的便利化以及提升了管理效率，强化了市场运营建设的规范化。在数字经济时代背景下，"五化"中值得关注的是市场的"智慧化"改造，而"智慧化"实际上就是商品市场的数字化转型，在实现将交易环节电子化的同时，能够对交易全程监控，做到"线上"＋"线下"深度融合。

数字经济影响交易方式的安全性和可靠性。在数字经济时代，互联网给大众生活带来巨大便利的同时，也存在着一定的问题。具体来说，因为部分销售渠道、销售方式等方面的问题，线上市场交易市场可能会成为伪劣产品的集散地。例如部分电商平台虽然能够提供一些价格低廉的产品，但也有一些产品品质不高，仿造甚至假冒其他品牌。由于部分互联网平台的准入门槛不高、约束力度不足，不具备相应的运营许可或资质认证，很难保障服务质量。例如，一些外卖平台对食物、餐具等缺乏专业性的鉴定，且难以实现有效的监控，容易造成食品安全问题。随着数字经济的发展，市场交易中可能面临的新现象、新问题会越来越复杂，因此市场监管改革刻不容缓。党的十八大以来，中央反复强调要进一步发挥政府在市场监管中的作用。习近平总书记在浙江考察时对推进治理体系和治理能力现代化提出要求，浙江省全省上下围绕"治理体系和治理能力要补齐短板"要求[①],在推动市场监管现代化方面结合数字时代特征,做出了相应的转变。2021 年,浙江省启动并实施数字化改革,推动"数字浙江"建设进入新阶段,以推进治理体系和治理能力现代化为重点目标。同年,浙江省发布《浙江省市场监管"十四五"规划》,其中提出浙江市场监管重点是围绕贯彻落实现代政府理念,推进数字赋能,加强区域联动,深化多元共治,夯实基层基础,推动市场监管加快从"事"向"制度""治理""智慧"转变,全面增强市场监管的科学性、精准性、协同性、有效性。[②] 2022 年,浙江省政府召开全国市场监管数字化试验区建设暨强化全省食品安全"两个责任"工作视频部署会,会上提到建设全国市场监管数字化试验区,持续推动市场监管机制、方法和模式变革,加快构建业务集成、系统重塑、整体智治的智慧监管体系,是充分发挥浙江省数字化改革先行优势,为全国市场监管数字化乃至数字政府、数字中国建设先行探索、积累经验的重大举措,也是国务院赋予浙江的重要使命。2023 年 2 月,浙江省市场监管局召开全省工作会议,会上强调"全面推进全国市场监管数字化试验区建设。加强'省地共建、协同推进''一地创新、全省共享',构建公平公正的省域数字化市场监管体系,建成一批整体智治、高效协同的'浙江应用',提供较为完善的理论制度'浙江方案',形成市场监管数字化'浙江模式',并向全国推广。同时,以试验区建设为牵引,健全市场监管改革体系架构,统筹推进十大板块 44 项重大改革任务,打造一批改革最佳实践"。

---

① 钱祎,翁浩浩. 奋力书写"中国之治"的浙江篇章[N].浙江日报,2021-03-20(01).
② 浙江省人民政府.《浙江省市场监管"十四五"规划》政策解读[EB/OL].[2024-03-01]. https://www.zj.gov.cn/art/2021/6/9/art_1229019366_2302080.html.

总之,数字经济对市场交易的根本性改革体现在交易方式、交易效率以及交易方式的安全性和可靠性等方面。这些变革使得市场交易更加方便、高效、安全和可靠,给市场发展和经济增长带来了新的机遇和挑战。

◆◆ 【案例 5-1】

数字经济:浙江经济高质量发展新引擎

十多年来,浙江省坚持不懈地抓数字经济发展,勇当数字经济先行者,获批创建首个国家信息经济示范区,并成为"两化"深度融合国家示范区和全国数字经济发展的先行区。此外,首个中国跨境电子商务综合试验区也花落浙江。2017 年,省委经济工作会议明确提出要实施数字经济"一号工程",打造信息经济升级版,随后,浙江省制定出台浙江省国家数字经济示范省建设方案和数字经济发展五年倍增计划。

而今,浙江省正在加紧深入实施数字经济"一号工程",坚持全省一盘棋总体布局,强化统筹部署、优化工作机制、协同指导推进,数字经济已成为引领经济高质量发展的新引擎。

"数字经济是新时代的一场新经济革命,实施数字经济'一号工程',是新时代深入践行网络强国、数字中国战略思想的浙江行动。"浙江省经济和信息化厅相关负责人表示。

早在 2014 年,浙江省提出将加快发展以互联网为核心的信息经济作为支撑浙江未来发展的八大万亿产业之首和重中之重,先后制定出台《关于加快发展信息经济的指导意见》《浙江省信息经济发展规划(2014—2020 年)》《浙江省国家信息经济示范区建设实施方案》等一系列政策文件。2017 年省委经济工作会议确立实施数字经济"一号工程"后,浙江省提出要努力打造"三区三中心",即全国数字产业化发展引领区、产业数字化转型示范区、数字经济体制机制创新先导区和具有全球影响力的数字科技创新中心、新型贸易中心、新兴金融中心,力争到 2022 年,全省数字经济总量突破 4 万亿元,较 2017 年翻一番,建成国家数字经济示范省。

在省数字经济发展领导小组统领下,浙江省优化"1＋X"领导工作体系,统筹协调重大决策、工作部署和监督检查。紧扣"三区三中心"建设,成立 8 个专项工作组,组织实施多个专项行动,加快推进数字大湾区、城市大脑、移动支付之省等十大标志性引领性项目建设。

案例来源:周静,郑闻红,吴玮晨.数字经济:浙江经济高质量发展新引擎[N].浙江日报,2019-09-06(10).

案例简析 >>>

数字经济是世界发展之潮流,时代发展之机遇,对经济发展起着重要的作用。浙江省作为数字经济大省,在过去的十几年间积极建设"数字浙江",极大地推动了数字经济发展水平的进一步提高。浙江省将数字经济作为"一号工程"建设,是在把握全球数字经济发展趋势的前提下所做出的重大战略选择,顺应了数字经济时代发展潮流。在数字经济时代,数字经济"一号工程"是浙江省深入践行数字中国战略所选择的浙江行动。"一号工程"一方面有利于在原有"互联网＋"建设的先发优势基础上,进一步增强浙江省所的数字经济实力,推动"数字浙江"得到进一步建设;另一方面,数字经济"一号工程"可持续加快浙江省数字经济建设的步伐,推动浙江省发展成为具有示范作用的数字经济强省,发挥引领作用,努力建设国家数字经济示范省。

第二节 线上市场演变的路径

浙江省的数字经济发展迅速，得以支撑市场交易形式的转变，推动线下市场交易向线上市场不断演变。在数字经济时代，线上平台的形成不仅有利于资源和信息在平台上的聚集和扩散，有利于交易进一步便利化，平台之间也会随着互联网和数字经济进行整合，实现平台业务的全方位发展。浙江省全面实施数字化改革，意味着浙江省将持续加快线上市场建设与发展的步伐，推动线上市场的演变。

一、强化市场的信息集散功能

在传统经济背景与经济活动下，线下市场交易的基本特征之一就是市场中各类信息的严重不对称。在数字经济时代，大量的数据、知识、信息被生产、传输、处理和存储，这些信息在不同的平台上汇聚。具体来说，从供给和需求的角度看，信息不对称的情况有很多种。但是较常见的情况是市场上的供给方和需求方信息不对称，导致供需双方之间无法精准匹配到对方。传统线下交易市场可能存在的问题，恰恰是数字经济时代平台的核心价值所在。通过线上平台能够快速地汇集市场中的信息，不论是供给信息还是需求信息，并在此基础上精确地将市场的供给方和需求方进行匹配，这就是互联网与数字经济时代的资源整合。通过资源整合功能，将市场中的供给者和需求者汇集在一个平台上，从而推动各方信息汇聚于平台，减少信息搜集成本。总的来说，数字技术的发展使信息的收集和传播变得更加便捷和快速，市场上的买家和卖家可以通过各种渠道获得大量的市场信息，并且利用这些信息来做出更明智的决策。浙江省作为数字经济发展前沿省份,通过互联网等数字技术,采取了一系列措施推动信息与资源在平台上的整合,如浙江省在 2015 年成立数据管理中心,以促进信息资源的整合与持续开放。

在线上市场刚兴起时,信息集中度逐渐提高,大量买家和卖家会集中在一些知名电商平台上进行交易,例如,浙江省最早创立的黄页网站。当然,在搭建信息集散平台上,最典型的例子就是阿里巴巴。阿里巴巴通过数据与流量搭建起自己的平台,整合了供应方和需求方的诸多交易信息,使供应方和需求方可以在这一平台上交换信息,极大地提高了交易效率。因此,数字经济的基础就在于平台能够在经济活动中发挥一定的资源配置与供需匹配的作用,使平台上的各方都能够实现最低成本的交流、沟通,实现信息在各方之间的高效流动与配置。诸如此类的平台能够通过大量广告、活动推广等方式来吸引用户,从而在平台上完成大量交易活动。

随着线上市场交易的普及,越来越多的商家开始建立自己的电商网站或使用社交媒体平台进行销售。这种分散化的趋势使得信息分布更加广泛,同时也增加了商家的自主权和平台的竞争。例如,杭州市临平区的服装产业原本是该区传统的优势产业,企业数量非常多,但是以中小企业为主,存在着整合资源和信息的困难,订单短缺、生产不匹配等问题,加之疫情的影响,这些服装企业的生存更加艰难。针对这些问题,临平区通过搭建"时尚 E 家"这一信息平台,助力区内服装中小企业的信息和数据整合,推动该区服装产业重塑优势。可见数字化改革通过平台的信息集散,提供了丰富的信息,从而拓宽了传统产业、中小企业的生存空间。平湖市同样进行了内外一体化转型：紧抓产业集群跨境电商试点发展契机，着力推进箱包外贸转型，目前拥有箱包产业跨境电商自主品牌 40 余个，业务涵盖 B2B2C、平台自营等多种形式，涉足亚马逊、速卖通、eBay、虾皮等多个平台；积极拓展"一带一路"市场；精细耕耘内销市场，加速拓展直播、短视频等营销方式，依托省 4A 级电子商务产业基地和平湖抖音电商直播基地，促进产品的销售以及品牌影响力的进一步扩大。

随着区块链等技术的出现，越来越多的在线市场开始实现信息共享和去中心化交易。这种分布式的信息共享模式可以减少平台与用户之间的信任成本，提高交易效率和透明度。由于浙江省企业数量规模大，产业链环节较多，在传统经济发展模式下，各类资源较为分散。在数字经济时代，供应方和需求方在平台上匹配资源，整合后有助于提升线上市场的交易效率。基于此，浙江省在搭建平台以实现信息共享方面，一直在探索和创新。2020 年 6 月，国内首个新型互联网交换中心在杭州成立。互联网交换中心主要是不同网络主体间互相通信的交换地点，相当于信息集散的枢纽。因此，新型互联网交换中心就是一个线上的信息聚集地，是浙江省信息集散、共享与服务的支撑。2021 年 9 月，在世界互联网大会乌镇峰会上，浙江省"一体化数字资源系统"上线，通过该系统，浙江省各地各部门的数字资源得以整合，以往分散的信息碎片在该系统上积聚，形成了浙江省从省到县的一体化公共数据大平台。数字平台所汇聚的数字资源赋能浙江省的全方位发展，为各领域的数字化改革奠定了基础。

综上所述，线上市场的演变路径从信息集散方面体现出了从初期信息集中到信息分散，再到信息共享的趋势。这些演变路径在数字经济发展过程中起到了重要的推动作用,为市场的发展和经济的增长提供了更多的机遇和挑战。

◆◆【案例 5-2】

从 8848 到阿里巴巴

就在整个行业一片"利好"声中,8848,这个国内最早的电子商务品牌坚持了 6 年,即将成为历史。

有消息称,国内通用软件企业——速达软件日前正全力收购 8848 公司,一旦完成,8848 将步入互联网先驱"瀛海威"的后尘,"不同的是,瀛海威倒了,8848 被并了"。

8848 的离开,是否说明这个行业机会不多了呢? 答案显然是否定的。易观国际《互联网研究系列报告——电子商务(2004)》显示,中国电子商务的交易总额在 2004 年达到 4400 亿元,2005 年将激增至 6200 亿元。

而就在 8848 被并之际,新网店纷纷杀到:武汉电信搭建的电子商务平台"华中商网"近期正式投入运营,迈出了电信运营商在此领域的重要一步;以支付解决方案出现的电子商务平台"金银岛"则刚刚上线。"国内电子商务正逐步成熟,其巨大的开放性和包容性使得门槛很低,空间巨大",新进入者大多持这种态度。

2003 年的淘宝还是个"小朋友",一个不起眼的购物平台,远不如当时的易趣名气大,甚至还有人预言淘宝会在 18 个月内夭折。18 个月后,淘宝让预言夭折了,淘宝交易量几乎呈指数增长,这一年也是淘宝数据的童蒙时代,淘宝"依葫芦画瓢",学习当时最大的对手——易趣(当时 eBay、亚马逊都已成立成熟的商业智能部门)并且拥有了第一款严格意义上的数据产品——"淘数据",这是一份经营数据的报表,为各业务公司、部门提供经营报表的检索生成工具。

2009年,阿里数据开始进入产品化时代。"淘数据"从一个内部报表系统跃升为内部数据统称。脱胎于"雅虎统计"的工具"量子恒道",为外部商户提供统计分析工具,用于跟踪自有店铺流量、点击、购买等数据的变化。这一系列变革之后,阿里最高层提出了"数据开放"。2010年初,淘宝推出"数据魔方",第一次向市场开放了全局市场数据,这款付费产品成为大中型商户追捧的数据利器。

2012年7月,阿里巴巴集团的"聚石塔"正式发布,"数据分享平台"战略全面展开。这意味着,整合阿里旗下所有电商模式的"基石"——大数据平台初步成形,阿里巴巴集团正在重新认识电子商务:成为更强壮的数据平台,服务电商。同时,阿里巴巴B2B公司CEO陆兆禧出任集团首席数据官岗位,向CEO马云直接汇报。马云在"聚石塔"发布的时候宣布了阿里集团未来新战略:平台、金融、数据。

案例来源:胡红军.电子商务:竞争中重获生机[N].经济日报,2005-06-19(05).

李倩.十年磨剑[N].浙江日报,2013-07-12(09).

案例简析 >>>

8848作为20世纪90年代最有名的电商公司之一,在当时飞速成长并取得了显著的成绩,一度被外界认为是具有极大发展前景的公司。然而,8848超前的营销模式并不适合当时国内的物流和支付体系,还碰上了互联网发展的寒潮,因此8848在当时的时代背景下无法继续发展壮大,成为电商公司中的历史。不同于8848,阿里巴巴从一众电商公司的竞争中脱颖而出,离不开互联网与电子商务的迅速发展。阿里巴巴通过互联网快速把握当下市场的需求,在自己搭建的平台上整合供应方和需求方的诸多交易信息,从而推动了自身的发展,取得了成功。数字经济时代下,互联网所搭建的平台能够最大限度地汇集各需求方和供给方的信息,实现线上市场交易效率的大幅提升,从而实现了从线下市场到线上市场交易的演变。

二、促进市场交易的便利化

20世纪80年代以来,在互联网技术的支撑下,线上市场交易活动初步形成并持续发展。我国线上市场交易活动的发展时期主要是21世纪初,在这一时期,电子商务等早期数字经济背景下交易的新型表现形式应运而生,互联网所支撑的交易是信息技术和商业运行相结合产生的一种新型的交易过程,也是数字经济时代发展下的一种新型的交易方式。电子商务等线上市场交易主要以互联网等数字技术为手段,为消费者和商家提供了线上市场交易的网络环境,从而推动了线上市场交易的进行。数字经济所带来的交易便利主要体现在以下几点。第一,购物流程的简化。随着电商平台的兴起,购物流程得到了大幅简化,消费者可以通过简单的几步操作完成购物,大大提高了购物的便利性。第二,无缝的支付体验。电商平台的支付方式也越来越多样化和便捷化,用户可以使用支付宝、微信、银联等多种支付方式,也可以选择货到付款等方式。同时,部分电商平台提供分期付款、优惠券、红包等优惠活动,为用户提供更为个性化和优质的购物体验。第三,数据驱动的个性化服务。随着电商平台在数据分析和大数据挖掘技术上的不断创新,越来越多的平台开始提供个性化的推荐、定制化的服务。

2003年,浙江省十届人大第一次会议,首次提出了建设"数字浙江"，重点关注信息化建设工作，全面推进现代化建设的重大决策。随后，浙江省在 2003 年出台了《数字浙江建设规划纲要（2003—2007 年）》，文件中明确指出"电子商务依托专业市场顺势发展，初显区域特色。依托我省市场建设的优势，切入专业特色行业，建立起有形市场和虚拟市场相结合的电子商务发展模式，发展了一批专业化电子商务网站，一批骨干企业也结合自身特点建立了企业电子商务平台和物流配送体系，涌现出一批自传统市场发展而来的各具特色的电子商务应用系统，培育了一批著名的专业服务网站。同时，浙江网上技术市场与网上交易会的成功创办和一批电子商务支持平台的开通，为全省企业开展网上交易提供了保障"。2021 年 9 月，浙江省第十三届人大常委会公布了《浙江省电子商务条例》，其中提到"鼓励社会资本参与电子商务基础设施建设"。这一条例的发布主要是用以规范电子商务各参与方的行为，并且维护线上市场的交易秩序，以促进浙江省电子商务的健康发展，在为线上市场交易的便捷的同时保证线上市场交易的安全。2023 年 2 月，浙江省电子商务工作会议召开，指出要继续推动电子商务的发展，从而推进数字经济带来的市场交易便利化。

不仅如此，浙江省在跨境电子商务等海外线上市场交易方面也发展得十分迅速。2012 年，浙江省的杭州市和宁波市获批全国首批跨境贸易电子商务试点城市。2015 年，国务院批准杭州成为全国首个跨境电子商务综合试验区，此后浙江省内各市陆续获批成为跨境电子商务综合试验区。2021 年的跨境电子商务综合试验区评估中，杭州市、宁波市、义乌市的综合排名位于评估结果的第一档，还被列为全国十大优秀综合试验区。2022 年，随着金华市、舟山市获批设立跨境电子商务综合试验区，浙江在全国范围内率先实现了跨境电子商务综合试验区省域全覆盖,到目前为止,各跨境电子商务综合试验区的成效明显且保持提升状态。2021年,浙江省发布《跨境电子商务高质量发展行动计划》,该文件主要是为了"加快推进我省跨境电子商务供应链智慧化、贸易便利化和服务优质化,把跨境电子商务打造成为我省参与双循环的新动力、开展制度创新的新引擎和稳外贸的重要支柱",其中在主要任务中重点提到了"大力支持跨境电子商务平台发展,打造国际贸易新渠道"。

　　浙江省作为信息化发展的前沿省份,充分发挥了信息技术在市场交易中所起到的作用,最值得一提的便是淘宝网的诞生与发展。淘宝网诞生于浙江杭州,作为国内最早一批网上购物平台之一,淘宝网在创建初年(2003)年的全年成交额便达到 3400 万元,是当时国内较为大型的电子商务网站。此后,淘宝网陆续推出一系列服务,"淘宝旺旺"是网络购物中的实时聊天软件,便于消费者与商家直接交流;支付宝则服务于淘宝交易,便于消费者进行线上购物。随着淘宝网的逐渐成熟,它逐渐成为中国最大的综合卖场,近年来,淘宝网的交易额更是暴涨。以淘宝网为例的网上购物平台,体现了互联网等数字技术的不断成熟,极大地推动了市场交易的便捷化。随着数字经济的进一步发展,现阶段数字经济背景下的市场交易已经愈发成熟。浙江省商务厅数据显示,2022 年 1—12 月,浙江省实现网络零售 27042.1 亿元,同比增长 7.2%;省内居民网络消费 13084.3 亿元,同比增长 6.6%;网络零售顺差13957.8 亿元。①

---

　　① 浙江省商务厅.浙江省 2022 年 1—12 月网络零售统计数据[EB/OL].(2023-02-08)[2024-03-01]. https://zcom.zj.gov.cn/art/2023/2/8/art_1416807_58938808.html.

三、推动交易平台的整合

数字经济的发展带来了经济组织的变革，在当前数字经济背景下，随时代新生的组织系统就是平台。数字经济时代所发展出的平台是一种利用互联网等数字技术的新型组织形式，其最重要的功能在于能够提升市场的资源配置效率，使这一机制能够更好地发挥作用。随着外部环境以及经济条件的变化，平台对资源配置的优化可以推动生产要素不断进行重新配置，以最大限度地提高效率。数字经济推动平台之间进行资源整合，实现资源的效益最大化配置。

业务整合。可以将多个不同业务的平台集成到一个平台上，实现业务的整合和协同，从而提高企业或组织的效率和效益。例如，电商平台可以整合在线支付、物流配送等业务，提高商品销售和服务客户的效率。随着电商平台的崛起，越来越多的商家将自己的商品和服务上架到平台上进行销售。平台作为中介，为消费者提供了更多的选择和便利，同时也为商家提供了更多的曝光和销售机会。平台也在不断完善自己的运营体系，通过精细化的管理、优质的服务，吸引更多的商家和消费者。

渠道整合。可以将多个不同的渠道整合到一个平台上，实现信息的共享和协调，从而提升市场营销的效果。随着平台的壮大，越来越多的企业开始加入平台的生态体系中。平台为商家提供更加全面的支持，帮助商家降低成本，提高效率，增强核心竞争力。这些生态的建设也为消费者提供了更为便捷、优质的服务。随着互联网技术的快速发展，线上市场开始与线下市场进行深度整合。例如，一些电商平台开始与实体店合作，建立线上线下融合的模式，为消费者提供更加丰富的购物体验。同时，一些实体企业也开始进入电商领域，通过与电商平台合作或自建平台，将自己的业务拓展到线上市场。阿里巴巴就是将不同的渠道整合到了一个平台上，实现了信息的交换。阿里巴巴集团经营业务十分广泛，还有一系列与阿里巴巴集团相关联的公司能够为其提供经营上的支撑，包括淘宝网、聚划算、阿里巴巴国际交易市场、阿里巴巴采购批发网（1688）、蚂蚁金服、菜鸟网络等，提供的业务范围包括电子商务服务、金融服务、物流服务、广告服务、跨境贸易服务等。阿里巴巴集团通过整合平台服务，扩大了自身发展规模，提高了市场交易效率。

交易模式整合。可以整合不同的交易模式，提供更多元化的交易方式和服务，满足消费者的不同需求。例如，电商平台可以整合线上和线下的交易方式，提供到店自提和快递配送等多种服务。菜鸟裹裹整合了线上和线下的交易模式，为消费者提供了更加多元化的服务。消费者可以在线上购买商品，也可以通过线下的菜鸟驿站进行自提。同时，菜鸟裹裹还整合了不同的快递公司，实现了多家快递公司的统一配送，提高了配送效率和服务质量。

浙江省在数字平台的搭建以及整合上颁布了许多相关政策文件，2016 年，浙江省为加快以信息化建设为基础的统一公共资源交易平台构建，发布了《浙江省整合建立统一的公共资源交易平台实施方案》，目的是对公共资源的交易进行平台上的整合，在省级和市级层面均提出了具体的整合内容，如省级整合内容包括"整合信息系统""整合专家资源""整合场所资源"，市级整合内容则包括"整合平台层级""整合场所资源""对接信息系统""整合专家资源"。随后，在 2020 年，浙江省就公共资源交易平台的整合，出台了《关于深化公共资源交易平台整合共享的实施方案》，其中再次提到"加快拓展平台覆盖范围""深化电子系统整合""推进交易资源统一共享"等具体措施。2018 年，浙江省杭州市发布了《关于促进产业平台高质量发展的实施意见》，以推进产业平台的高质量发展，具体措施包括如下两点。①明确平台规划。在符合国民经济和社会发展规划、主体功能区规划、土地利用规划、城市总体规划和生态环境保护规划的基础上，结合全市总规和土地利用规划修编，同步编制完成全市产业平台发展总体规划。按照"建设推进一批、整合提升一批、调整退出一批"的原则，总体规划产业平台的空间分布、数量规模、产业定位等。②推动平台协调联动发展。组建产业平台联盟，构筑有利于大中小平台协调联动、技术溢出和产业转移效应发挥的良性闭环生态。

综上所述，平台在经济活动中发挥的作用使其成为数字经济的基础，数字经济平台以数据生产要素为核心，在经济组织和资源配置中具有举足轻重的作用。在未来的经济发展中，在诸多如大数据等新技术的帮助下，数字经济平台将以更好、更快的态势发展，以更好地整合社会资源。平台整合为平台和商家提供了更为全面的服务，也为消费者提供了更加丰富、便捷的购物体验。这些趋势也反映了数字经济在推动平台整合、打造生态圈方面的巨大作用。

◆◆◆【案例 5-3】

千家网站力挺支付宝

正当国内外的电子商务巨头在本土市场的支付领域"大打出手"的时刻，7月7日，电子商务网站阿里巴巴旗下公司支付宝对外正式公开"你敢用，我敢赔"支付联盟计划，并且宣布截至目前超过上千家购物平台已经加盟。支付宝作为国内目前最大的电子商务支付产品，将成为千家网上购物平台和网站的首选支付工具。

众多网站纷纷表示支持支付宝这一国内领先的支付平台。这些网站中既包括百度、江民、金山等，也包括佐丹奴等一批在淘宝开店的传统企业，另外还有其余的很多中小型的个人购物网站如中国特价网等，累计超过一千余家。

支付宝是阿里巴巴针对网上交易而特别推出的安全付款服务，自 2003 年 10 月在淘宝网试水推出以来，迅速成为会员网上交易不可或缺的支付方式，现有会员已突破 200 万。数据显示，截至今年（2005 年）6 月 30 日，第二季度淘宝网成交总量达到 16.5 亿元，和上季度相比增长超过 63%。淘宝网注册用户超过 730 万人，网站拥有商品数超过 800 万件，网站单天最高访问量 PV 达到 9000 万，进一步拉大了淘宝网和其他 C2C 公司的差距。到目前为止，每天产生的支付宝交易超过 2 万笔，但仅仅发生了不到 10 起因使用支付宝而被骗的纠纷，网上欺诈率不到万分之一。而在此次千家网店采用支付宝后，中国的信用环境有望达到甚至超过美国等信用发达国家的网络安全水平（万分之三）。

此前，支付宝已经率先完善支付产业链，即由银行等国家金融机构组成的基础支付层、以支付宝为代表的支付服务提供商以及包括淘宝、阿里巴巴和千家网店的为终端消费者提供支付服务的应用支付层。经过一年时间的拓展，支付宝目前已经和国内四大银行以及招商、广发、福建兴业以及国际信用卡组织 VISA 形成了支付对接。

业内乐观认为，千家网店将为支付宝带来大量的用户群，迅速拉动产业链成熟,进而要求支付宝提高产品和服务,随之拉动整个支付产业的发展。

案例来源:林雨.千家网站力挺支付宝[N].民营经济报,2005-07-08(A06).

案例简析 >>>

淘宝网于 2003 年最初建立的时候,是一个单纯供消费者进行网上购物的商品零售平台,主要的业务就是为消费者提供各类商品的线上交易,为消费者提供便利的购物服务。随着数字经济的不断快速发展,线上市场得以发育并逐渐成熟。在这一发展过程中,淘宝网基于自身原有的品牌影响力,推出支付宝这一平台。起初,支付宝只简单服务于淘宝网的商品交易这一环节,主要是承担淘宝网在交易过程中的支付功能以及解决可能出现的交易信用问题。随着支付宝的逐渐成长,淘宝网整合了更多新的平台,不仅提供商品交易的服务,还延伸出了物流等业务环节。可见,数字经济通过对业务、渠道以及交易模式的整合,推动了平台的出现与壮大,并整合了平台间的资源与数据。

四、发挥数据赋能市场作用

在传统经济的背景下,生产与消费之间存在着一个"错位"的现象,受生产成本和生产效率限制,消费者无法实现对消费的个性化需求。在数字经济时代,通过数据技术和算法,可以对市场需求、竞争情况、用户行为等进行深入分析,从而为企业的市场决策提供数据支持和指导,主要体现在以下几点。第一,用户"画像"。线上市场平台通过大数据分析技术,从用户的消费行为、偏好、地理位置等多个维度收集、整合用户数据,构建用户画像。这些用户画像可以帮助商家更加深入地了解用户需求,为用户提供更加个性化、精准的服务。第二,营销策略。线上市场平台通过大数据分析技术，对用户消费行为进行深入分析，可以帮助商家更好地了解市场需求、用户需求，制定更科学的营销策略。例如，平台可以通过用户画像、用户行为数据等，对产品的市场定位、品牌定位、价格定位等方面进行精细化的分析，为商家提供更加科学的营销决策支持。第三，产品优化。线上市场平台可以通过对用户数据的分析，了解用户需求的变化和趋势，及时调整和优化产品的设计、品质和服务，提高用户体验和满意度，从而提高市场竞争力。例如，平台可以通过分析用户的历史购买记录、浏览记录等信息，推荐与用户需求相匹配的商品和服务，提高用户的购物体验和满意度。平台通过对用户行为、交易记录、社交网络等数据的采集和整合，建立了大量的用户画像和数据模型，为商家提供更为精准的推荐和服务。平台还可以通过数据分析，帮助商家进行市场预测、精准营销等，提高商家的销售效率。除了对原有产品进行优化，线上市场平台还可以通过大数据分析技术，对市场和用户进行深入研究，发现新的商业机会和潜在需求，从而整合数据，以推出新的业务。

党的十八大以来，以习近平同志为核心的党中央牢牢把握数字经济的时代特征，提出努力把我国建设成为网络强国的战略目标，在《中华人民共和国国民经济和社会发展第十四个五年规划和2035年远景目标纲要》中更是明确强调了"推进产业数字化转型""实施'上云用数赋智'行动，推动数据赋能全产业链协同转型"。2020年商务部提出了落实"发展数字经济的重要部署，加快推动商务领域企业数字化转型，促进新旧动能转换、优化资源配置、提升质量效率"的要求。随着浙江省数字经济的不断发展，在数据赋能经济高质量发展这一方面，浙江省出台了相关的政策文件以推动数字赋能经济高质量发展。2014年，浙江省发布了《浙江省人民政府关于加快发展信息经济的指导意见》，提出建立"信息化和工业化深度融合国家示范区"，加快促进"企业信息化水平大幅提升，信息技术在产业结构优化升级中的作用显著增强"。《浙江省数字经济发展"十四五"规划》中对浙江省的数字经济发展提出目标："到2035年，全面进入繁荣成熟的数字经济时代，综合发展水平稳居世界前列。数字产业竞争力全球领先，数字赋能产业发展全面变革，数据要素价值充分释放，全面形成以数字经济为核心的现代化经济体系，高水平建成网络强省和数字浙江，成为全球数字技术创新、产业创新、制度创新、理念创新重要策源地，为基本实现共同富裕和高水平现代化提供强大支撑。"2022年浙江省印发《浙江省推进产业数据价值化改革试点方案》，以促进产业数据赋能高质量发展，基本原则中提到"实施产业数据价值化改革以企业数据为重点，健全数据归集利用机制，构建产业数据资源体系，激活市场主体活力，培育典型场景应用，创新数据核心技术，丰富数据产品和服务供给，打造数据流通交易服务平台，拓展多元数据融合流通方式，推进政企数据融合利用，推进产业数据分类分级保护，创新数据安全保障技术，以此构建产业数据使用和再生循环系统，实现数据价值充分释放，支撑数字经济高质量发展"。

综上所述，线上市场演变的路径在数据赋能方面，体现在平台通过大数据分析技术，对用户行为、市场需求等进行深入分析，为商家提供更加个性化、精准的服务上。这种数据赋能，不仅提高了商家和平台的运营效率，也为用户提供了更加优质、便捷的服务体验。这进一步展示了数字经济在推动线上市场的演变中的重要作用，也为数字经济的发展带来了新的机遇和挑战。

第三节　线上线下市场的融合发展

习近平总书记指出,"促进数字技术和实体经济深度融合,赋能传统产业转型升级,催生新产业新业态新模式,不断做强做优做大我国数字经济"。[①] 这意味着,在数字经济发展的时代背景下,不是要简单地以线上市场交易替代线下市场交易,而是要结合数字经济推动线上市场与线下市场的融合发展,在充分发挥线上市场优势的同时,推动传统交易模式转型,实现数字技术与传统业态的互相补充。

一、线上市场与线下市场的替代与互补

随着数字经济的迅速发展,数字化转型的最显著特征就是通过数字化应用提升市场运营效率。在这一时代发展背景之下,通过互联网等技术而兴起的新型线上市场交易,与传统线下市场交易形成相辅相成的互补关系。很多品牌商家在线上市场和线下市场都有销售,线上销售和线下销售相辅相成。在线上市场,消费者可以浏览更加全面的商品信息,同时也可以享受到更加便捷的购物体验;在线下市场,消费者可以更加直观地感受商品的质量和特点,享受更加真实的购物体验。线上市场和线下市场相互补充,可以为消费者提供更加全面、多样化的购物选择。商家不仅可以利用各种线下市场的推销方式向消费者进一步提升线下实体商店的知名度,也可以通过互联网广告等线上交易的方式向消费者推销商品。

当然,由于线上市场与线下市场本质上存在着区别,两种交易

---

① 王一彪.强化数字引领　推动高质量发展[N].人民日报,2022-11-08(10).

方式之间也有替代关系。线下市场主要是为消费者和商家提供线下实体经营场所,使消费者能够现场对商品进行直接体验以及感受服务等。线上市场主要是通过互联网等技术实现更为广泛的商品销售范围,不需要供应方和需求方聚集在一起进行交易,消费者通过网络即可购买到所需要的商品。随着互联网和移动互联网的发展,线上市场快速崛起,逐渐取代了部分传统的线下市场。由于线上市场有着线下市场无可比拟的长处,如线上市场极大地提高了信息传递、市场交易的效率,线上市场交易相比于线下市场交易逐渐更受青睐。例如,线上电商平台可以为消费者提供更加便捷、优质的购物体验,使消费者无须走出家门即可获得心仪的商品。因此,一些传统的线下市场受到了较大的冲击,如一些传统的实体店、商场等。浙江省在 2013 年就提出"电商换市"这一战略部署,主要是通过电子商务换取市场,推动浙江产品、浙江制造走出去。而这一战略的出发点就在于线下市场具有自身固有的一些局限性,包括固定成本较高、信息集散效率低,交易受到时间、空间的限制等问题,而电子商务这一线上交易方式,能够有效弥补线下市场交易的不足,最重要的是使得商品和信息聚集更加便捷,从而推动交易效率的大幅提高。

正是由于线上市场相较于线下市场有许多优点,许多新型交易形式逐渐转向以线上市场为主。尤其是在疫情防控时期,线下市场的客流量大幅减少的情况下,线上市场的优势更明显。2020年初新冠疫情暴发,浙江省启动"数字生活新服务"一期工程、推进"六个网上",并发布《关于实施数字生活新服务行动的意见》《浙江省数字生活新服务行动重点任务清单(2020 年~2022 年)》、数字生活新服务"十大行动",通过线上市场以保障人民基本服务和消费便利。截至 2022 年底，浙江省已验收认定数字生活新服务先行市 6 个、样板县 35 个、特色镇 165 个。此外，浙江省为推动省内消费、刺激经济、保持稳定增长，还举办了如"浙里来消费·金秋嘉年华""双品网购节""数字生活嘉年华""浙货国潮网上年货节"等多场线上线下系列促消费活动，拉动消费效果显著。东阳市的红木家具就是一个典型的线下市场结合互联网以实现线上销售的例子。在疫情防控期间，该市的红木家具行业线下客流量减少，商户通过使用互联网尝试线上营销，以吸引客户并增加客户流量。其中作为东阳市第一家采取线上新零售模式的中信红木，在线上大量宣传并精准引流目标客服群体，缓解了线下客流量减少的问题，成交额比上一年提高了 25％。除了通过线上市场营销以增加客流量，还有其他新型交易形式。如近几年非常流行的直播带货，浙江省通过积极引导直播电商的规范发展与成长，全面提升了浙江省的直播电商整体水平。在疫情防控期间，浙江省也考虑到线上市场交易的便利之处，于 2021 年启动了"美好生活浙播季"，通过直播带货、网络带货这一线上交易模式，在促进消费的同时拓展市场，以应对疫情所带来的负面影响，保证了经济的平稳增长。浙江省还制定了直播电商行业的标准，开展了网络直播营销违法行为专项治理，对网络直播进行规范与约束。

二、线下市场的独特价值

线下市场较线上市场确实在运营效率上有着一定的差距，加之实体门店还需要考虑房租等成本，而线上市场却极大地提高了交易与运营效率，所以近些年线下市场的竞争优势逐渐削弱，线上市场交易逐渐占据主体地位，线下市场交易所占份额愈发减少。然而，不可否认的是，虽然线上市场有助于效率最大化，但线下市场也仍保有其独特的价值，不论是面对面直接体验、感受商品的性能，还是在较为成熟的供应链这一方面，均有线上市场交易无法比拟的优势。

线下市场通常位于人口密集的地区，如繁华的商圈，优越的地理位置可以吸引更多的消费者前来购物。此外，线下市场也开始为消费者提供更加便捷的交通和停车服务。线下市场可以提供更加真实的商品展示和购物体验，消费者可以亲自接触、试穿、试用商品，感受商品的质量和特点。这些体验感是线上市场无法提供的，也是线下市场的重要卖点。而且线下市场具有较强的社交性，可以让消费者在购物的同时与他人互动、交流，增强消费者的购物体验和归属感。例如，一些购物中心、商场等都会举办各种活动来吸引消费者参与，增强消费者的互动和社交体验。线下市场交易具有现场体验感，因此对消费者有着不可被线上市场替代的吸引力。从获取信息这一角度出发，线上市场确实提供了及时且易得的商品信息，但是从另一角度看，这也使得商品的体验感在极大程度上被削弱。在线下市场进行交易，消费者可以获取商品的直观信息，现场体验商品的使用感，最大限度地体验商家所提供的服务。如疫情防控期间，苏宁易购在杭州市庆春路的旗舰店开业，该店设立了多个品牌的体验区域，为不同消费群体提供了不同消费场景，在与消费者互动的同时，增加了消费者在线下市场沉浸式购物的体验。线下市场也可提供更加个性化的客户服务，例如专业的售后服务、定制服务等。这些服务可以满足消费者的个性化需求，提高消费者的满意度和忠诚度。

综上所述，线下市场具有其独特的价值和优势，与线上市场不同，线下市场与消费者之间具有更加亲密的互动和联系。因此，线下市场并不会完全被线上市场取代，而是要与线上市场相互融合，打造更加完善的、多元化的销售渠道。前两年深受疫情冲击的实体店铺、旅游景区等各类线下消费场景正在加快自身恢复的步伐。2022年，中央经济工作会议提出，"要把恢复和扩大消费摆在优先位置。增强消费能力，改善消费条件，创新消费场景。多渠道增加城乡居民收入，支持住房改善、新能源汽车、养老服务等消费"。浙江省在支持开展线上市场交易的同时，同样重视线下场景消费。2022年，浙江省市场监督管理局召开全省工作会议，不仅提到了打造线上市场新高地，还强调了培育线下市场新集群，说明线下市场仍是浙江省市场建设的关注重点。

三、线上线下市场的融合

随着数字经济规模的日益扩大，线上市场得以进一步渗透到线下市场的各个场景当中，不仅体现在线下市场的交易过程之中，也包括对交易过程中的实时状态以及购买之后的意见、反馈等环节进行追踪，从而提升线下市场的交易与运营效率。数字经济能够有效实现线上市场与线下市场的协同与融合，进而赋予线下市场新的活力，通过互联网等数字技术，进一步提升线下市场的可体验程度、商品即得性以及服务体验感，推动线下市场的效率迅猛提升。许多传统的线下市场也开始进行数字化转型，例如引入智能技术，提高服务效率，增强消费者体验。一些品牌和商家开始采取线上线下联动的策略，例如通过线上活动吸引消费者到实体店消费，或者在实体店内提供线上购物的服务。这种联动可以增加品牌和商家的曝光率，提高销售额。如新零售模式就是一种线上线下一体化的模式，它将线上和线下的资源整合起来，通过数据和技术的支持，实现销售、服务和管理的全面数字化。新零售模式可以为消费者提供更加全面的购物体验，也可以增强品牌的营销效果，提高商家的管理效率。

线上市场与线下市场的融合，能够在极大限度上推动交易效率的提高。以义乌小商品市场为例，改革开放初期，创建于1982年的义乌小商品市场，是我国最早创立的商品交易市场之一，至今已经成为全球最大的小商品市场。在创建初期，消费者在线下市场亲身体验，对商品进行挑选和比价，但这也意味着，在义乌小商品市场购买商品，只能通过线下交易，使用现金购买市场里有库存的商品。随着时代的发展，这样的经营模式出现了诸多问题。因此，义乌小商品市场早在互联网兴起的21世纪初，就已经对多种转型方式如电商销售模式进行了探索和尝试，以迅速适应数字经济时代的发展。义乌小商品市场结合自身线下市场的经营优势以及已有对外贸易的基础，发展新模式新业态，不仅利用线上直播带货等新型销售形式扩大贸易规模和贸易范围，通过数字技术成功建立线上市场，而且通过电子商务、物流配送等方式，改善了传统市场的发展模式，在本土建立分市场与配送基地的同时，还建立了海外分市场，以提高在国际市场的销售效率。义乌小商品市场成功利用数字经济融合了线下市场与线上市场的销售优势，在全球贸易低迷的背景下，其销售额仍然呈现出显著的增长趋势，在新冠疫情时期，逆全球化态势更是明显。而义乌小商品市场的选择是持续推进线上线下市场的深度融合，实现更高效的数字化转型。2020年10月21日，"义乌小商品城Chinagoods.com"平台正式上线，全面开启了数字化转型发展的新征程，这一平台以数据为基础，推动供需双方的迅速对接，提供高效便捷的线上市场贸易服务，对接线下市场与线上市场，将义乌打造成为新型贸易中心。可见,义乌小商品市场以"Chinagoods"这一线上平台,作为连接内外市场、打通国内国际双循环的数字贸易转型平台,依托线下市场,配套仓储物流体系等服务,极大地推动了线上与线下市场的深度融合,从而实现了市场效率不断提高。

浙江省推出了无数政策文件以推动线上市场与线下市场的融合。在 2018 年印发了《浙江省推动批发零售业改造提升行动方案(2018—2022 年)》,方案中表示"以数字化、平台化、品牌化发展为引领,推动批发零售业改造提升",在主要任务中明确提到了以下几点。第一,商品市场转型工程。"推动传统商品交易市场转型提升。推动传统商品交易市场向综合性市场转型。"第二,零售模式创新工程。"利用大数据、云计算、生物识别、人工智能、虚拟现实等核心技术,促进线上与线下、商品和服务、行业跨界深度融合,探索发展零售新业态、新模式"。第三,商贸品牌振兴工程。"鼓励老字号企业创新,推动名品名店名区联动,拓展老字号商品销售渠道。支持知名电子商务平台建立老字号专区,引导老字号企业入驻。"这份方案说明浙江省非常注重数字经济发展背景下传统零售业的数字化转型,通过推动线上线下市场的融合,促使线上市场与线下市场的功能与优势互补。2020 年,浙江省为进一步深化数字浙江建设,推动经济高质量发展,发布了《浙江省数字赋能促进新业态新模式发展行动计划(2020—2022 年)》,其中提到"推动省内头部电子商务平台健全跨境电子商务产业链、供应链,带动商品、技术、服务等发展。推动传统零售和电子商务资源整合,创新线上线下融合发展新模式。鼓励发展工业、直播等电子商务新模式,更好服务个性化、品质化消费需求"。随后,《浙江省数字商贸建设三年行动计划(2020—2022 年)》正式发布,进一步推动全省生活性服务业的数字化转型，其中明确提到，"推进全省零售模式创新工程。推动电子商务和实体商业、生活服务业双向融合，加快发展以供应链管理、品牌建设、线上线下一体等为特征的新零售"，"鼓励电商企业（平台）向线下延伸拓展，加快传统线下业态数字化改造和转型升级，发展个性化定制、柔性化生产，推动线上线下消费高效融合"。2022年提出的"全球数贸通"计划于2023年正式开启。这一计划也是为了在推动传统产业数字化转型升级的同时，鼓励企业在线上线下市场展示自身的商品，深度融合线上与线下市场以促进发展。

总的来说，线上市场和线下市场已经开始相互融合，在数字经济的推动下，这种融合趋势将会越来越明显。线上市场和线下市场将会互为补充，打造多层次、多维度的销售渠道，为消费者提供更加优质便捷、多元化、个性化的服务体验。

◆◆【案例5-4】

四季青：探索"互联网＋"市场批发、零售新模式

四季青服装集团成立于1989年，30年时间缔造了"13亿人口，人均1件衣服来自四季青"的辉煌业绩。目前，集团下辖杭州四季青服装市场、杭州四季青服装大市场、四季青服装电子商务有限公司、杭州四季青网络科技有限公司、东方电子商务园等多个子公司。旗下东方电子商务园在2015年获批"国家电子商务示范基地""中国（杭州）跨境电子商务综合试验区·江干园区"。

以服装产业为核心，四季青服装集团的业务涉及服装纺织、商贸流通、电子商务、商业地产、物流、媒体、金融等众多领域。从创立伊始，杭州四季青服装市场就是无数创业者起步的地方。从批

发买卖衣服，到现如今的直播网红业务，这里可以说是杭州最热闹的地方。在电子商务还风起于青蘋之末的时候，四季青已经敏锐地嗅到了气息，通过近几年来建立信息部、搭建互联网平台、注册淘宝直播"四季青"机构，四季青运营思路顺时调整、顺势转型，带动和影响市场商户主动拥抱互联网，把传统市场优势与互联网平台效应完美嫁接，形成了一个线上线下互动、传统与现代共融的"互联网＋"市场批发、零售新模式。

四季青作为全国最大的一级服装批发市场之一，一直是生意红火，不愁销路。随着电子商务的兴起，特别是处于阿里巴巴总部所在地，杭州的电子商务起步早、影响大，四季青感受更加明显，转变思路也最早。2003年四季青就成立了信息部，对市场商户开展经常性的培训，改变市场商户"四季青生意好，皇帝女儿不愁嫁""批发生意和淘宝零售没关系""只做批发、不做零售"的传统思想，及时帮商户在网上发布服装信息，培育和推动商户积极接触互联网，了解电子商务，拥抱互联网。2008年四季青又与阿里巴巴合作，搭建四季青服装馆，为商户建起网上销售的平台，打开销售新渠道。可以说四季青一直是和互联网发展并肩前行，通过这些年的培育，市场商户已经习惯于互联网模式，有的直接在互联网上开店，有的在手机端开展微信销售，有的成为淘宝店、京东店等网店和微商的供货商，建立了线上线下多渠道的营销新模式。四季青及街区也一改过去凌晨热闹、下午冷清，变为凌晨传统批发、下午电商供货的全天候繁忙的景象。

在当今谋求合作、资源共享、共同发展的新时期，四季青不断与战略合作伙伴互惠互利、相得益彰。2017年以来，四季青相继与MU2合作打造杭州男装原创基地，与广州原创联盟携手提升改造东大楼,与沧州东塑集团强强联合展望最大服装集散基地。最近,又引入广州中大面辅料实力商户,整合服装产业优质资源,打造四季青国际轻纺城,为四季青创新发展注入新的活力和动力。四季青打通了服装产业供应链的各个环节,从货品源头入手,同时也让电商穿行其中,谋求服装产业线上线下共融、持久有生命力的新批发、新零售的模式。

案例来源:四季青服装集团. 四季青:探索"互联网十"市场批发、零售新模式[J]. 杭州,2019(39):40-41.

案例简析 >>>

四季青服装市场是中国较具影响力的服装一级批发与流通市场之一。从1989年最初简单创立的线下综合市场起家,到如今在数字经济的背景下,发展成以服装产业为核心的现代企业集团,四季青服装市场始终跟随时代发展潮流。一方面,四季青服装市场通过互联网和数字技术打开商品销售的全新渠道,即为线下商家建起线上销售平台,扩大了市场的整体交易规模,极大提高了管理效率,最大限度拓展了商品销售的渠道;另一方面,通过线上市场和线下市场的成功融合,四季青服装市场保留了线下市场的独特优势,并且将传统线下市场的优势与线上市场完美结合,形成了一种更加符合时代发展潮流的全新经营模式,从而为消费者提供了更好的购物体验。

◆◆ 思考题

1.数字经济时代背景下,互联网给市场交易所带来的影响是非常具有颠覆性的。试论述浙江省在数字经济发展的背景下,如何利用自身的数字经济发展推动市场交易由传统线下市场交易转向线上市场交易。

2.试论述互联网与数字经济发展推动市场交易根本性改革的具体表现,并阐述浙江省在具体表现下,对推动市场交易根本性改革的主要举措。

3.试论述线上市场交易的演变路径,结合浙江省的具体事例进行分析。论述数字经济时代背景下,浙江省推动线上市场演变的主要举措。

4.试论述线上市场与线下市场的互补和替代的表现主要有哪些方面,结合实例探讨浙江省具体如何推动线上市场与线下市场进一步融合。

◆◆ **拓展阅读**

[1] 陈国权,皇甫鑫.在线协作、数据共享与整体性政府——基于浙江省"最多跑一次改革"的分析[J].国家行政学院学报,2018(3):62-67.

[2] 陈伟军,李杰义.浙江省跨境电子商务的模式创新与发展策略[J].商业经济研究,2015(16):54-56.

[3] 李晓华.数字经济新特征与数字经济新动能的形成机制[J].改革,2019(11):40-51.

[4] 徐锦波.产业集群跨境电商的发展政策研究——以浙江义乌为例[J].商业经济研究,2017(21):73-76.

[5] 叶悦青,王东.数字经济赋能区域商贸流通业发展效率提升的作用机制——基于浙江省的经验[J].商业经济研究,2021(14):18-22.

[6] 尹振东,龚雅娴,石明明.数字化转型与线上线下动态竞争:消费者信息的视角[J].经济研究,2022(9):192-208.

[7] 张欣欣.数字化浪潮下我国零售企业变革趋势及框架[J].商业经济研究,2021(23):109-112.

使市场在资源配置中起决定性作用、更好发挥政府作用,既是一个重大理论命题,又是一个重大实践命题。科学认识这一命题,准确把握其内涵,对全面深化改革、推动社会主义市场经济健康有序发展具有重大意义。在市场作用和政府作用的问题上,要讲辩证法、两点论,"看不见的手"和"看得见的手"都要用好,努力形成市场作用和政府作用有机统一、相互补充、相互协调、相互促进的格局,推动经济社会持续健康发展。

——摘自习近平总书记在十八届中央政治局第十五次集体学习时的讲话①

第六章　政府与市场关系的演变:市场赋能型政府构建

◆ **本章要点**

1."小政府大市场"是对浙江省早期改革与发展模式的高度概括。相对计划经济时期的全能型政府而言,改革开放刚刚起步时大幅度减少政府对经济的参与和管控,不断培育和壮大市场在资源配置中的力量和作用,对汇聚资源,形成体制机制先发优势,无疑具有重大的意义。

2.随着改革开放的不断深入推进,市场规模日益扩大,信息交互日益复杂。市场机制固有的弊端和缺陷开始显露,单纯依靠减

---

① 新华社.正确发挥市场作用和政府作用　推动经济社会持续健康发展[EB/OL].(2014-05-27)[2024-03-01]. https://www.gov.cn/govweb/xinwen/2014-05/27/content_2688228.htm.

少政府干预已难以释放制度优势与持续推动市场发展。为此，必须重新调整政府与市场的边界，优化政府在市场中的功能和定位，创造条件，重构市场体制机制新优势，更好地发挥市场在资源配置中的作用。

3. 社会主义市场经济的建立与完善是一个破立并举的过程。这根本上就是政府与市场关系不断调整优化的过程。既要不断打破计划的固有思维和举措，减少政府干预，充分发挥市场这只"无形之手"的力量，又要充分利用政府这只"有形之手"，通过构建和完善市场经济的制度和规则，促进市场更加健康高效地运行。这就需要不断推动政府治理能力现代化，加快构建市场赋能型政府，实现有效市场与有为政府的有机结合。

从商品市场到要素市场，从有形市场到无形市场，浙江市场的发展转型，根本上是完善体制机制，更好地发挥市场在资源配置中的作用，为经济发展提供更强有力的支撑，最终为不断深化社会主义市场经济体制改革探路。从这个意义上讲，浙江专业市场的发展历程，也是市场经济体制孕育、壮大、完善的过程。在这个过程中，更好地发挥政府的作用、处理好政府与市场的关系，是推动市场经济健康发展的关键所在。更好地发挥政府的作用，赋能市场经济，其中存在两条基本的逻辑线索。一条线索是在计划经济体制向市场经济体制整体转型的过程中，政府从计划经济时期的全能型政府中摆脱出来，为市场孕育和发展"让出"空间和资源，并且抵住各种侵蚀市场成长的力量，为市场发展保驾护航，在计划与市场的"拉锯"中，不断调整政府与市场的边界。另一条线索是围绕市场发展过程中的阶段性问题和市场固有的缺陷与不足，政府积极介入，通过完善制度、规则和强化监督管理，弥补"市场失灵"，使市场发挥更加积极有效的作用。这两条线索串起了改革开放以来浙江市场发展和政府职能转变的整个历程，为有效市场和有为政府的有机结合做了先行且富有成效的探索。

第一节　政府与市场关系演变的理论基础

政府和市场的关系，是现代经济社会运行中最重要的关系，也是我国改革开放推进的主要线索。2006年，时任浙江省委书记的习近平同志在做客央视《中国经济大讲堂》解读浙江经济的时候就指出："一只是政府看得见的手，一只是市场无形的手，完善市场经济体制的改革还是离不开这两只手，关键是处理好两只手之间的关系。"[①]他在浙江工作期间，围绕市场转型升级，推动政府职能转变，提高政府效率，不断厘清政府与市场的边界，优化政府与市场的关系，通过转变政府职能，"政府腾出更多的精力抓服务，市场的这只手壮大了，政府也可以转换出更多的职能，把该管的事情管好，把不该管和管不好的事情交给市场去管"。[②]这也为深化市场经济体制改革，积极探索治理体系和治理能力现代化道路，提供了实践指导。

一、政府与市场关系的基本类型

在经济社会运行中，资源配置方式和主体不同，使经济体制的类型和运行的绩效不同。而不同的资源配置方式和配置主体，决定了政府与市场的关系及其边界。或者说，政府与市场的边界关

---

①②　周咏南，毛传来，方力. 挺立潮头开新天——习近平总书记在浙江的探索与实践·创新篇[N].浙江日报，2017-10-06(01).

系是与特定的资源配置方式和配置主体相互匹配、相互影响的。从理论和历史实践来看，不同政府与市场的边界所塑造的经济类型大体可以分为以下四类。

一是完全自由竞争的市场经济。这是最理想的市场经济形式，也是市场经济早期的形态。之所以说是最理想的市场经济形式，是因为这是经典的经济学教科书所描绘的标准市场模式。在完全自由竞争的市场经济中，买卖双方的数量都足够多，没有单个生产者或者消费者的行为可以影响市场价格，生产者可以自由进入或者退出市场，不存在障碍。每个生产者和消费者都在给定的价格条件下，按照利益最大化进行选择，整个社会实现了福利最大化的一般均衡。在这样的理想市场模式中，市场价格可以有效反映市场供需状况，价值规律充分发挥作用——价格高于价值时，供给增加、需求减少，供过于求，从而价格回落；价格低于价值时，供给减少、需求增加，供不应求，从而价格上升。因此，通过价格机制就可以实现资源的优化配置，并不需要政府介入资源配置的过程。政府的功能就是保护财产权利和维持交易秩序，以及提供公共产品和解决外部性问题。

完全自由竞争的市场经济作为最理想的模式，被奉为圭臬。但事实上，这一理想模式在现实中从来没能真正地实现过。在资本主义形成和发展的早期，政府奉行自由市场经济的原则，大幅度减少政府对经济的干预，发挥市场机制的作用，激发市场主体的积极性和创造性，对资本主义的发展起到了根本性的推动作用。但是这一时期的自由竞争市场仍然存在不可调和的内在矛盾，市场机制调节的滞后性不可避免地导致经济的周期性波动和经济危机的爆发。竞争在促进效率的同时也导致了兼并和集中，从而形成了反市场的力量,降低了资源配置的效率。而基于最小干预原则的"守夜人"政府,是无法从根本上解决这些固有矛盾的。

二是完全政府管控的计划经济。这是与完全自由竞争的市场经济相对应的另一种极端形式。在完全政府管控的计划经济中,政府依照经济计划配置所有的资源和商品,企业的生产和家庭的消费决策都是按照计划指令来执行的。价格只是不同生产和消费单位之间的结算依据,也由政府计划部门制定,并不是由市场的供需关系决定的。从理论上讲,完全自由竞争的市场经济存在社会化大生产与生产资料私人占有之间的基本矛盾,从而会导致经济结构比例的失衡并进而引发周期性经济危机。而计划经济的作用便是避免生产和消费的无序性,使生产和消费的结构维持在相互协调的均衡水平。

完全政府管控的计划经济有效运行的前提是,政府计划部门必须完全掌握生产和消费单位的所有信息,以及将来经济变动的任何信息。如果做不到这一点,那么计划部门制订的经济计划就会无法实现经济生产结构的最优平衡。而且,由于排斥了所有的市场机制,计划体制的制度运行成本将急剧上升。比如,企业作为生产单位,在完全管控的计划下,生产什么?怎么生产?为谁生产?这些基本的问题都不是企业能够自主决策确定的。因此,企业就没有动力优化生产实施、推动创新、降低成本和提高企业效益等。同时,计划部门必须花费巨大的成本收集国民经济各个部门的生产供给与消费需求信息,以及根据发展目标和未来预期制订计划。此外,还必须建立相应的机构和渠道来执行落实经济计划,并对违背计划指令的相关单位采取必要的监督和惩罚措施。这些成本的存在极大地削弱了经济计划的有效性。

从实践上来看,苏联在 20 世纪二三十年代,在推进社会主义建设探索过程中形成的高度集中的计划经济体制(一般称为"斯大林模式")就带有强烈的完全政府管控的计划经济特征。第二次世界大战之后,包括我国在内的社会主义阵营国家也大都模仿"斯大林模式",建立了集中的计划经济体制。排除了市场的集中的计划经济体制在集中调动资源,推动被战争摧毁的经济快速恢复,并在短时间内实现在局部领域的赶超式发展上,展现出了一定的优越性。但是总体而言,这种集中的计划经济模式的实践,造成了体制机制的僵化、结构的失衡和效率的低下。

三是混合经济。理论上说,介于完全自由竞争的市场经济(政府不加干预)和完全政府管控的计划经济(政府完全控制)之间的经济运行体制,都可以统称为混合经济。在混合经济中,既有市场调节,又有政府干预;既有分散的个体决策,也有政府计划指令;价格信息既有按照市场供需自由变动的,也有受政府管控的。总而言之,政府计划与市场调节相互结合,共同影响资源的配置。从混合经济的基础来源来看,又可以区分出脱胎于自由竞争市场经济的混合经济和脱胎于完全政府管控的计划经济的混合经济。前者是在自由竞争市场的基础上,通过加大政府干预和增加计划配置资源的比例,来减少自由竞争市场固有缺陷导致的市场失灵问题。后者则是在计划经济的背景下,引入市场机制,增加经济自由度,激发市场活力,从而提高资源配置效率。

市场自由竞争导致生产的集中和垄断,这实际上瓦解了自由竞争效率的微观基础。再加上信息不完全和信息不对称等问题,也使得价格机制并不能完全有效率地配置资源。1929 年的经济大萧条催生了政府干预主义(即"凯恩斯主义")和 20 世纪 30 年代"市场社会主义"学说的兴起。"凯恩斯主义"认为有效需求不足是经济衰退的主要原因。政府可以通过干预经济、管理需求来保持宏观经济平衡，从而促进经济增长和维持繁荣。而市场社会主义则从微观机制的角度，认为可以通过政府计划来指挥资源配置，实现经济的一般均衡和帕累托最优①。这两大思想给自由竞争市场体制带来了巨大的影响，西方市场经济国家纷纷开始加大政府干预经济的力度，通过财政政策、货币政策和产业政策，引导市场行为，抑制经济剧烈波动，维持经济平衡增长。尽管不同的国家、不同的历史时期，在政府干预的强度和广度上有所区别，但政府和市场的相互结合、缺一不可则成为当代市场经济国家经济治理的共识。

完全政府管控的计划体制的弊端，也引发了相关国家通过引入市场机制改善资源配置效率的变革，由此也产生了混合经济形态。在这一经济形态下，私人部门开始兴起，政府控制的国有部门也逐步获得决策自主权，政府对价格的控制逐步放松，并在资源配置中开始发挥作用。尽管不同国家的进程有所不同，但总体都是伴随计划控制的逐步缩小和市场作用的不断扩大而实现经济的转型。在我国，这一转型尤其具有典型性。改革开放以来，我国逐步改变完全政府管控的计划经济体制。从起初开始承认商品经济、引入市场机制、实行有计划的商品经济，到将市场和计划都作为手段，发挥市场在资源配置中的基础性作用，以社会主义市场经济体制为改革目标，再到优化政府与市场的关系，发挥市场在资源配置

---

① 现代西方经济学认为，完全市场竞争最终会达到一个资源配置的均衡状态，也就是一般均衡。这一资源配置的均衡状态，从效率上说，帕累托最优，也就是不可能在没有人受损的前提下，使其中有些人的福利增加。

中的决定性作用和更好地发挥政府的作用,展示了清晰的政府与市场关系调整的脉络。

二、阶段转变与政府市场关系调整

改革开放是一个从计划经济体制向市场经济体制渐进转型的过程,这个过程总体上表现为政府的"退"与市场的"进",其本质就是传统计划经济体制的不断退场和市场经济体制的不断建立与健全。"小政府大市场"所代表的政府与市场的关系,在不同的阶段,其改革任务、演化动力机制、外在表现形式均有所不同。

(一)改革开放初期政府与市场的关系

在 20 世纪 80 年代的改革开放初期,市场还处在发育成长的初期,计划经济力量在国民经济中仍然占据主导地位,市场是作为计划经济的补充而存在的。中央政策的基本定位是"计划为主,市场为辅"。在这样的背景下,政府与市场的关系主要体现为:一方面,政府通过体制改革,不仅为市场运行保驾护航,还为市场成长提供土壤和空间;另一方面,市场的发育成长所带来的经济发展绩效,也助力政府坚定改革方向。这一时期,与市场相关的主要体制改革包括以下几点。

1.推进城乡流通体制改革,为商品市场发展提供基础

逐步放松流通管控。1979 年,各地开始允许城市郊区社员进城出售自己的产品,允许长途贩运。开始改革日用工业品批发体制,改革供应站点设置和管理,并着手创建贸易中心。1984 年,国家决定在所有城市逐步建立日用工业品贸易中心。①

推动购销体制改革。农产品方面,放宽了农副产品的购销政

---

① 参见《国家体改委关于印发〈城市经济体制改革试点工作座谈会纪要〉的通知》。

策,同时对农副产品的价格进行调整,提高了农副产品收购价格。1984 年,将商业部管理的一、二类农副产品种类由原来的 46 种减少为 12 种。日用工业品方面,1984 年,将商业部管理的计划商品种类由原来的 135 种减少为 26 种。[①] 购销形式方面,1981 年起全面实行了统购统销、计划收购、订购、选购四种购销形式并存的购销体制。

积极推动生产资料流通改革。供应形式多样化,加大了市场调节力度,缩小统配商品的范围。1980—1987 年,国家统配的煤炭占国内煤炭生产量的比重由 57.9% 下降到 47.2%,钢材由 74.3% 下降到 47.1%,木材由 80.9% 下降到 27.6%,水泥由 35.6% 下降到 15.6%。[②]

1986 年,治理整顿了日用工业品的一、二、三级批发,打破了国营批发、企业封闭式经营模式,取消了日用工业品流通领域的指令性计划管理的商品,形成"三多一少"[③]的开放式经营的运行机制。

2.推动产品价格改革,逐步扩大市场机制作用范围

政府采取调整为主、调放结合的方式,逐步改革产品价格,实行计划为主、市场调节为辅的价格机制。

一是根据市场供需状况调整部分产品价格,提高了粮食、油料、棉花等 11 类农产品的收购价格。对部分主要产品实行超购加价,1979 年,对农产品中的粮食和油料的超购部分加价 50%,对棉

---

① 于仁竹,王晓辉,郑浩.我国流通业改革开放 30 年回顾与展望[C].中国商业改革开放 30 年回顾与展望,2008:45-73.

② 张晓明,宋耀华.生产资料流通体制改革的矛盾和方向[J].经济研究,1987(10):24-27.

③ 即 1985 年国家提出的"多种经济成分、多条流通渠道、多种经营方式、少环节"的流通改革指导原则。

花超购部分加价 30%。同时，调整了地区差价、批零差价、进销差价、季节差价、质量差价等差价体系。[①]

二是部分生产物资类产品实行浮动定价，1980 年增加浮动定价产品的种类。1985 年 1 月 1 日，实行了双轨价格并行的制度。1985 年 4 月 1 日，粮食和棉花取消统购制度，改为合同定购制度。[②]

三是扩大市场调节的商品种类和范围。1984 年，小商品价格全部放开。[③] 到 1992 年，商业部计划管理的商品由原来的 47 类 737 种减少为 893 种。[④] 分配物资的政府管理部门转为物资经营企业，并出现了经销、代销、联销、经济协作等多种经营形式。

3. 转变商业管理体制，增强流通主体市场活力

一方面国营商业企业进行了调整和改革。一是 1979—1981 年试行经营责任制。1984 年底，物资流通企业实行上缴利润包干、亏损包干、"三保一挂""目标利润包干"等形式的责任制。二是试行经营承包责任制。1987 年底，全国实行各类承包经营的国有大中型商业企业达到 13324 个，占总数的 61.2%。三是商业企业进行股份制改革试点。主要采用职工内部持股和定向法人持股的方式。1990 年上海证券交易所和深圳证券交易所成立，标志着股票交易市场的出现，为股份制企业在中国的发展提供了基本的市场保障。

另一方面，鼓励发展非国有商业经济。一是鼓励扶持集体、个

---

① 吴健征,武力.体制重塑与多方互动:以统购统销制度解体为中心的考察[J].江西社会科学,2017(10):175-182.
② 张卓元.中国价格改革三十年:成效、历程与展望[J].经济纵横,2008(12):3-10.
③ 参见《关于全部放开小商品价格的通知》(价格字〔1984〕360 号)。
④ 同②。

人等多种所有制商业的发展。1984 年,社会共有商业、饮食服务业零售网点 915 万个。二是调整国营商业所有制,将部分国营小型商业、饮食和服务企业,转为集体或个体所有。三是小型商业企业实行"改、转、租、卖"。1984 年试行小型商业企业"改、转、租、卖",改为"国家所有、集体经营"的小型商业企业达到 46589 个。到1989 年,小型企业实行"改、转、租、卖"的已超过 90%。四是供销社管理方式的变化,由"官办"变"民办",基层供销社向民营化转变。

(二)市场经济体制建设时期政府与市场的关系

1992 年,邓小平南方谈话的发表和党的十四大召开,确立了全面建设社会主义市场经济体制的改革目标,标志着市场发展进入了新的阶段。这一阶段围绕市场经济体制的建设,尤其是构建市场在资源配置中发挥基础性作用的体制机制,政府和市场的关系也相应发生了调整。

首先,政府的首要任务是建设市场经济的法律体系。市场经济是法治经济,市场法律法规的确立是市场运行的基础。前一阶段,市场的发展主要靠政府政策特许下的自发性成长。但当市场经济体制改革目标确定之后,自发的市场成长显然是远远无法满足经济发展需求的。在此背景下,政府需要发挥制度建设者的角色,积极推动市场法律制度的建设。此阶段政府修改完善了《中华人民共和国专利法》《中华人民共和国商标法》《中华人民共和国著作权法》等市场权利法律,制定了《中华人民共和国反不正当竞争法》《中华人民共和国消费者权益保护法》《中华人民共和国合同法》《中华人民共和国广告法》《中华人民共和国产品质量法》《中华人民共和国反垄断法》等一系列市场行为法律制度,基本形成了与市场经济相关的法律体系,为市场运行提供了法律规则制度基础。

其次,增加市场机制作用的广度和深度。让市场在资源配置中发挥基础性作用,不仅仅体现在商品市场,而是要体现在整个国民经济和社会的各个层面。因此,这一时期政府在扩大商品市场交易规模的同时,推进了以资本、劳动力、土地、大宗商品期货、技术和知识产权为主体的要素市场建设。这一时期,农产品商品期货、有色金属、原油期货等交易市场纷纷成立。沪深两大证券市场进入了规范化的快速发展时期。教育和就业分配制度改革、社会保障制度改革和户籍制度改革催生了劳动力和人才市场的蓬勃发展。国有土地使用权出让制度的完善也极大地推动了土地资源的市场化配置。

最后,是进一步推进市场主体改革。市场机制的发挥需要合格的市场主体作为载体。培育合格的市场主体需要政府推进改革和制度建设。一方面,政府在这一时期推动了市场主体法律体系的建设,制定了包括《中华人民共和国公司法》《中华人民共和国合伙企业法》《中华人民共和国独资企业法》在内的市场主体法律体系,规范了市场主体的设立运行规则。另一方面,政府大力推动国有企业改革,完善企业股份制改造,使其成为"产权清晰、权责明确、政企分开、管理科学"的现代企业,从而能更加有效地参与市场竞争,实现市场资源合理配置。

(三)市场经济体制完善时期政府与市场的关系

2001 年中国加入 WTO,标志着市场经济发展进入完善提升阶段。经过上一阶段的市场经济体制建设,这一时期,市场经济体制框架已经初步形成。但是随着开放进程的加快,市场竞争力的进一步提升、市场规则与国际接轨就变得紧迫起来。此时，政府与市场的关系开始由政府主导培育建设和引导市场为主，开始转向市场发展推动政府变革。这一转变意味着在市场经济体制不断完善的进程中，政府的角色定位开始由超脱市场的设计者、培育者和建设者，向市场经济体制下的行为主体转化。尽管作为市场主体，政府的地位、作用无疑还是相当特殊的，但是政府的行为也开始纳入市场统一的规则。

这一时期，持续优化市场体制机制，重点是消除妨碍市场主体公平竞争的相关制度。2005年出台了《国务院关于鼓励支持和引导个体私营等非公有制经济发展的若干意见》，包括放宽非公有制经济市场准入、加大对非公有制经济的财税金融支持、完善对非公有制经济的社会服务等7个方面36条政策（简称"非公36条"）。2007年出台了《中华人民共和国企业所得税法》，统一了内外资企业所得税制度，形成了公平的税收体制。这些举措都极大地促进了市场公平竞争环境的形成。与此同时，这些举措对照开放背景下的国际规则，促进了市场经济制度与国际接轨。围绕简政放权，取消和调整了一大批行政审批事项，2002—2012年，国务院取消和调整行政审批事项2183项，各省、自治区、直辖市取消和调整行政审批事项36986项。[①] 市场制度的透明性、稳定性和可预见性极大提高。

更为重要的是，根据市场发展的形势要求，政府定位和功能也开始调整。在2006年10月召开的党的十六届六中全会上，首次提出了要建设服务型政府，强化社会管理和公共服务职能。这是我党首次在党的文件中提出服务型政府建设的明确要求。从计划经济时期的管控型政府到服务型政府理念的形成和实施，是政府

----

① 张洋.转变职能，清朗政风扑面来[N].人民日报，2012-11-07(09).

职能的巨大转变。尽管服务型政府面向国民经济和社会发展的诸多方面,但是围绕市场经济体制的优化完善,服务型政府建设无疑是政府从超脱市场主体向市场主体转变迈出的重要一步。服务型政府意味着政府不再是凌驾于市场之上的、不受市场规则制约的主体,恰恰相反,政府也作为市场主体中的一员,承担为其他市场主体提供更优质的服务的角色。

三、有效市场与有为政府

2012 年党的十八大召开,标志着中国特色社会主义进入新时代。新时代下,社会基本矛盾、外部环境、发展条件和动力机制都发生了巨大的变化。因此,政府与市场的关系面临着新的调整。2013 年 11 月,习近平总书记就曾在《关于〈中共中央关于全面深化改革若干重大问题的决定〉的说明》中指出:"经济体制改革的核心问题仍然是处理好政府和市场关系。"[①]在此背景下,政府与市场的关系总体上朝着有效市场与有为政府的方向迈进。

有效市场是指持续建设和健全社会主义市场经济体系,发挥市场在资源配置中的基础性和决定性作用,以市场力量推动解决改革和发展中面临的各项问题。有效市场既是改革的目的,也是发展的动力,是新时期经济建设和推动现代化的基础。有为政府是指政府在市场经济中积极作为。这不仅弥补了市场在资源配置中出现的"市场失灵"问题,更重要的是发挥了社会主义集中力量办大事的体制机制优势,基于党和政府对经济社会发展走向的判断和国家发展的前瞻性谋划,利用政府对经济资源的控制力和影响力,在社会主义现代化建设的关键领域和重要领域做出某种重

---

① 中共中央文献研究室.十八大以来重要文献选编(上)[M].北京:中央文献出版社,2014:498.

大的布局和举措,以实现在特定领域和特殊时期,通过市场方式无法实现或者难以达到的特别发展战略意图。

有为政府并不是市场的替代,而是与有效市场互为前提,互相补充。有为政府以有效市场为基础,有效市场以有为政府为保障。正如习近平总书记在《在十八届中央政治局第二十八次集体学习时的讲话》中指出的,在社会主义条件下发展市场经济,是我们党的一个伟大创举。我国经济发展获得巨大成功的一个关键因素,就是我们既发挥了市场经济的长处,又发挥了社会主义制度的优越性。我们是在中国共产党领导和社会主义制度的大前提下发展市场经济,什么时候都不能忘了"社会主义"这个定语。之所以说是社会主义市场经济,就是要坚持我们的制度优越性,有效防范资本主义市场经济的弊端。我们要坚持辩证法、两点论,继续在社会主义基本制度与市场经济的结合上下功夫,把两方面优势都发挥好,既要"有效的市场",也要"有为的政府",努力在实践中破解这道经济学上的世界性难题"①。

(一)有效市场

社会主义市场经济体制,本质上就是在国家宏观调控下,使市场对资源配置起基础性作用。在市场主体建设上,就是要坚持以公有制为主体、多种所有制经济共同发展的方针,进一步转换国有企业经营机制,建立适应市场经济要求,产权清晰、权责明确、政企分开、管理科学的现代企业制度。在市场建设上,要建立全国统一开放的市场体系,实现城乡市场紧密结合,国内市场与国际市场相互衔接,促进资源的优化配置。在政府管理经济的方式上,要转变

---

① 中共中央文献研究室.习近平关于社会主义经济建设论述摘编.北京:中央文献出版社,2017:74.

政府管理经济的职能，建立以间接手段为主的完善的宏观调控体系，保证国民经济的健康运行。在市场分配方式上，要建立以按劳分配为主体，效率优先、兼顾公平的收入分配制度，鼓励一部分地区和一部分人先富起来，走共同富裕的道路。同时面对市场经济出现的问题，一方面要建立多层次的社会保障制度，为城乡居民提供同我国国情相适应的社会保障，促进经济发展和社会稳定；另一方面要建立相应的法律体系，采取切实措施，积极而有步骤地全面推进改革，促进社会生产力的发展。

　　2013年11月，党的十八届三中全会上通过的《关于〈中共中央全面深化改革重大问题的决定〉的说明》中，习近平总书记指出："使市场在资源配置中起决定性作用和更好发挥政府作用。"这是对我国在社会主义市场经济体制建立之初所形成的"使市场在国家宏观调控下对资源配置起基础性作用"这一观点的重大突破，是根据新的经济发展形势对政府与市场关系进行的一次新定位。一方面，决定性作用意味着资源配置主要依靠市场而非政府计划手段完成。"市场决定资源配置是市场经济的一般规律，市场经济本质上就是市场决定资源配置的经济。"另一方面，当市场手段和政府计划手段发生矛盾的时候，应当更多地依靠市场手段。正如习近平总书记指出的，党的十四大提出建立社会主义市场经济体制的改革目标以来，"我国社会主义市场经济体制已经初步建立，但仍存在不少问题，主要是市场秩序不规范，以不正当手段谋取经济利益的现象广泛存在；生产要素市场发展滞后，要素闲置和大量有效需求得不到满足并存；市场规则不统一，部门保护主义和地方保护主义大量存在；市场竞争不充分，阻碍优胜劣汰和结构调整，等等。这些问题不解决好，完善的社会主义市场经济体制是难以形成的"。^① 因此,必须把市场作用提高到一个更高的高度,才能进一步推动改革事业。

使市场在资源配置中起决定性作用,主要体现在:①坚持和完善基本经济制度,即坚持公有制为主体、多种所有制经济共同发展的基本经济制度。公有制经济和非公有制经济都是社会主义市场经济中不可或缺的微观主体。国家完善产权保护制度,推动国有企业改革和鼓励支持非公有制经济发展,形成良性竞争的市场经济微观基础。习近平总书记在多个场合强调了坚持"两个毫不动摇",即"毫不动摇巩固和发展公有制经济,坚持公有制主体地位,发挥国有经济主导作用,不断增强国有经济活力、控制力、影响力。毫不动摇鼓励、支持、引导非公有制经济发展,激发非公有制经济活力和创造力"。②完善现代市场经济体系、宏观调控体系和开放型经济体系三大支撑体系。其中,现代市场经济体系是基础,宏观调控体系是保障,开放型经济体系是形式。为此,不仅要建立公平开放透明的市场规则,而且要进一步完善由市场决定价格的机制,同时加快资源和土地等要素、金融、知识市场等市场体系的建设和完善。③发挥市场在资源配置中的决定性作用,落脚点是推动经济更有效率、更加公平、更可持续的发展。资源配置效率低下的一个很重要的原因是市场机制的失灵,既有市场本身的因素(市场失灵),也有市场不充分不完善的因素(政府不当干预)。市场秩序不规范,市场发育滞后,市场竞争不充分等因素,既影响了经济效率的提升,也影响了公平公正市场环境的营造,更影响了经济的可持续发展。因此,只有进一步提升市场在资源配置中的作用,才能持续推动经济发展。

---

① 中共中央文献研究室.十八大以来重要文献选编(上)[M].北京:中央文献出版社,2014:498.

(二)有为政府

习近平总书记在《关于〈中共中央关于全面深化改革若干重大问题的决定〉的说明》中,提出市场机制起决定作用,同时强调:"我国实行的是社会主义市场经济体制,我们仍然要坚持发挥我国社会主义制度的优越性、发挥党和政府的积极作用。市场在资源配置中起决定性作用,并不是起全部作用。"①习近平总书记2014年3月在《在中央财经领导小组第五次会议上的讲话》中强调:"市场起决定性作用,是从总体上讲的,不能盲目绝对讲市场起决定性作用,而是既要使市场在配置资源中起决定性作用,又要更好发挥政府作用。有的领域如国防建设,就是政府起决定性作用。一些带有战略性的能源资源,政府要牢牢掌控,但可以通过市场机制去做。"②

因此,习近平总书记根据中国发展的具体国情和社会主义的制度基础,比较系统地在有效市场的基础上提出了有为政府理念。

与经典经济学提出的有限政府相比,有为政府的重点是在"为"上,哪些"可为"哪些"不为"是关键。习近平总书记《在十八届中央政治局第十五次集体学习时的讲话》中强调:"使市场在资源配置中起决定性作用和更好发挥政府作用,二者是有机统一的,不是相互否定的,不能把二者割裂开来、对立起来,既不能用市场在资源配置中的决定性作用取代甚至否定政府作用,也不能用更好发挥政府作用取代甚至否定使市场在资源配置中起决定性作用。"

---

① 中共中央文献研究室.十八大以来重要文献选编(上)[M].北京:中央文献出版社,2014:500.

② 中共中央文献研究室.习近平关于社会主义经济建设论述摘编.北京:中央文献出版社,2017:57-58.

首先，政府承担经典经济学认为的政府功能角色，包括保护产权、制定和维护市场规则、维护市场秩序、进行宏观调控维护经济稳定等。这些基本的职能，不论是在资本主义的市场经济中，还是在社会主义的市场经济中，政府都应该正确地履行。而这些职能的履行，是以"有效市场"的运行为前提的，只有发挥了市场在资源配置中的决定性作用，才能使政府承担在市场机制失灵时维护市场环境与规则的角色。

其次，政府必须承担积极推动改革的重任。市场规则的建立并不是一朝一夕的，在计划经济向市场经济的转型过程中，需要破除诸多的制度束缚，同时需要建立新的、符合中国国情和市场规律的制度和规则。这些制度变革需要政府的推动。从这个意义上讲，有为政府是走向有效市场的必要途径。换句话说，如果政府在"改革"上没有作为，就根本无法实现有效市场。这是转型发展中大国区别于成熟市场经济国家的重要制度背景。

最后，政府必须在市场的完善中更加有作为。在推动市场基础设施建设方面，在公共产品提供方面，在解决外部性方面，在纠正市场失灵方面，在推动市场效率与公平统一方面，政府必须构建起独特的制度优势，维护高效率的市场环境，实现高质量发展。

第二节　"小政府大市场"：浙江政府与市场关系的演进

浙江专业市场萌发成长进程中，各级政府角色的调整实践，为政府与市场关系的优化提供了实践土壤。尤其是习近平同志在浙江工作期间，正值市场发展转型的关键阶段，政府功能的"有进有退"也为在社会主义市场经济体制不断完善的条件下更好探索政府边界积累了经验。

一、"小政府大市场"的内涵特征

改革开放以来，关于浙江省的政府与市场关系特征的描述，共识度最高也最为外人称道的无疑是构建了"小政府大市场"的制度环境，这也是公认的浙江省体制机制优势之一。与西方资本主义制度下的"小政府大市场"不同，浙江省"小政府大市场"的体制，是中国特色社会主义制度大背景下，在建设和完善社会主义市场经济体制的进程中所探索出的一种政府与市场关系的处理方式。这一体制模式具有以下几个方面的主要特征。

政府尊重市场。即浙江省各级政府及工作人员在改革开放的实践中，普遍形成了尊重市场规律、尊重市场创造、尊重市场主体利益的氛围和意识。这既是浙江市场大省浸润的结果，也是促成浙江市场发达的主要动因。政府尊重市场，就是不断认识市场在资源配置中的重要作用，为让市场在资源配置中发挥作用创造条件。从允许城乡商品集市交易，到主动建设集中交易市场，再到不断放开指令价格，扩大市场价格范围和领域，无不体现政府对市场规律的尊重和对发挥市场机制配置资源的认同。政府尊重市场创造，就是对来自基层的突破既有体制束缚的行为，又不采取一棍子打死的态度，包容市场的制度创新。例如，义乌在 20 世纪 80 年代初的对城乡贩卖的"四个允许"政策，就体现了政府对市场创造的尊重。对市场主体利益的尊重，就是允许和鼓励老百姓充分利用灵活的市场机制，通过公平竞争的市场交易发家致富，积极保护市场主体的合法权益。

政府让位市场。即政府遵从市场优先原则，在政府与市场都可以发挥作用的地方，优先让市场发挥作用。在改革开放初期，政府让位市场表现为地方政府默许甚至鼓励民间的商品市场交易行为，以市场机制解决计划体制下社会经济运行和老百姓生活中面临的问题，打破资源不足的瓶颈。充分利用灵活的市场机制，在更广泛的范围内动员和配置生产经营的相关资源要素，为我所用，推动地方经济的快速发展和群众生活水平的改善。而在改革开放不断深入推进的时期，政府让位市场则表现为不断扩大市场机制作用的范围和边界，让市场在资源配置中发挥的作用越来越大，以至于最终起到决定性作用。因此，政府让位市场，从表面上看是减少政府的作为，达到"无为而治"的结果，但本质上并不意味着政府完全放手。恰恰相反，政府让位市场，实际上需要政府以更大的勇气和力气去勒住传统计划经济体制之手，为市场机制提供孕育成长的土壤和空间；需要政府以更大的勇气和力气去勒住政府的掠夺之手，为市场的健康发展提供优质的环境。

政府弥补市场。即政府通过建设和完善市场基础制度系统，弥补市场机制的自生不足与缺陷，使市场机制更加有效地发挥作用。在改革与转型的背景下，政府弥补市场有两个层面的含义。第一层含义是一般意义上的政府弥补市场失灵。市场机制本身固有的缺陷导致市场机制在有些情况下并不能实现资源的最优配置，需要政府介入来弥补这一不足，保证市场机制能有效发挥作用。第二层含义是在从计划经济到市场经济的转型过程中，市场经济体制存在一个逐步发育、建设和完善的过程。而在这个过程中，市场经济体制不完整、不完善，需要借助政府的力量加以弥补。政府通过市场经济法律制度框架体系的构建、市场主体的培育、市场监管组织体系的健全等，不仅促进了市场体制机制的发育完善，也不断推动市场经济条件下的政府治理模式的完善。

　　政府赋能市场。即政府利用其掌握的资源,有针对性地进行投入,以增强市场活力,提升市场主体的竞争力和运行绩效,改善资源配置效率,以及达到经济发展的特定目标。主要包括 5 个方面的赋能。一是保护财产权利,为市场主体提供安全的环境。尤其是要避免市场主体财产权利受到传统计划体制的侵害和其他市场主体的侵害。二是为市场主体提供公平竞争的环境,不断解除不同财产所有权的市场主体歧视性的资源配置政策。三是不断完善市场基础设施,尤其是交通、通信等基础设施,对降低市场交易成本、扩大市场范围意义巨大。政府通过大规模的基础设施建设投入,不断完善交通、通信等基础设施,极大地便利了市场交易。四是通过规划和产业政策,引导市场将资源配置给目标领域和部门,以实现经济发展的长期目标。五是为局部市场失败实行救济。统筹全部资源,通过转移支付等方式,在实现市场效率目标的基础上,兼顾公平,以保持市场的长期活力。

◆◆◆【案例 6-1】

"九五"期间,浙江水电装机为何能以每年 16 万千瓦的速度递增?

　　改革开放以来,浙江省新增水利水电装机达 107 万千瓦,特别是"九五"期间新增水电装机达 80 万千瓦,年均 16 万千瓦,为浙江省地方经济特别是山区经济社会发展和群众脱贫致富创造了十分有利的条件。浙江的水电装机为何能持续快速增长?其秘诀是:政府扶持,市场为主。

　　一是政府扶持落到实处。水电价格长期背离价值,使水电发展难以为继。为此,浙江省政府明确规定地方水电取消低电价的基数电量，实行市场调节。1998年，浙江省政府下发了《浙江省水利产业政策实施方案》，明确规定小水电上网电价按照"同电同价、同质同价"的原则确定，优先安排山区小水电上网。这些政策不仅从根本上解决了新老电站的投资效益问题，也刺激了投资者的积极性。

二是确立以市场为主的投资机制。1998—2000年投产的电站中，股份制电站占了95%以上。目前全省小水电在建规模约60万千瓦，基本上都是按股份制建设的。股份制企业具有的产权明晰、机制灵活、利益直接、分配合理的特点，为浙江的不少投资者所看好。多元化的投资，在很大程度上解决了水电建设资金短缺的问题。

三是改革产权盘活存量。农村水电作为水利工作的重要组成部分，原有产权制度和经营模式已不能适应市场经济的要求。1998年，根据浙江省政府有关文件精神，省水利厅提出了《加快农村水电产权制度改革的若干意见》（以下简称《意见》），对水电站资产的评估和产权的界定、股权的设置和管理、电站资本结构的优化、经营管理与收益分配等几个方面提出了指导原则和要求。《意见》下发，极大地促进水电产权制度改革，使一批装机小、人员多、效益差、调节能力弱的国有、集体电站，通过租赁、拍卖、协议转让等多种形式获得了新生。

案例来源：王磊."九五"期间,浙江水电装机为何能以每年16万千瓦的速度递增?[N].中国水利报,2000-12-09(03).

案例简析 >>>

浙江小水电的发展一直走在全国前列。浙江小水电的快速发展与政府的扶持和以市场为主的改革密切相关。水电作为传统意义上垄断行业，并没有缓解浙江水电短缺问题。面对这一困境，政府积极引入市场机制，通过上网电价改革、市场投资主体开放和存量企业改制三大市场化改革途径,使市场在生产和资源配置中发挥更大的作用,从根本上改变了小水电发展的困境。这个成功的改革案例体现了在政府支持下充分发挥市场机制作用的效能,也是处理政府和市场关系的一个典范。

二、浙江市场创设时期的政府功能

在浙江市场发育成长的早期,政府的作用主要体现在如何在计划经济的夹缝中为市场发展撑开更大的空间,并保护其不受计划经济力量的压制和反噬。在改革开放初期,浙江面临的基本现实是:经济底子薄,国家投入少;人多地少,经济发展自然禀赋不足;有一定的商业人文传统,但受计划经济体制的约束。由于当时计划经济体制的堡垒作用仍然十分强大,绝大部分的经济活动都受政府直接或者间接的控制。而市场的孕育生长是一个系统生态问题,市场主体的形成和扩大、市场机制的拓展、市场基础设施的建设和完善等,都不是一蹴而就的。在这个生态系统中,初生的市场力量无疑难以抗衡强大的传统计划力量。特别是当市场力量挑战传统计划的利益时,政府的态度和作用直接决定了市场能否生存。因此,此时的浙江政府更像是市场的庇护者,保护和促进市场快速成长。其主要功能体现在以下三个方面。

(一)涵育市场主体

市场主体培育是市场发展壮大的前提,也是根本。合格的市场主体必须具有自主决策的权利和自负盈亏的激励。前者是指经济主体能按照供需信息自主做出生产经济的决策,而不受其他主体的控制。后者是经济主体对决策行为的后果负有完全的责任,承担完全的后果。两者缺一不可:缺乏自主决策权,价格机制就无法指挥资源配置;缺乏激励,价格信号就无法体现供需情况,价值规律就难以发挥作用。而计划经济体制下的经济活动主体并不具有这样的特征。

早期的市场主体主要有两个来源。一个来源是随着农村家庭联产承包责任制的实施和农业生产率的提高，农村富余劳动力开始从事非农生产经营活动。他们或从事城乡贩卖（起初是农产品，后来是工业产品），或从事家庭工业生产。另一个来源是返城知青。根据国务院原知青办的统计，从 1962 年至 1979 年，浙江城镇知识青年上山下乡总人数达 64.62 万人。① 相当一批知识青年在 20 世纪 70 年代末、80 年代初返城。在巨大的就业压力下，国家开始允许返城知青自谋职业，也就是默许他们创办个体工商户。无论是农村富余劳动力还是城镇剩余劳动力，浙江省各级政府在鼓励这些劳动力自谋出路、自主创业上，都走在了全国前列。浙江省各级党委和政府领全国风气之先，大胆突破体制束缚，率先让个体经济合法化，从而极大地促进了市场主体的发育。1980 年，19 岁的永嘉姑娘章华妹在经历一年多的街头摆摊之后，从当地工商所领到了改革开放后中国第一张"个体工商户营业执照"。1982 年，浙江省委提出了加快发展社队企业（1984 年后改称为乡镇企业），允许社员个人发展多种经营和家庭副业。之后，浙江个体私营经济便开始异军突起。到 1997 年年底，全省个体工商户发展到 153.23 万户，私营企业发展到 9.18 万户，成为名副其实的民营经济大省。正是成千上万的个体工商户和私营企业，在计划经济体制之外构建了新的市场化流通体系，成为促成市场发育成长的主要力量。

---

① 浙江党史和文献网.浙江知识青年上山下乡[EB/OL].（2020-11-06）[2024-03-01].https://zjds.org.cn/ssdsts/12668.jhtml.

(二)引入市场机制

市场机制本质上就是价格机制,就是让价值规律发挥作用,它是市场的灵魂。在计划经济体制下,包括产品、劳动和其他生产要素在内的所有资源流动,都由计划指令控制。而市场主体的兴起,使得原材料、生产要素的投入以及产品的销售都开始在计划之外通过其他途径进行,因而必须发挥价格机制的作用。1979年4月,浙江省政府就提高了粮食、棉花、油料等18种农副产品的收购价格,随后对消费品也实行了除指令性价格之外的指导性价格、议价和市场价格等多种定价形式。对生产资料则实行了价格"双轨制"。① 粮食和农副产品价格的放松不仅提高了农民的收入水平,也为他们从事非农生产积累了必要的资金。同时,农副产品和其他生产资料价格的放松,也扩大了这些产品计划外生产和流通的规模。而计划外的流通规模扩大,则为市场机制发挥作用提供了越来越大的空间。1984年,浙江省政府又批转了当时省计经委《关于计划管理体制改革的几点意见》,取消了全省的农产品统派购制度,大幅削减了工业指令性计划产品和统配物资,并先后开放了50种农产品的指令价格,推行了合同订购和议购议销制度。

随着价格的逐步放开,价格指令性产品的生产和流通比重不断下降,以市场供需调节价格为基础的产品比重不断增加。一方面,新生的市场主体可以利用市场价格获取生产资料和销售产品,其生产和销售的规模随着价格的逐步放开而迅速扩大。另一方面,传统受计划指令控制的生产和流通单位,也越来越多地参与到指令性价格之外的生产和流通中,因为市场机制的灵活性给这些

---

① 方民生,等.浙江制度变迁与发展轨迹[M].杭州:浙江人民出版社,2000:283.

生产和流通单位带来了更大的效益。而各级政府稳步推进价格改革,不断减少指令性价格品种,缩小其范围,为市场价格机制发挥作用提供越来越广阔的空间,极大地促进了市场机制的发育和成长。

(三)创建有形市场

商品的市场交易需要依托于一定形式的载体,这个载体在改革开放初期主要是有形的市场。这些有形的交易市场既是供需双方搜索匹配的场所,也是议价和商品交割的场所。起初,计划流通体制外的市场交易大都没有固定的场所,"走街串巷"的贩卖是其主要的形式。由此也造就了早期浙江商人的"四千精神",即"走遍千山万水,想尽千方百计,说尽千言万语,吃尽千辛万苦"。这种走街串巷的贩卖在计划经济时期是作为"资本主义尾巴"而受到打击的。20世纪70年代后期,随着计划经济体制的逐步放松,一些走街串巷的商贩开始在一些交通相对便利的街道、马路边集中,于是就慢慢形成了马路市场。马路市场与走街串巷一样,也随时可能受到打击、驱赶。而事实上,不同地方政府对这些马路市场的态度,也直接决定了之后不同市场的发展路径。比如早期的永嘉桥头纽扣市场和义乌小商品市场,都是从马路市场逐步发展起来的。

在一些开明的地方,政府非但默认这种马路市场的存在,而且进一步合理组织和规范管理这些散落在街头的市场交易。其中最为直接的做法就是建设固定的场所,将这些街头交易迁至集中场所进行规范化管理,于是真正意义上的第一代专业市场就此诞生。

政府在直接举办市场的同时,也积极鼓励各方兴办市场,多元投入资金。在实践中，地方政府，尤其是主管的工商行政管理部门形成了"建市场、活流通、促生产"的工作思路，主动参与，把培育市场当作自己的职责，担当起建设和管理市场的双重任务。1991 年，省政府出台了《浙江省城乡市场登记管理试行办法》，明确"谁投资、谁受益"。社会办市场的热情不断高涨，投资渠道进一步拓展，市场举办主体向多元化发展。以 1991 年到 1993 年为例，全省各级工商部门共新、扩、改建市场 1500 多个，使室内市场从 10％提高到约 50％。[①]

◆◆【案例 6-2】

义乌：从拨浪鼓到全球小商品之都

1982 年 5 月的一天，正在摆地摊的"提篮女"冯爱倩偶然发现，一个个子瘦高的人正在附近闲逛，这不是新来的县委书记谢高华吗？不久前刚被处罚没收了提篮的她一时冲动，想都没想径直跑上前责问："我没工作也没田地，不摆摊叫我吃什么？"一股脑将"抓了罚，罚了抓"的经商生活的辛酸全部倾倒了出来。

若干年后，据谢高华回忆，冯爱倩反映的问题，他都是知道的，但"应不应该开放集贸市场""允不允许农民进城经商"在当时还是一个十分敏感的话题，即使不至于戴上"复辟资本主义"的帽子，"个体经商"仍然是政策禁区。

意识到民心所向，谢高华的思路变得清晰：他决定开放本地的小商品市场。他在县委常委会上的表态让在场官员目瞪口呆：出了问题我负责，宁可不要"乌纱帽"！

---

① 黄平.浙江省专业市场改革开放三十年来的发展历程[J].工商行政管理,2008(18):56-60.

1982 年 8 月 25 日，义乌县委稠城镇市场整顿领导小组下发"一号通告"：正式开放县城小商品市场。这一破天荒的举措震惊全省，影响波及全国。建个"大棚"本身是小事，但在民众看来，却是政府对原来"三不管"状态下的市场的认可。

冯爱倩幸运地成为义乌第一个取得"鸡毛换糖"许可证的小商贩，这也是当地第一本个体商业营业执照。这样的许可证，义乌县工商管理局当时共计发出上千张，一张"许可证"就是一个"护身符"，让"敲糖帮"的命运一夜之间扭转。

"起初，只开放了从进城到火车站约一公里的马路作为市场，正是这一小段的开放，促成了义乌经商冲动的一次火山大爆发。"谢高华回忆说。

说是只开放一段路，可事实上，所有"地下状态"的摊子都摆上来了。一张凳子、两块木板，从城外摆到城内，一直摆到县委大门口，早上稍微晚一点，县委大院的车子就出不去了。据说，当时省里一位领导来义乌视察，哪条路都进不去，最后只好把车子停在城外，徒步走了进来。

商贩们反应之热烈，让谢高华等领导意识到，仅仅允许商品经营的政策开放力度还是不够的，经反复研究，义乌县委进而实施了"四个允许"的新政，即"允许农民进城，允许农民经商，允许长途贩运，允许竞争（无论国有、集体和个体）"。1982 年 9 月 5 日，义乌县委又作出了一个时人认为是"冒天下之大不韪"的举动——开放位于义乌湖清门的小商品市场。

可是，当时义乌工业基础差，农民土地少，财政上没有资金，怎么办？谢高华决定向银行贷款 57 万元，兴建摊棚式小商品市场，但县级银行根本不可能贷出这么多钱，他辗转找到了省里的银行。

尽管面临的压力和争议都非常大，最后他还是促成了此事，义乌第一代小商品市场初步成型，也绘就了日后誉满全球的义乌小商品市场的蓝图。

案例来源：何勇.义乌：从拨浪鼓到全球小商品之都［N］.中国经营报,2008-12-08
（T10）.

案例简析 >>>

从"四个允许"新政，到贷款兴建摊棚式小商品市场，义乌地方政府屡闯传统体制"禁区"，以政府的积极作为，为小商品市场的孕育发展支起了一片天地。一张薄薄的经营许可证，一个小小的摊位，蕴含着地方政府顺应经济规律、顺应老百姓呼声、顺应改革开放大势而做出的果敢决策。其中，地方政府不仅默许市场化交易方式的存在，而且深入了解市场交易中存在的问题和短板，利用政府的力量和资源，投入市场的建设，促进市场不断发展壮大。从这个意义上说，政府作为市场孕育成长的重要参与者，不仅弥补了市场发育成长中的资金投入不足等问题，而且在制度上为市场主体的成长保驾护航，从而在市场发育中扮演了关键角色。

三、市场加速发展时期的政府功能优化

经过 20 世纪 80 年代的开拓，进入 20 世纪 90 年代，浙江专业市场迎来了加速发展的时期。特别是党的十四大关于建设社会主义市场经济体制的改革目标确立后，专业市场迎来了发展的黄金时期。市场数量和交易规模都呈现迅猛增长的态势。而在建设和完善社会主义市场经济体制的指引下，浙江各级地方政府也不断调整优化政府职能，以更好地适应市场经济发展的需求，从而在促进市场蓬勃发展的同时，实现政府市场边界的优化。

(一)办管脱钩

随着市场规模的快速发展,政府既办市场,又管市场,管办不分的问题就凸显出来。在 20 世纪 80 年代,市场力量比较薄弱的时候,大多数市场都是依靠政府部门,尤其是主管市场的工商行政管理部门的力量举办的。这为改革开放初期的市场发展和经济繁荣做出了贡献。但是,政府作为市场监管者,又是市场主办者,既当"裁判员"又当"运动员",无疑是与市场经济基本原则相违背的。因此,在全面建设社会主义市场经济的大背景下,办管脱钩就成了亟待解决的问题。

1995 年 7 月 3 日,国务院办公厅下发了《国务院办公厅转发国家工商行政管理局关于工商行政管理机关与所办市场尽快脱钩意见的通知》,要求从当年下半年开始,全国工商行政管理系统与所办市场按照机构、职责、人员、财务"四分离"的要求进行脱钩。国务院和当时的国家工商行政管理总局提出"作为市场大省的浙江要在全国率先探索市场规范管理的经验"。因此,浙江省在市场办管脱钩上,行动早、执行快,迅速将所办市场移交给了由工商行政管理系统分流人员组成的市场服务中心经营管理。而且,大部分市场服务中心转型为企业法人,并进行公司化管理运行。

2001 年 11 月 3 日,国务院办公厅下发《国务院办公厅转发工商总局关于工商行政管理机关限期与所办市场彻底脱钩有关问题意见的通知》,要求 2001 年 12 月中旬以前完成市场办管彻底脱钩任务。据统计,2001 年浙江省全省各级工商机关完成办管脱钩任务,脱钩市场 1249 个,移交账面总资产 40 多亿元。①

---

① 黄平.浙江省专业市场改革开放三十年来的发展历程[J].工商行政管理,2008
(18):56-60.

(二)规范监管

2001年浙江工商部门与商品交易市场办管脱钩后,各地工商部门轻装上阵,积极实施"以管助办、以管促兴"方针,积极探索新形势下市场管理和促进发展的办法和举措。一方面,加大力度建章立制,全面推行市场巡查制、预警制、信用记录制等监管制度,切实加强对市场主办单位和经营者的监管。2002年,浙江省工商管理部门起草了《关于规范商品交易市场管理的意见》,并由省人民政府行文下发。该《意见》规定"今后各级工商机关将把监管商品交易市场工作的重点由侧重对经营者的监管,逐步转移到对市场举办者的监管"。这一新规定为促进市场发展提供了政策依据。

另一方面,2002年,浙江省专门开展了为期半年的商品交易市场专项整治行动,彻底整顿了一批危害大、群众反映强烈、问题突出的商品市场。2004年,浙江省人大重新修订并颁布了《浙江省商品交易市场管理条例》,进一步规范了市场举办行为,强化了市场举办者的责任,明确了经营者的权利义务和行为规范,并将商品准入制度、快速定性检测制度、总经销总代理备案制度等一系列保证商品质量的内容列入条例。

(三)转型引导

在规范主体的同时,浙江各级政府又大力引导市场主体素质提升。积极鼓励市场主办者、经营者进行法人登记,实行现代企业管理制度,提高抗风险能力。大力引导上市商品品牌化,鼓励引进企业直销、专营专卖、总经销。积极鼓励发展现代物流业,积极引导市场向现代物流业态转型,创新电子交易、在线交易、物流配送等方式。围绕建设现代物流枢纽,支持市场加快基础设施改造。

另外，浙江省还积极推进星级市场创建，出台了四星、五星级市场标准。各地努力加强市场软、硬件建设，极大地提升了市场规范化管理的水平。

同时，政府加大力度推动专业市场与现代流通业态融合。2003年浙江省工商局出台了《关于推进市场流通现代化 全面提升我省商品市场的意见》和《关于印发促进商品交易市场发展电子商务接轨现代物流若干意见的通知》以促进专业市场与现代流通业态的融合。一是大型批发市场改造提升走出新路子。通过市场的硬件改造实现交易方式、经营模式和业态的全面升级，既保持市场特色又具有现代流通特征的新型商品专业市场迅速兴起。二是外贸出口和外向型市场发展不断扩大。抓住中国加入WTO的契机，以市场为载体，推动外贸出口的制度和国际机制对接。专业市场成为企业外贸出口的主要载体。三是市场发展电子商务有新突破。嘉兴中国茧丝绸交易市场实行网上交易、电子银行结算、第三方物流配送完整的电子商务，成交额以惊人的速度发展，从1998年的30多亿，到2005年的234亿元，其中网上交易200亿元。四是品牌建设大步推进，品牌化水平大幅提高。到2005年底，全省注册市场服务商标230个，经营户注册商品商标1.47万个。[①]

◆◆◆【案例6-3】

把思想统一到中央的决策上来——论彻底实现办管脱钩

市场办管一体是一定历史条件下的产物，办管脱钩工作也并非始于今日。早在1995年，国务院就下发了《国务院办公厅转发

---

① 黄平.浙江省专业市场改革开放三十年来的发展历程[J].工商行政管理,2008(18):56-60.

国家工商行政管理总局关于工商行政管理机关与所办市场尽快脱钩意见的通知》。几年来,全国工商系统按照国务院的部署,克服困难,积极行动,基本上实现了与所办市场在机构、职责、人员、财务上的"四分离"工作,取得了很大的进展和成绩。国务院之所以在几年之后再次部署办管脱钩工作,一方面说明这项工作确有难度,还须做进一步的努力;另一方面说明我们在思想、观念和行动上与中央的决策和要求还有不小的差距。实际状况也说明了这一点。从全国范围看,有些省区市脱钩工作比较彻底,但还有相当的省区市在市场产权、债权债务、人员管理等方面脱钩得不够彻底。长此以往,会对建立一支有权威的工商执法队伍,实现公平公正执法、真正维护社会主义市场经济秩序产生消极的影响,甚至产生腐败问题。因此按照中央尽快脱钩、彻底脱钩的要求,认真负责、积极稳妥地做好这项工作势在必行,迫在眉睫。

没有强有力的执法,就没有社会主义市场经济的健康发展。而强有力的执法,靠的是一支强有力的执法队伍。如果我们的执法部门与市场有着千丝万缕的联系,又怎能做到公平公正执法?公平竞争、健康有序的市场经济秩序又怎么能够建立?办管彻底脱钩确有难度,但彻底脱钩是原则问题、是大局,如何脱是方法问题、是局部问题。全党服从中央、局部服从全局是不可动摇的原则。能否尽快彻底地实现办管脱钩是工商部门能不能与中央保持一致的一次具体的检验。在这个检验面前,我们应该也必须交上一份圆满的答卷。

案例来源:本报评论员.把思想统一到中央的决策上来——论彻底实现办管脱钩[N].中国工商报,2001-09-22(A01).

案例简析 >>>

公平竞争是市场经济的灵魂。在计划经济势力比较强大的改革初期，地方政府利用自身动员资源的能力和优势参与市场建设，有一定的积极意义。但是这也造成了政府职能的模糊，政府既当"裁判员"又当"运动员"，这是与市场经济精神完全背道而驰的。在改革开放持续深入推进、市场化程度不断加深、建立社会主义市场经济体制改革目标确立的情况下，市场已经逐步进入发展的快车道，此时政府直接参与市场建设，充当"保护伞"的功能已经失去了现实基础。因此，政府适当地退出，专注于秩序维护者和监管者的角色才是应有之义。

四、深化市场体制改革与推进政府治理能力建设

2008年国际金融危机以来，尤其是党的十八大以来，经济社会发展的内外部环境发生了重大变化，经济社会的主要矛盾也从人民日益增长的物质文化需要同落后的社会生产之间的矛盾，转变为人民日益增长的美好生活需要和不平衡不充分的发展之间的矛盾。为顺应经济社会发展阶段特征的变化，改革开放也进入了深化市场经济体制改革的历史时期，在此背景下，政府与市场的关系也相应地发生了调整。这一时期，围绕市场更高质量发展，浙江省政府更多地凸显了以下的功能和作用。

（一）以整体战略引领市场转型升级

经济发展阶段的转变，需要市场形式内涵的转变，需要政府发挥战略引领作用。浙江省政府及主要职能部门通过建立工作机制，加强部门沟通协调，解决市场转型中遇到的突出问题。政府把市场建设发展纳入经济社会发展规划，对一些市场发达地区，制定了商品市场发展的专项规划，明确产业发展重点和扶持政策，明确

区域市场布局和市场设立的准入条件,加大基础设施配套建设,把市场建设项目列入城市总体规划和国土利用规划,预留市场发展空间,落实市场及配套设施建设的用地要求,在市场建设用地、资金、规费等方面给予一定优惠政策。浙江省政府将理顺市场管理体制,促进市场良性发展,融管理于服务之中,强化行业管理,促进公共资源共享,在会展、物流、商旅推广、客户服务等方面加强协同,形成合力,发挥整体优势。

例如,浙江省"十五"规划中就将市场发展纳入商贸业整体发展规划中,提出了"支持专业市场进一步强化产业依托,增强辐射能力,实现经营业态创新;鼓励大型市场联合、兼并中小型市场,兴办连锁市场或分市场,组建产供销一体、内外贸结合的大型商贸集团"的战略举措。在浙江省"十二五"规划中,则将专业市场纳入了现代物流体系,提出"以港口物流、专业市场和产业集群物流、城乡配送、快递服务为发展重点,大力发展第三方物流,拓展物流增值服务,推广供应链管理,调整优化物流业空间布局,培育壮大市场主体,构建现代物流产业体系"。在浙江省"十三五"规划中,提出着力推动市场走出去发展和线上线下融合发展,打造"现代化、标准化、精品化市场网络"。而在浙江省"十四五"规划中,则进一步将专业市场与现代流通体系建设融合,提出要"培育一批具有全球竞争力的现代流通企业和商贸枢纽型市场,支持商贸流通企业和物流快递企业全国布局,为浙货开拓国内市场打通渠道"。

正是在这些战略的引领下,浙江市场实现了华丽的转型,日益成为现代商贸流通体系的重要组成部分,为整个经济社会的高质量发展做出了贡献。

（二）以配套服务助力市场功能拓展

在引领市场转型的同时，浙江省政府积极提供相关配套服务，推动市场功能拓展，以更好地适应现代商贸流通体系建设的需求。

一方面，大力引导市场在做强传统交易功能的基础上，重点拓展电子商务、物流配送、金融服务、研发设计、展览会展、咨询培训等新型服务功能。培育市场新型服务业生态，发展电子商务、市场中介、检验认证、工业设计和创意产业、总部经济、会展经济，使它们成为商品流、人流、资金流、信息流的中心平台。特别是依托市场，举办各类展会，极大地提升了市场影响力。比如浙江中国义乌小商品城，举办中国义乌国际小商品博览会；依托浙江中国科技五金城，举办中国五金博览会等。

另一方面，围绕现代商贸流通体系建设，助推市场拓展物流集散功能。浙江省政府积极培育物流龙头企业，建设物流园区。为传统市场向现代采购中心、品牌贸易中心发展提供全面、规范、高效的物流支持。扩充物流功能，增加分拣、配送、集成、资金结算功能。加深物流信息化程度，推进物流信息共享，提高物流效率和效益。在为市场产品销售提供物流服务的同时，加大对企业原材料、设备、产品的物流支持，扩大物流规模，提高物流效益。积极加强物流产业领导和协调，建立协调机制，完善管理体制，规范企业竞争秩序，解决物流业发展中出现的问题，引导物流企业做大做强。不少市场已经成为本领域重要的物流集散中心。

（三）以环境优化促进市场提能升级

在新发展阶段，商品流通渠道日益多元化，传统专业市场面临越来越大的竞争压力，必须通过提能升级，才能继续发挥在商品流通体系和经济发展中的重要作用。而数字化、品牌化与资本化是市场提能升级的重要路径。为此，这一时期浙江省各级政府出台了一系列的政策举措，配合市场提能升级。

在数字化转型上，一方面，地方政府较早就要求各大市场建立商务平台，推动市场信息化转型。以市场为主导建立电子商务平台形成网上市场，实体市场商户入驻网上市场，是浙江主要的电子商务开发模式。在政府的积极推动下，先后出现了由浙江中国小商品城建立的"义乌购"，由浙江中国轻纺城建立的"网上轻纺城"，由浙江省塑料城建立的"浙江塑料城网上交易市场"，由钱清中国轻纺原料城建立的"全球轻纺原料网"，由浙江中国科技五金城建立的"尚五金"等。一批专业市场开始向线上市场转型，有力地推动了浙江省电子商务的跨越式发展。另一方面，积极利用市场搜集、整理、发布价格信息，收集市场数据，向后推动了浙江"中国小商品城"编制"中国小商品指数"，浙江中国塑料城编制"中国塑料价格指数"，浙江中国轻纺城编制的"中国·柯桥纺织指数"，浙江中国科技五金城编制的"中国·永康五金指数"等。这些指数都成了重要的市场价格指数，对提升市场行业地位有积极作用。

在品牌化提升上，一方面引导市场商户从摊位制批发向大型批发交易方式转变，从一般商品经销向总代理、总经销等现代营销方式转变，发展商业代理制。培育大型批发经营户、销售中心，有重点地进行招商，建立以商品品牌为核心的产品营销中心。积极吸引生产企业来市场开设销售中心，作为企业营销部、产品展示中心、网上市场管理中心、客户服务中心、使市场售后服务中心，使市场成为企业产品营销和服务的主窗口。吸引全国甚至全球的知名品牌，来市场开设展示和销售中心，提高本地市场在全行业的地位。另一方面，加大知识产权保护力度，为品牌创新营造更加良好的环境。

在市场的资本化运行上，政府在办管脱钩后，便大力推进市场的企业化运行，快速完成相关市场的股份化改造，建立现代企业制度。重点推进了绍兴轻纺城、海宁皮革城和义乌小商品市场的资本化，组建成立了浙江中国轻纺城集团股份有限公司、海宁中国皮革城股份有限公司、浙江中国小商品城集团股份有限公司，并成功上市。

（四）以制度监管规范市场运行

与此同时，围绕市场经济体制建设，政府进一步完善普适化的市场规则和制度，构建统一公平的市场制度环境，打造更加规范高效的监管体系，为市场的健康发展保驾护航。

一是加大制度建设，推进管理法治化。在 1994 年出台的《浙江省商品交易市场管理条例》的基础上，分别于 1997 年、2004 年、2021 年做了三次修订，极大地完善了管理市场制度基础。同时，基于市场多样化发展需求，又进一步出台或修改了《浙江省技术市场管理条例》《浙江省知识产权保护和促进条例》《浙江省综合行政执法条例》《浙江省标准化条例》《浙江省广告管理条例》等一系列支撑市场发展的法规制度。二是进一步优化执法体系。在市场监管体系的基础上，形成了物价、质监、食药、文化、知识产权等相关执法监督机构相互融合的监管体系。三是逐步推进市场信用体系建设。信用是市场的灵魂，是市场的基本公共产品。政府围绕市场的交易特征，逐步建立入场经营商户和网上商户的信用等级认定机制，制定科学、规范的信用认定标准，全面搜集商品销售信息、顾客投诉信息、资金结算信息，及时公布商户信用等级信息。实行信用分类监管，激励守信，惩戒失信，通过信用体系建设，营造诚实的良好市场经营氛围。

第三节　迈向统一大市场的政府与市场

市场配置资源效率的高低，不仅取决于市场体制质量，也取决于市场的规模。市场规模越大，资源优化配置的空间就越大，就越有可能提高配置效率。从这个意义上说，市场天然具有规模报酬递增的性质。因此，深化市场经济体制改革，不仅仅要完善市场制度安排和市场机制，更应该持续推动市场规模的扩大。当前，市场经济体制框架虽然已经基本建立，但是离高质量的市场经济体系还有不少的距离。根本的原因在于市场制度规则不统一、市场互联互通程度不高、市场分割仍然在一定程度内存在，严重影响市场交易成本的降低和国民经济循环的畅通。因此，必须进一步使市场经济体制改革向纵深推进，着力形成全国统一大市场。

一、统一大市场的内涵与外延

2022 年 3 月 25 日，《中共中央 国务院关于加快建设全国统一大市场的意见》，标志着全国统一大市场建设进入了攻坚时期。统一大市场，根本就是统一市场制度规则，打破地方保护和市场分割，打通制约经济循环的关键堵点，促进商品要素资源在更大范围内畅通流动，加快建设高效规范、公平竞争、充分开放的全面统一大市场，实现国内市场高效畅通和规模拓展，营造稳定、公平、透明、可预期的营商环境，进一步降低市场交易成本，促进科技创新和产业升级，培育参与国际竞争合作新优势五大主要目标，全面推动我国市场由大到强，为建设高标准市场体系、构建高水平社会主义市场经济体制提供坚强支撑。

建设全国统一大市场，重点是要推进"五统一"。

制度规则统一。制度和规则是市场的基础，统一市场，首先就是要统一制度和规则。不同的制度和规则造成市场分割，阻碍资源优化配置，进而影响市场的效率和公平。统一制度，一是要统一产权保护制度。政府要依法平等保护各种所有制经济产权的制度体系，统一司法和执法。二是要统一市场准入制度，实行公平非歧视和全国互通互认互用的准入审核制度和管理方式。三是统一公平竞争制度。各地市场竞争政策和产业政策必须对各类市场主体一视同仁、平等对待。四是统一社会信用制度，健全失信惩戒与守信奖励的机制，降低市场运行的制度成本。

市场监管统一。制度的实施也就是政府的监管和执法，直接影响市场竞争和资源最终的配置。统一市场监管，就是不同区域做到监管规则统一、监管执法统一和监管能力提升。统一监管规则统一，就是以统一的市场监管行政立法，规范市场监管程序，增强监管制度和政策的稳定性、可预期性。监管执法统一，就是加强市场监管标准化、规范化，对行政许可前置标准、失范惩罚标准、行政救济途径和标准等方面都做到统一、稳定和公开。监管能力提升，一方面要深化简政放权、推进"放管服"改革，强化部门联动，减少执法层级，建立政府监管、平台自律、行业自治、社会监督的多元治理新模式；另一方面，要充分利用大数据等技术手段，加快推进智慧监管，提升市场监管政务服务效率，同时，对新业态新模式坚持监管规范和促进发展并重，及时补齐法规和标准空缺。

资源要素支撑公平统一。资源要素按照效率配置是市场的基本规律。统一资源要素配置，就是要打破阻碍资源要素流动的各种壁垒，促进资源要素在更大范围内的优化配置，提升配置效率。

在城乡土地和劳动力顺畅流通的市场体系中要建立健全资源要素配置体系。金融和资本市场的所有制歧视要持续打破，基于安全、效率的金融统一监管体系要持续完善。同时，面向新兴领域，加大制度和规则建设，推动全国统一的技术以及数据市场、能源市场和生态环境市场发育完善。

商品服务质量高水平统一。质量标准是市场竞争的底线。质量标准不统一会导致市场竞争的"劣币驱逐良币"，也就是"次品市场"的出现，从而最终导致市场的低水平竞争。因此，商品服务质量的统一是建设高质量的统一大市场的重点。要建立健全质量分级制度，完善质量认证制度，质量统计监测体系、标准和质量计量体系。推进标准和专利的国际化，消弭国内国际两个市场的标准鸿沟，促进内外双循环更加畅通。进一步改善消费环境，强化消费者权益保护。

市场基础设施高标准统一。市场基础设施是市场资源配置的硬件基础，决定资源要素的流动成本，从而影响资源配置的效率。高标准互联互通是现代市场体系的重要特征，也是高效率的重要保证，统一大市场离不开高标准的基础设施互联互通。高标准市场基础设施主要包括三大基础设施，即以多层次一体化综合交通网络和现代物流体系为核心的现代流通网络；以新一代互联网通达和市场信息对接互通为核心的数字信息交互渠道；以公共资源交易平台和综合性商品交易平台为核心的综合交易平台。

除此之外，全国统一大市场的建设更加突出对市场秩序的规范，尤其是对不当政府干预行为的规范。特别需要破除地方保护和区域壁垒，及时清理、废除各地区含有地方保护、市场分割、指定交易等妨碍统一市场和公平竞争的政策,全面清理歧视外资企业和外地企业、实行地方保护的各类优惠政策,建立针对政府市场政策的公平竞争审查机制。要加大力度清理、废除妨碍依法平等准入和退出的规定做法。不得为企业跨区域经营或迁移设置障碍。不得设置不合理和歧视性的准入、退出条件以限制商品服务、要素资源自由流动。尤其要清理招标采购领域违反统一市场建设的规定和做法,做到公正透明。

因此,从根本上说,全国统一大市场的建设是迈向有效市场和有为政府的探索路径。在这个过程中,一方面,政府深化改革,通过高质量的市场基础设施建设和稳定公平高效的市场制度供给,不断扫除资源要素跨区域流通的各种障碍,持续提升资源要素配置的效率。另一方面,政府持续推动自身改革,不断提高治理体系和治理能力现代化,持续优化政府和市场的关系,建立适应社会主义市场经济体制的有效政府治理体系。

二、融入全国统一大市场的浙江市场

习近平同志在浙江工作期间,多次强调要充分发挥浙江的体制机制优势,善于用市场的办法解决发展中面临的问题。正是因为市场的发展壮大不断突破了浙江省经济社会发展中的各种资源制约,浙江市场才实现了跨越式发展。在新的历史时期,围绕全国统一大市场建设,浙江省一直铭记习近平总书记的嘱托,不断朝着更高质量的市场体系建设目标迈进。

(一)坚持"数字浙江"建设,夯实统一大市场的技术底座

"数字浙江是全面推进我省国民经济和社会信息化、以信息化带动工业化的基础性工程。"2003年1月,在浙江省十届人大一次会议上,时任浙江省委书记习近平以极具前瞻性的战略眼光提出

"数字浙江"建设①。此后，历届省委、省政府锚定"数字浙江"建设，一以贯之抓落实。"四张清单一张网"改革、"最多跑一次"改革、政府数字化转型等重大改革接续推出，不断取得新成效，数字经济日益成为经济增长的主引擎、转型升级的主动能、创业创新的主阵地。特别是"数字政府"带动整个市场经济治理体系的现代化转型，为统一大市场建设注入强大动能。2018年1月，浙江提出政府数字化转型，以"政府理念创新＋政务流程创新＋治理方式创新＋信息技术应用创新"四位一体架构为主要内容，推动政府全方位、系统性、协同式变革，推动政府从碎片管理到系统治理、从部门转型到整体政府转型的变革，极大提高了政府服务市场的效能。

（二）全面融入长三角区域一体化，全面推动市场双重开放

开放是统一大市场的重要标志。按照习近平同志在浙江工作期间提出的主动接轨上海、积极参与长江三角洲地区合作与交流，不断提高对内对外开放水平的要求，浙江省在市场开放上大刀阔斧，形成了一系列标志性的成果。一方面全面融入长三角区域一体化，加大开放力度。长三角高质量一体化发展是全国统一大市场建设的重要内容。2010年国家发展改革委编制出台了《长江三角洲地区区域规划》，以规划先行，积极促成长三角主要城市合作机制。2018年11月，长三角区域一体化上升为国家战略后，浙江深刻理解把握"三件大事"和长三角"一极三区一高地"战略定位，深入推进长三角高质量一体化发展，积极参与建设数字长三角、绿色美丽长三角。着力推进长三角地区标准规范统一、信息共享互认、改革协同共进、预期稳定透明的市场准入一体化体系，积极为

---

①　央广网.数字化改革开启浙江改革新征程[EB/OL].(2020-12-21)[2024-03-01].https://baijiahao.baidu.com/s? id＝1686652564282532271&wfr＝spider&for＝pc.

建立全国统一的市场制度规则体系探路先行。另一方面,持续加快对外开放步伐,以开放促进内外两个市场循环畅通。市场贸易规模持续扩大,以跨境电商为代表的创新贸易模式不断涌现。积极融入"一带一路"倡议,开展自贸试验区试点,不断激发市场开放新动能,以开放平台助力畅通双循环,重塑市场开放新优势。

(三)加大交通基础设施建设,构建高效畅通流通体系

畅通发达的交通基础设施是高质量市场的重要支撑。近年来,浙江省着力打造"铁路、轨道、公路、港航、航空、管道、邮政、枢纽、绿道"九要素相结合,层次分明的全国性综合枢纽和区域性综合枢纽,促进多种交通方式高效协同、无缝衔接。全力打造形成了安全便捷、畅通高效、绿色智能的现代综合交通物流体系,综合运输服务能力突破式提升,综合货运持续降本增效,为市场开放畅通循环提供了强有力的支撑。截至 2021 年底,宁波舟山港货物吞吐量连续 12 年稳居世界第一,全省海铁联运、内河港口集装箱吞吐量双双突破百万标箱;中欧班列联通亚欧大陆 59 个国家和地区;快递业务量突破 150 亿件[①],成为快递业"两进一出"工程唯一试点省。实现了"5 个率先":率先构建 3 个"1 小时交通圈",率先打造物流成本最低、运行效率最高省份之一,率先构筑高品质出行服务网,率先形成交通高质量发展体系,率先构建行业整体智治体系。

(四)畅通要素循环,完善要素市场化配置

在商品服务市场不断发展壮大的同时,浙江省又聚焦经济发展的要素支撑,以市场一体化为核心,着力解决要素流动不畅、资

---

① 中华人民共和国交通运输部.高速公路县县通 高铁陆域市市通 所有地市通江达海 浙江交通争当社会主义现代化先行省的先行官[EB/OL].(2021-01-20)[2024-03-01].https://www.mot.gov.cn/jiaotongyaowen/202101/t20210120_3516901.html.

源配置效率不高等难题,深化了土地、劳动力、资本、技术、数据、能源等要素的市场化配置改革,扩大市场决定要素配置范围,不断破除妨碍生产要素市场化配置的各种体制机制障碍。一方面,率先出台了技术要素市场化配置改革行动方案,推动高端要素市场建设,以知识产权全链条集成改革推动技术、数据要素共享利用;另一方面,以数字化驱动要素市场化配置,加快推进规则统一、设施联通、信息交互,使各类要素充分竞争、有序流动,促进优质要素加快向先进生产力集聚,增强科技创新和转型升级动力。

(五)打造国际一流的营商环境,增加政府赋能市场广度和深度

高质量市场经济体制建设的最终落脚点就是打造一流的营商环境。营商环境的优劣是衡量市场制度质量的温度计。浙江省忠实践行"八八战略"、奋力打造"重要窗口",以数字化改革优化营商环境,坚持问题导向、标杆引领、数字赋能、改革集成、系统推进,加快制度重塑、服务提质,打造具有中国特色、浙江辨识度的国际一流营商环境,为争创社会主义现代化先行省、高质量发展建设共同富裕示范区提供了强有力的制度保障。通过深化商事登记制度改革、降低市场准入门槛、提高投资项目审批效能、优化公共设施接入服务等方式,持续优化市场准入准营机制。不断优化公共服务流程、推动跨境贸易便利化和完善纠纷多元化解机制,提升营商办事便利化和国际化水平。采取积极开展破除地方保护和市场分割专项行动、出台民营企业发展促进条例等一系列措施,依法平等保护各类市场主体的合法权益,不断巩固公平竞争市场环境,提高服务与监管效能。通过优化产业政策,完善创新激励和知识产权保护、人才集聚政策,不断提高普惠金融服务能力和政务服务便利化水平,推出公共服务普惠共享等一系列举措,极大地增加了政府赋能市场的广度和深度。

总而言之，通过一系列围绕高水平建设统一大市场的政策举措，浙江市场环境得以持续跃升，成为全国市场化改革探索领跑省、市场机制较活省、营商环境较优省，持续为浙江省打造"两个先行"示范区提供强大的动力。

◆◆【案例 6-4】

落实"统一大市场意见"要求，浙江开展专项行动反对行政垄断

日前，《中共中央 国务院关于加快建设全国统一大市场的意见》正式出台，要求打通制约经济循环的关键堵点，促进商品要素资源在更大范围内畅通流动。落实《意见》要求，浙江宣布开展破除地方保护和市场分割专项行动。

此次专项行动聚焦教育、医疗卫生、工程建筑、公用事业、交通运输、保险、政府采购、招投标等行业和领域，重点整治滥用行政权力妨碍商品服务和要素自由流通，排斥或限制外地经营者，限定或变相限定交易，制定含有排除、限制竞争内容规定等四类滥用行政权力实施地方保护和市场分割行为。

具体怎么做？浙江省市场监管局相关负责人进一步介绍了相关细节。"我们要求各地对存量政策措施开展全面自查，对含有地方保护和市场分割的政策措施和做法依法予以废止或者修改，同时要求全面落实对新制定政策措施的公平竞争审查，实现公平竞争审查100％覆盖。"上述相关负责人表示，将通过坚持存量清理与增量审查相结合，坚持反行政垄断执法与第三方评估相结合。组织开展全省滥用行政权力实施地方保护和市场分割行为交叉检查，依法查处各地地方保护和市场分割行为，同时将委托专业机

构，对相关部门实施公平竞争审查制度情况开展第三方评估，并通报评估结果。

浙江省市场监管局介绍，近年来全省审查新制订文件 40386 件，经审查修改文件 788 件，分三轮清理存量文件 81787 件，经清理废止或修订 2135 件，同时督促纠正各地政府及其部门滥用行政权力排除、限制竞争案件 270 多起。

除了强化事前公平竞争审查、事后反行政垄断执法外，浙江也要求全省积极探索开展公平竞争政策先行先试改革，强化公平竞争政策基础地位，建立健全破除地方保护和市场分割的长效机制。

案例来源：落实"统一大市场意见"要求，浙江开展专项行动反对行政垄断［EB/OL］. (2022-04-14)［2024-03-01］. https://static. nfapp. southcn. com/content/202204/14/c6400-836. html.

案例简析 >>>

2022 年 4 月 10 日，中央出台专门意见要求加快建立全国统一大市场，明确重点任务包括"进一步规范不当市场竞争和市场干预行为"。意见要求，清理、废除妨碍依法平等准入和退出的规定和做法，持续清理招标采购领域违反统一市场建设的规定和做法。当前全国统一大市场建设的阻力很大程度上体现为各地出台的反竞争性政策文件。换句话说，统一大市场建设的重点，不仅仅是政府动员各种资源完善市场的软硬件环境，更是针对政府自身不当行为的改革，是"刀口向内"的改革。浙江在这方面先行先试，正是其市场先发优势积累的先进制度使然。社会主义市场经济体制的不断优化和完善，应该是政府行为和市场行为相向而行，相互弥合又相互修正。这也是下一步在统一大市场建设中，在政府和市场关系的处理上需要优化协调的关键。

三、构建市场赋能型政府

政府与市场的关系，是现代国家经济发展中最重要的关系，任何一个市场经济国家，都不可避免地需要处理好政府与市场的关系。我国经济体制改革的核心问题仍然是处理好政府与市场的关系。随着市场经济的兴起，围绕政府与市场关系的处理，无论是在理论还是在实践上，我国都进行了长期的探索，但是一直没有破解。正如习近平总书记 2015 年 11 月 23 日在十八届中央政治局第二十八次集体学习时指出的，处理好政府与市场的关系，是"经济学上的世界性难题"。①

纵观浙江市场从发展壮大到转型升级的过程，不管是具体市场的建设，还是抽象市场体制的演变，在处理政府与市场的关系上都进行了富有成效的探索。无论是"小政府大市场"的发展模式，还是有效市场和有为政府的构建，都是在特定的历史背景下，对政府和市场关系的动态调整。而其中的一条主线就是，政府和市场关系的处理跳出了西方国家的政府和市场"两分法"的对立视角，朝着两者互补协同的方向前进。特别是习近平同志在浙江工作期间，在浙江市场转型升级过程中，围绕市场效能跃升和政府职能转变所推进的各项改革，逐步明确了市场赋能型政府构建的改革目标，从而成功地实现了市场的转型升级。

（一）市场赋能型政府

西方经济学理论对于政府与市场关系处理的出发点，基于政府与市场替代关系的认识。所谓替代关系，就是从微观角度而言，

---

① 中共中央文献研究室.习近平关于社会主义经济建设论述摘编.北京：中央文献出版社，2017：74.

政府与市场是"一山不容二虎"，有政府的地方，就不可能让市场发挥有效作用；市场能发挥作用的地方，政府就不应该插足。因此，政府的作用空间往往是市场失灵的领域。经典的市场失灵的领域包括存在外部性的情形、公共产品的供给、信息不对称、垄断、规模报酬递增等领域，这些领域无法通过纯粹的市场机制达到资源最优配置，必须通过政府手段，基于社会福利最大化来纠正市场机制或者直接配置资源，以达到资源配置的最优或者次优。

从经济发展的实践和经济学理论进展来看，政府与市场除了替代关系外，更多地还存在互补性。单纯从两者相互替代的角度出发构建理论认知体系并建立政策体系，无疑是片面的。而市场赋能型政府是基于对政府与市场的互补关系而非替代关系的认识。从这个意义上讲，浙江对政府赋能市场的探索，是对西方市场理论的一种超越。政府与市场为什么具有互补性，从理论上讲有以下几个方面的原因。

首先，个体的有限理性决定了市场有效性的边界和范围。市场有效性的基础是基于个体完全理性的假设。而认识到经济主体的有限理性是当代经济学发展的最大成就，这已成为广泛共识。个体的有限理性意味着通过完全市场的方式并不能必然达到经典经济理论所称的资源配置的帕累托最优状态。而个体理性程度取决于诸多的因素，比如市场信息的完备性、公共知识的获得、规则制度的认知、个体理性与集体理性的背离等。这些领域恰恰是可以通过政府的介入加以改善的，从而维持市场的有效性。

其次，广泛存在的信息和交易成本，导致市场配置效率的低下，而政府可以提供相应的公共产品，降低相关成本，提升市场资源配置效率。例如，信息不对称和机会主义行为会导致市场主体的非效率防御投入，从而带来福利损失；基础设施不完善会导致流通成本高，影响跨区域市场整合等。这些显然也难以通过市场内生方式加以解决。政府恰恰可以通过提供制度规则和基础设施等公共产品，来减少对市场资源配置的非效率影响，从而增强市场的有效性。

再次，作为从计划经济体制向市场经济体制渐进转轨的转型经济体而言，市场体系的完善需要一个较长的过程。在这个过程中，政府对市场的发展壮大起着至关重要的作用。一方面，在计划体制和市场体制的进退过程中，需要政府做好制度的衔接，才能保证市场的有效成长。另一方面，市场制度规则的建设需要政府主导才能进行，而且制度规则的设计直接影响市场制度的质量，这同样需要政府基于更高的公共福利目标来设计市场规则制度。

最后，市场的发展成熟反过来塑造政府。计划经济体制下的政府和市场经济体制下的政府具有显著的功能差异。经济发展和技术进步，也推动市场交易内容、方式产生巨大的影响。因此，政府的角色功能、监管治理的逻辑和形势也时刻面临着变革。政府治理能力现代化与治理体系现代化，必须建立在现代市场经济体系的基础之上。这是一个动态过程，而非静止的状态。政府必须包容市场发展成熟过程中出现的各种变化和创新，及时转变不适合自身发展要求的定位、角色、功能，不断厘清政府与市场的边界，进而持续提升治理能力的现代化。

（二）正确处理政府与市场的三重关系

全国统一大市场的建设，是社会主义市场经济体制建设完善的重要标志，也是中国式现代化的重要内容。按照习近平总书记的相关论述和中央的决策部署，下一步还需要进一步处理好政府与市场的三重关系。

一是"看不见的手"与"看得见的手"的关系。市场"看不见的手"与政府"看得见的手"的关系是市场经济中永恒的话题。习近平总书记反复强调"在市场作用和政府作用的问题上，要讲辩证法、两点论，'看不见的手'和'看得见的手'都要用好"。[①] 如何用好这两只手？回答这个问题，必须理解两者的辩证关系。市场机制发挥作用之所以被比喻成"看不见的手"，根本上是因为市场机制是市场资源配置的根本驱动力，是市场的基础形态。就像空气一样，人人离不开，但又感知不到。而将政府发挥作用比喻成"看得见的手"，是因为政府一旦介入市场，就会改变市场资源的流向，会使市场主体切身感受到利益分配格局的改变。因此，"看得见的手"只在必要的场合出现，作为市场行为的最终托底和救济手段而存在，它应该遵循审慎原则，非必要"不出手"。一个理想的市场状态，起支配作用的是"看不见的手"，而"看得见的手"反而由于市场机制的有效性而沉潜在市场底端，恰恰不为人所感知。

在社会主义市场经济体制不断完善的过程中，必须善于运用辩证思维处理政府与市场的关系。要坚持市场机制的主体地位，充分发挥市场在资源配置中的决定性作用，进一步扩大市场机制发挥作用的范围和领域，持续清除阻碍市场发挥作用的体制机制障碍，不断彰显市场的效能和价值，使"看不见的手"能被看见。同时，更好地发挥政府的作用，合理界定政府作用的时空边界和政府作用的强度、节奏。政府之手要起到四两拨千斤的作用，做到政府

---

① 韩保江."看不见的手"和"看得见的手"都要用好[N].人民日报,2019-08-23(17).

赋能市场而不是取代市场,实现"看得见的手"最终"不被看见"的效果。两者一前一后、一明一暗,形成合力,共同促进资源的优化配置。

二是"裁判员"与"运动员"的关系。一般认为,市场经济中的政府是"裁判员"而非"运动员",不能既当裁判员,又当运动员,因为这有悖于市场经济公平竞争的原则。但是,在市场经济中,政府是不可或缺的组成部分,政府、企业、居民构成了市场经济的三大基本主体,在市场基本规则框架下相互博弈,推动资源合理配置。特别是在社会主义市场经济体制背景下,我们需要充分发挥社会主义体制机制的优势,在全国一盘棋、集中力量办大事和平衡公平和效率上,均需要政府更好地发挥作用。因此,将政府置于超脱于市场的地位,单纯作为场外的"裁判员",并不是完全准确的。在社会主义市场经济体制下,政府某种意义上兼具"裁判员"和"运动员"的双重角色。

如何处理好政府的"裁判员"角色和"运动员"角色两者的关系?关键在于两个方面。一方面是市场规则的统一问题。不管是"裁判员"还是"运动员",都是在市场统一的制度规则下行使职能。即便是作为"裁判员",也是以市场规则的执行者身份出现,其市场执法行为仍然受市场规则的约束,不能有超脱市场规则之外的自由裁量权。而政府作为"运动员",更是要与其他市场主体一样,受市场规则的统一约束。另一方面是政府的范围问题。同样是作为"运动员",政府作为市场主体和其他市场主体发挥作用的范围和领域应该是不同的,在功能上是有一定"错位"的。在竞争性领域,可以由市场发挥作用,政府应该退出;而在涉及公共产品提供、基础创新、社会公平等存在市场失灵的领域,政府应该作为市场主体充分发挥作用。但是在这个过程中,政府同样必须按照市场统一的规则行事,不应该有超越市场的特权。

三是"大"与"小"的关系。不管是"小政府大市场",还是"有为政府和有效市场",都不可避免地涉及市场经济中政府与市场的"大"与"小"的问题。市场与政府的"大"与"小"主要体现在规模的大小、功能的大小和权力的大小方面。政府与市场各自控制相应的经济活动,规模的大小本质上是功能和权力大小的外在表现形式。政府在市场的哪些领域发挥作用、发挥了哪些作用,决定了政府功能的大小。而权力的大小既包括政府和其他市场主体在资源配置中的主次关系,也包括其利益分配关系。

过去我们讲浙江是"小政府大市场",实际上并不是单单指政府市场的规模大小问题。在改革开放初期,计划经济规模无疑还比较大,市场的力量还比较薄弱。"小政府大市场"本质上体现在功能大小和权力大小上。政府通过改革,不断扩大市场作用的范围和领域,不断让市场在资源配置中发挥更大的作用,政府不与民争利,让其他市场主体获得更大的利益。从这个意义上说,"有为政府和有效市场"与"小政府大市场"是一脉相承的。政府积极有为,是为了让市场发挥更大的功能,让市场主体获得更大的利益。评判与处理市场与政府的"大"与"小"的关系,也不能局限于外在规模的大小,而更应该从政府与市场的功能和权利分配的角度出发。在社会主义市场经济不断完善的进程中,我们更需要从更大限度地激发市场主体活力、发挥市场机制作用的角度出发,聚焦政府与市场的功能分工、权利分配,做好相关的制度设计,构建现代化的全国统一大市场。

◆◆【案例 6-5】

义乌发展,"无形"与"有形"之手的协奏曲

如果问,谁是神州大地上发挥市场作用和政府作用的最佳实践者,那么,义乌毫无疑问是其中最具竞争力的选手之一。因为这里是全球最大的小商品集散地,商贸之兴盛远超当年的清明上河图;因为习近平总书记曾 10 次实地踏访这里,之后还多次在国际场合点赞:"在我曾经工作过的浙江省,有个小城叫义乌,号称世界'小商品之都',现在有几千名非洲商人常驻那里……"

从最初的"鸡毛换糖"到现在的世界"小商品之都",义乌用短短的 30 多年时间,坚持党政有为和尊重群众首创精神相结合,把发挥政府这只"有形的手"与市场这只"无形的手"的作用有机结合起来,弹奏出了一首美妙的协奏曲。

2006 年 6 月 8 日,在义乌城西街道横塘村召开的"如何学习义乌发展经验"座谈会上,习近平同志称赞义乌的发展是过硬的,是"无中生有"的发展、"点石成金"的发展。学习义乌发展经验,必须把发挥政府这只"有形的手"的作用与发挥市场这只"无形的手"的作用有机结合起来。

十多年过去了,横塘村除了当年的会议室,一切都已变了模样。

会议室的后方是一片空地,不远处是一幢幢崭新的高楼大厦。"那里原来就是我们的村,现在是国际电商小镇。"新上任的横塘村党支部书记傅贤贵手指高楼告诉记者。借助这一历史机遇,村里的年轻人开始纷纷投身电商行业,目前已经开设了三四十家电商企业,年收入最高可达百万元。

在过去的十年间,傅贤贵亲眼见证了村子眨眼间变成了都市,

无中生有地孕育出电商市场，点石成金般建成国际电商小镇。而这一切的背后，离不开市场"无形之手"的有效配置，更离不开政府"有形之手"的大力引导。

就像义乌最初的崛起，因为有"冯爱倩们"的首创精神，有政府贷款 57 万元建的摊篷式小商品市场，才有了如今享誉全球的义乌市场。像近年国际贸易的井喷式发展，因为有市场参与者的艰辛探索，更有政府锲而不舍地积极争取，才最终赢得国家级国际贸易综合改革试点的资格。面对急剧变化的国内国际市场形势，义乌政府勇于担当，与多个国家部委协调，最终争取到适应自身特点的市场采购贸易方式，为国际贸易发展提供了坚强的体制机制保障。

从"义新欧"中欧班列到义甬舟开放大通道，从小买小卖到买全球卖全球，义乌市场的一路发展既是群众首创精神、吃苦耐劳的结晶，也是政府顺应民意、主动作为的结果。政府始终坚持有所作为，用改革的办法发挥"有形之手"的作用，为创业创新提供强有力的支持和保障，为市场运行创造良好的条件和环境。无论是与时俱进的小商品市场建设，还是保税物流中心、国际邮件互换局的设立，航空口岸、铁路临时口岸的开放，都是"两只手"相互作用的生动注脚。

如今，坚持兴商建市的义乌，正通过产业联动、城乡统筹、和谐发展等各类举措，让政府和市场"两只手"为义乌插上飞翔的翅膀，飞出中国，飞向世界。

案例来源：吕苏娟，等. 义乌发展，"无形"与"有形"之手的协奏曲［N］. 浙江日报，**2017-07-24(10).**

案例简析 〉〉〉

市场"看不见的手"与政府"看得见的手"，在主流的西方经济学框架里是相互替代的关系。市场"看不见的手"能发挥作用的地方，就不需要政府"看得见的手"，反之亦然。而浙江市场发展的实践告诉我们，市场"看不见的手"与政府"看得见的手"并不天然是替代的关系，而是可以相互协调、共同发展的。这一中国市场经济体制改革的生动实践案例再一次证明，西方经典理论并不是可以拿来就用的圣典。相反，中国特色社会主义市场经济体制改革，在实践和理论上都可以超越现有的理论框架。尤其是在政府与市场关系的处理上，我们正在为解决这个"经济学上的世界性难题"，提供中国的实践路径，贡献中国方案。我们要善于将理论与实践相结合，坚持问题导向，坚持实事求是，在改革开放和社会主义现代化建设中不断树立理论自信。

◆◆ 思考题

1. 浙江省"小政府大市场"的内涵特征有哪些？

2. 什么是统一大市场？其内涵是什么？

3. 在浙江市场发展壮大过程中，政府与市场关系演变的主要阶段及其特征是什么？

4. 如何理解市场赋能型政府构建中需要处理好的三重关系？

◆◆ 拓展阅读

[1] 黄先海，宋学印. 赋能型政府——新一代政府和市场关系的理论建构[J]. 管理世界，2021(11)：128-133.

[2] 黄先海，叶建亮，等. 内源主导型：浙江的开放模式[M]. 杭州：浙江大学出版社，2008.

[3] 方民生，等. 浙江制度变迁与发展轨迹[M]. 杭州：浙江人民出版社，2000.

[4] 高尚全. 有效市场和有为政府[M]. 北京：中国金融出版社，2016.

［5］陆立军.发挥好市场作用和政府作用的浙江实践［N］.浙江日报,2017-07-24(10).

［6］卢万青.有为政府、有效市场与经济高质量发展［M］.北京:经济科学出版社,2022.

［7］魏礼群.正确认识与处理政府和市场关系［M］.北京:中国言实出版社,2014.

［8］郁建兴.“最多跑一次”改革　浙江经验,中国方案［M］.北京:中国人民大学出版社,2019.

后　记

　　早就听说浙江大学相关部门在筹划编写一套"新思想在浙江的萌发与实践"系列教材。作为新思想重要萌发地的浙江，由浙江大学牵头编写这样一套干部培训教材，系统深入阐释新思想在浙江的萌发与实践历程，实属重要和必要。因此，当 2022 年 6 月，浙江大学党委宣传部希望我主持编写一本关于浙江省市场发展和转型升级方面的教材时，我毫不犹豫地答应了此事。

　　接到任务后，我马上陷入了焦虑。一者宣传部留给我编写的时间只有一年，一年的时间编写一本教材谈何容易！二者浙江专业市场体系庞大，发展演变历程线索繁杂，各级政府相关政策繁多，成功与失败的案例也比比皆是。如何围绕市场转型升级这一主线，既抓住核心问题、突出重点，又能联系历史发展脉络，逻辑连贯地予以阐释，的确颇具挑战。好在我在过去的学习和研究中积累了不少材料，它们使我得以拨云见日，快速梳理出了本书的总体思路和写作框架。在经有关部门和专家讨论审核后，我便投入了紧张的编写。其间新冠疫情反复，特别是我在 2022 年底疫情管控放开后被病毒感染，身心俱疲，但对于此项任务，不敢丝毫怠慢，终于能按时交稿，感慨万分。

　　想起来自己与专业市场有着不解的缘分。我老家村里早在 20 世纪 90 年代初就举办了一个紧固件市场，市场门口就是工商所。工作人员穿着制服在市场穿梭巡逻给我留下了深刻的印象。90 年代正值浙江专业市场大发展时期,工商部门协力参与市场建设和管理,作用巨大。我当时高考填报的志愿就是工商行政管理,目标就是毕业后进入工商局工作。读本科期间,我参与了大量的专业市场调查,包括温州紧固件市场、海宁皮革城、绍兴柯桥轻纺城、义乌小商品市场、永康科技五金城、路桥日用小商品城等。我本科毕业的实习单位就是当时的浙江省工商行政管理局,实习期间我接触了不少与市场发展相关的资料和政策文件。在学习期间,我对浙江专业市场有了比较多的了解。尽管最终没有在工商部门工作,但是后续读研究生和留校任教期间,我对浙江专业市场的关注、研究和思考一直没有间断过。这些经历和积累也帮助我能比较系统、准确地掌握浙江市场的演化历程。

非常感谢"新思想在浙江的萌发与实践"系列教材主编对我的信任,将这本教材的编写任务交给我,促使我系统回顾和整理了过去一段时间以来对浙江市场发展的理解,尤其是更系统地梳理了习近平同志在浙江工作期间以及之后,浙江市场转型升级的驱动力、演变逻辑和发展成效。感谢对本书写作框架和终稿审定的专家,他们中肯且富有启示性的意见和建议帮助我们加深了对浙江市场发展的理解。同时也要感谢浙江大学出版社编辑团队的专业态度和责任心,这也是本书能顺利完成的重要因素。最后,要感谢我的研究生,他们参与了资料的搜集和部分书稿的撰写。付文丽参与了第二章的撰写,曹耀文参与了第三章的撰写,郑朝鹏参与了第四章的撰写,杨双至参与了第五章的撰写,陈卓协助参与了资料整理。当然,由于时间仓促加上学识有限,本书的编写肯定还存在不少缺陷和问题,也恳请各界多多批评指正。

叶建亮

2024 年 4 月